교육학개론

이 광 희 저

남두도서

남두(南斗) : 남두육성(南斗六星)

은하의 중심인 사수자리에 있는 국자모양의 여섯 개의 별로서, 인간의 탄생을 결정하는 별로 알려져 있다.

머리말

교육활동에 있어 가르치는 사람과 배우는 사람이 그들을 둘러싼 교육환경 내에서 교수-학습과정을 매력적이고 효과적으로 이룬다는 것은 교육과 관련된 모든 사람들의 꿈이며 사실 당면한 과제일 것이다.

최근 우리사회에서 교육은 걷잡을 수 없는 개혁의 소용돌이 속에서 급변하고 있다. 과학기술 문명의 급속한 발달은 정치, 경제, 사회, 문화 등 거의 모든 분야에서의 변화를 요구하고 있다. 따라서 급변하는 사회 속에서 교육을 어떻게 하면 보다 더 인간다운 교육의 형태로 이끌 것인가에 대한 대안들을 모색하고 교육의 전반에 대해 개관을 할 수 있는 개론서의 집필은 필수불가결한 일이라 생각된다.

이 책은 제도교육을 중심으로 교육의 기초영역 및 응용영역에 관련된 이론들과 실제적 적용 사례들을 정리하여 묶어보려 하였으나 아직도 미흡한 점이 많아 보인다. 제 1, 2, 3, 4장은 교육의 개념, 목적, 역사, 철학, 사회학 등의 기초영역을 소개하였고, 제 5, 6, 7, 8장은 교육활동의 구체적인 측면에서 교육심리, 교육과정 및 평가, 교수-학습지도, 그리고 교육행정 분야에 대해 정리하였다.

이 책은 교육 일반에 대한 내용을 전체적으로 이해하고 교직적인 의견을 넓히는 데 목적을 두고 교육학을 이해하는 데 편리하도록 이론과 과제를 구성하였다. 막상 이렇게 넓고 다양한 교육 분야를 다루다보니 다소 결함된 점이 있음을 솔직하게 시인하며 이 책을 사용하고 연구하는 많은 학생과 선생님들의 비판과 지도를 바탕으로 차후에 여러 번 수정되어야 할 것으로 믿는다.

끝으로 교육학개론 수강생들과 교육활동에 종사하면서 자기 일에 대하여 의미를 반성해 보려는 사람에게 다소 도움이 되기를 원하며 이 책의 출판을 허락하여 주신 남두도서 사장님께 이 자리를 빌어 깊은 감사를 드린다.

저 자 씀

차 례

제1장

교육과 교육학

제1절 교육의 개념

제2절 교육의 가능성과 필요성

제1절 교육의 개념

인간은 오랫동안 교육을 받아야만 원만하게 살아갈 수 있다. 교육을 필요로 하는 유일한 존재인 것이다. 그러면 '교육이란 무엇인가? 인간은 왜 교육을 받아야 하는가?'하는 의문이 생긴다. 인간의 문화를 뒤돌아보면 산다는 일 자체가 모두 교육을 의미한다고 할 수 있다. 인간은 배워야만 생존할 수 있는 것이다. 동물이 훈련을 통해 삶의 방법을 배우고 생존해 나간다면 인간은 삶의 현장 곳곳에서 교육을 통하여 인간문화를 유지하며 발전해 나간다.

1. 교육의 어원

교육이라는 단어는 동양에서는《맹자》라는 책에서 최초로 등장하며《진심장구(盡心章句)》' 상편에 군자의 즐거움 중의 하나로 소개되었다(이지헌 외 11인, 2005). 흔히 교육자의 생애에서 가질 수 있는 긍지와 보람을 말할 때 다음 글귀를 언급한다.

군자에게는 세 가지 즐거움이 있다. 그러나 그 속에 왕으로서 천하를 통치하는 일은 들지 않는다. 양친이 다 생존해 계시고 형제들이 탈 없이 서로 화목한 것이 첫째의 즐거움이다. 우러러 보아 하늘에 부끄러움이 없고 굽어보아 사람에게 부끄러움이 없는 것이 둘째의 즐거움이다. 천하의 영재를 얻어 교육하는 것이 셋째의 즐거움이다(황정규, 이돈희, 김신일, 2005, p.37. 재인용).

즉, '천하의 영재를 얻어 교육(敎育)하는 것'을 군자의 즐거움으로 본 것이다. 이때 교(敎)는 '윗사람이 베푼 일을 아랫사람이 본받는다'는 뜻이며, 육(育)은 '아이를 낳아 잘 기른다'는 뜻이다. 결국 동양에서의 교육의 의미는 '가르치고 기르는 일'이라 하겠다.

우리말의 '가르치다'라는 말은 '갈다'와 '치다'의 합성어로서 그 본뜻은 시비선악을 판단하여(가르다), 나쁘고 거친 것을 다듬어 착하고 아름답게 하는 것(치다)으로서 올바른 길을 걷도록 성장시킨다는 의미를 내포하고 있다(수원대학교 교재편찬위원회, 2000).

서양에서 교육은 영어로 'pedagogy'와 'education' 2가지 경우로 언급되는데 'pedagogy'의 어원은 그리스어의 가르치는 사람의 뜻인 'paidagogos'에서 유래한 것이다. 오늘날 교사의 효시가 되는 '교복(敎僕)'은 'paidagogos'로 불리우며 'paidos(어린이)'와 'agogos(이끈다)'의 합성어로 귀족의 자제들에게 기본 예의범절, 생활태도, 음악, 신체단련을 가르쳤다.

한편 'education'은 라틴어의 'educare'에서 유래한 것으로서 'e(밖으로)'라는 접두사와 'ducare(끄집어내다)'라는 어근이 결합된 합성어이다. 교육은 함축적으로 인간의 내재적인 소질과 잠재적 가능성을 밖으로 신장 발전시킨다는 의미를 내포하고 있다.

- **paidagogos** 'paidos' (어린이)' + 'agogos' (이끈다)
- **educare** 'e (밖으로)' + 'ducare' (끄집어내다)
- **教育** '敎'(윗사람이 베푼 것을 아랫사람이 본받는다) + '育' (아이를 낳아 잘 기른다)
- **가르치다** '갈다'(가르다) + '치다'(거친 것을 다듬다)

이처럼 교육이라는 의미는 서양이나 동양에서 한 가지만 있는 것이 아니다. 그 이유는 인간들이 바람직하다고 여기는 가치를 가지고 각각 교육의 정의를 내리기 때문이다. 영어에서는 교육을 의미할 때 'education'이라는 용어를 더 보편적으로 사용하고 있지만, 교육학은 'pedagogy'라는 용어를 더 많이 사용한다. 프랑스어의 'la pedagogie'나 독일어의 'padagogik'를 보더라도 교육은 소질을 이끌어 내는 것이다.

그러나 동서양을 막론하고 교육의 어원에서 찾을 수 있는 공통적인 점은 성숙자가 미성숙자에게 문화와 지식을 외부로부터 가르쳐 주는 교도적인 면과, 미성숙자의 내적인 소질과 잠재력 발달 가능성이 충분히 실현될 수 있도록 도와주는 조성적인 두 가지 측면이 있는 것이다(수원대학교 교재편찬위원회, 1999).

결국, 교육은 오랜 역사와 다양한 문화 속에서 인간들에게 반드시 필요한 지침을 주며 인간으로서의 가치를 후세에게 일깨워줄 수 있는 중요한 용어이다.

2. 교육에 대한 정의

교육이라는 용어는 동양과 서양에서의 어원에 여러 가지 의미를 담고 있어 이해하기에 복잡하고 다양하게 여겨질 수 있다. 따라서 교육을 정의함으로써 그 의미를 분명하게 만들 수 있다. 정의란 개념의 의미를 구체적으로 밝히는 것이다. 그런데 정의는 단순한 약속이므로 어떤 개념의 뜻을 밝혀보기 위하여 다양한 방법으로 정의내릴 수 있다.

교육을 정의하는 방법에는 대개 기능적 정의, 규범적 정의, 조작적 정의의 3가지 측면이 있다.

1) 기능적 정의

교육의 기능적 정의란 한마디로 교육을 무엇을 위한 수단으로 규정하려는 입장이다. 따라서 교육이 이바지해야 할 대상을 국가 사회로 잡느냐, 정치로 보느냐, 경제로 정하느냐, 사회 문화로 잡느냐, 종교로 보느냐, 인간 자신으로 정하느냐 등에 따라 수많은 기능적 정의가 가능하다. 아마도 이 기능적 정의가 교육현상을 지배해 왔다고 해도 과언이 아니다.

일례를 들면 '교육은 국가 사회 발전을 위한 수단', '교육은 경제발전에 필요한 수단', '교육은 사회 문화의 계승 및 발전의 수단', '교육은 신의 뜻을 실현하는 수단', '교육은 개인의 사회적 출세를 위한 수단' 등 교육이 기여할 여러 대상에 따라 수많은 기능적 정의를 내릴 수 있다.

결국 기능적 정의란 교육의 '도구적 가치'를 중요시하게 된다. 그러나 인간이 삶의 현장에서 생존을 위하여 도구적인 목적을 가지고 기능적 교육관에 치중하다 보면, 그 가능성과 당위성이 인정된다고 해도 교육 본래의 가치구현을 잃을 수 있다. 그리고 다른 분야에 비해 교육의 지체현상을 우리사회에 초래하게 될 것이다. 개인의 출세를 위한 수단, 국가 경쟁을 위한 수단, 단순히 다른 대상과의 경쟁을 위한 도구로 교육 활동을 하게 되면 교육의 여러 가지 부조리 현상을 초래할 가능성이 커질 것이다.

2) 규범적 정의

교육의 규범적 의미는 교육이라고 부를만한 가치가 있는 것은 무엇인가를 밝힌 다음, 그것을 가지고 교육의 의미를 정의하는 것이다. 즉, 규범적 정의는 교육을 그 궁극적 목적과 결부시켜 규정할 수 있다.

교육의 궁극적 목적으로서 어떤 가치와 진리를 내세우냐에 따라 역시 수많은 규범적 또는 목적론적 정의가 가능하다. 이 정의에 의하면 '교육은 민주시민이 갖추어야 할 자질을 함양하는 과정', '교육은 영원한 진리나 가치에로의 접근 과정', '교육은 인간을 인간답게 형성하는 과정' 등이 대표적인 예이다. 여기에서 인간을 '인간답게' 형성한다는 것은 도덕적, 인격적 목표에 접근시키는 과정으로 볼 수 있다.

교육의 의미가 여러 가지로 사용되고 있는 이유는 이처럼 규범적 의미가 다르기 때문이다. 우리는 좋은 이유를 가지고 그것이 왜 바람직한가를 말해야 타당성이 있는 규범적인 의미를 규정할 수 있다. 교육의 규범적 정의는 가치실현을 위한 교육 자체의 발전에 더 비중을 두어야 하므로 국가 사회적 차원에서나 개인적 차원 모두에서 인격완성이나 자아 실현할 수 있는 '내재적 가치의 실현'과 '영원한 진리나 가치를 추구'하는 것을 교육의 중요한 목표로 설정한다. 이는 교육을 도구적 목적으로 사용하려는 기능적 정의와 대조적인 입장에 있다고 할 수 있다.

3) 조작적 정의

조작적 정의란 교육을 기술적 또는 조작적 측면에서 접근하므로 '교육은 인간행동 특성을 계획적으로 변화시키는 과정'이라고 정의내릴 수 있다.

'인간행동'에는 운다, 뛴다, 말한다, 기뻐한다 등의 비교적 외현적으로 관찰하기 쉬운 행동뿐 아니라, 지식, 태도, 사고력, 자아개념 등과 같이 내면적인 면도 포함된다. 교육은 학생의 외현적 내면적 모든 행동특성을 우선 그 대상으로 한다. 더욱이 교육이 보다 더 관심을 갖게 되는 행동특성은 밖으로 표출되는 행동보다 수행하기는 어려우나 과학적으로나 교육적으로 보다 의의 있는 내면적 행동인 것이다.

그리고 교육의 조작적 정의 속에서 '변화'란 육성, 조성, 함양, 계발, 교정, 개선, 발달, 증대 등을 포함하는 포괄적인 개념이다. 교육은 다른 학문 분야와 같이 인간행동에 관심을 갖되 특히 인간행동 특성의 변화, 즉 없던 지식을 갖게 하고, 미숙

했던 사고력을 숙달하게 하며, 몰랐던 기술을 몸에 익혀 주고, 이런 '관(觀)'을 저런 '관'으로 바꾸어 놓으며 다양한 '정신'으로 의도적으로 변화시키는데 관심이 있다. 이것이 교육을 인간행동 특성의 계획적인 변화라고 정의하는 이유이다.

한 인간이 성장, 발달하고 변화해 가는 데는 교육의 힘만이 작용하는 것은 아니다. 비교적 생득적인 것으로 생후의 경험 여하와는 관계없이 성장하는 성숙(成熟)이라는 영향도 있고, 경험여하에 따라 성장, 발달이 정해지는 학습(學習)이라는 영향도 있다. 또 학습은 교육 상황이 아니라 여러 가지 경험에 의해서도 나타난다. 그러나 교육은 인간행동 특성의 계획적인 변화를 말하므로 엄격한 의미에서 무의도적인 교육은 교육이 아니며, 그것은 단지 학습에 불과한 것이다. 이 정의 속에서 계획적이라는 것은, 첫째 '명확한 교육목적이 있다'는 말로 '기르고자 하는 인간행동에 관한 명확한 의식이 있어야 한다'는 것이고, 둘째 '교육과정이 있다'는 말로 '인간행동을 기를 수 있는 이론과 실증이 뒷받침되는 계획과 과정이 있어야 한다'는 것을 의미한다.

교육에 대한 이와 같은 정의가 기능적, 규범적 정의 보다 더 포괄적으로 잘 정의된 것이라고 하기는 어려우나 교육의 계획과 과정에 큰 의미를 둔다는 관점에서 합리적이고 과학적이며 조작적으로 내려진 정의라고 할 수 있다(이형행, 1999 ; 수원대학교 교재편찬위원회, 2000).

3. 교육의 목적

'목적'이라는 말은 '타깃(target)'이라는 말에 어원이 있으며 모든 주의집중을 해야 명중시키는 데 성공할 수 있다. 교육에 있어서 '목적'은 '이념'이라는 말보다 더 일반적인 것이다. 이념은 '국가적 수준의 제도적 교육에 적용'되는 것이고 목적은 '어느 수준의 교육에서나 적용'될 수 있다(황정규, 이돈희, 김신일, 2005).

교육의 목적이란 교육이 지향하는 바 기본적인 방향 또는 자료를 의미한다. 교육의 모든 활동, 조직, 운영은 교육목적의 틀 속에서 결정된다. 교육 이념이 교육의 가치면을 현실적 이상으로 강조한다면 교육목적은 현실적인 면을 감안하여 사회의 지도 원리와 가치관에 의해서 결정되는 것이다. 주로 교육을 '왜 하느냐'는 질문을 하게 될 때 답하는 것으로 그 행위의 목적에 상당하는 것이다. 그 행위를 하게 된 동기에는 내재적인 것과 외재적인 것으로 나누어진다.

사람들은 동기화가 되면 특정 목적을 향하여 어떻게 움직여야 하는지 알고 동기에 대한 흥미정도에 따라 열심히 하는 것이 어느 정도인지는 안다. 어떤 사람들은 하는 일에 지적, 도덕적, 미적 가치들을 포함하게 되므로 강한 욕구 혹은 지속된 흥미를 갖게 되고 그에 따라 자발적으로 즐겁게 행동하고 성취감도 경험하게 된다. 이와 같은 욕구, 흥미, 호기심, 즐거움 등 내적이고 개인적 요인에 의존하여 행동하게 되는 동기를 내재적 동기라 한다.

반면에 가시적인 이익으로 성적이나 보상을 받기 위해, 처벌을 피하기 위해, 누군가를 만족시키기 위해, 혹은 과제와 관계가 없는 다른 이유로 활동하게 될 때 외재적 동기를 경험한다. 외재적으로 동기화된 사람은 활동 그 자체에 대해서는 흥미가 없고, 그것이 가져다 줄 결과물에만 관심이 있는 것이다.

교육목적을 수행하는 데에는 내재적 동기와 외재적 동기 모두가 중요하다. 개인과 집단에 따라서 다양한 교육목적들이 우선순위를 달리 할 수 있다. 교육의 실제 현장에서는 내재적 목적이 외재적 목적에 우선시되기도 하고, 외재적 목적이 우선시되기도 한다. 특정 활동들이 개인에게 흥미로울 수 있고 학습을 하는 과정에서 보다 자신의 능력이 유능하다고 느끼게 하는 내재적 동기를 유발해낼 수 있다. 하지만 그것은 항상 그렇게 작용하지는 않는다. 만약 교사들이 그들의 학습자들을 적극적으로 활동하도록 하기 위해 항상 내재적 동기에만 의존하려고 한다면 그들은 실망할 것이다. 생계를 벌어야 한다든가 국가적 인적 자원을 개발하는 것 같은 국가 사회적 요구를 외재적 동기로 인한 교육목적이라고 해서 다른 목적의 하위로 둘 수는 없기 때문이다.

4. 교양교육

교양교육(liberal education)이라는 말은 때로는 일반교육(general education), 또한 자유인의 양성을 목적으로 하는 경우에는 자유교육이라는 용어로 혼용되고 있다.

고대 그리스에서 교양교육은 자유인이 자유인으로 유지되도록 무지, 편견, 선입견, 고집, 독단, 단견으로부터 해방시키도록 하였다. 노동으로부터 자유로운 시간을 가지고 여가로 이용되었고, 지적 탐구활동과 예술작품의 창작과 감상을 할 수 있었다.

즉 교양교육은 인간의 정신을 자유롭게 함으로써 여러 가지 가치를 실현시키려 하는 것이다. 교양교육은 전문가, 기능인, 기술자가 되기 전에 먼저 인간(person)이 되어야 한다는 신념을 가지고 있다.

교양교육을 받은 사람의 특성을 허친스(R. M. Hutchins)에 의하면 다음과 같이 5가지로 요약할 수 있다(이형행, 1999).

- 교양교육을 받은 사람은 한 분야의 문제와 다른 분야의 문제 간의 관계를 이해할 줄 안다.
- 교양교육을 받은 사람은 주어진 내용의 기본 분야들의 특징과 상호 관계성을 이해함으로써 시와 역사, 과학과 철학, 인문과학과 응용과학의 차이점과 관련성을 이해할 줄 안다.
- 교양교육을 받은 사람은 기본적인 문제들에 적합하고 주어진 내용의 기본적인 분야들에 작용하는 관념들을 이해할 줄 안다.
- 교양교육을 받은 사람은 한 분야에 전문가일 수 있지만 다른 분야에 있어서도 무엇이 중요한 것인지를 이해할 수 있으므로 모든 분야에 잘 대처할 수 있는 정신을 가지고 있다.
- 교양교육을 받은 사람은 사상의 세계와 실제생활의 세계의 두 관계를 잘 이해할 줄 안다.

오늘의 자유교육은 전문적 능력이나 기술을 익혀 특정한 직업적 부문에 종사해야하는 전문교육이나 기술교육과는 구별되는 교육활동이다. 사회적 유용성에 관계없이 인간의 마음이 자유롭게 활동하는 상태에서 이루어지는 자유인의 교육이어야 한다(황정규, 이돈희, 김신일, 2005).

교양교육은 자유인에게 자신과 세계 그리고 초월적 세계에 대해서도 능률적 비능률적, 선과 악, 그리고 진리와 허구를 분별할 수 있는 판단과 신념을 갖고 행동을 통합 관리할 수 있게 하는 교육을 제공한다.

중세의 중기와 말기에 대학은 수도원으로부터 '일반연구소'로 지적욕구를 채우기 위하여 자생적으로 발전되었다. 중세의 대학은 인문학을 교양으로 의학, 법학, 신학을 전공으로 엄격히 구분하였고 일정기간동안 교양 습득을 한 후에 전공으로 진입할 수 있었다. 오늘날 대학(university)은 자치기구로서 교수－학생 조합에 그 기원을 두고 있다. 교양으로는 철학이 중심을 이루었고, 학문하는 데 필요한 그리스어, 라틴어, 자연과학 등 기초지식이 부가되었다.

오늘날 대학 교양교육의 구성에 있어서 어떤 교과는 필요하고, 어떤 교과는 필요하지 않다는 임의적 가치배분보다 앞으로의 변화 방향을 정리하면 다음과 같이 요약할 수 있다(전성연, 1997).

첫째, 고정불변의 교양과목이 아니라 학문의 발전성향, 사회의 변화, 학생 요구 등에 부응하여 부단히 개편될 필요가 있다.

둘째, 대학의 교양과정 편성 및 그 운영은 법제적 통제로부터 자유로워야 한다. 현 교육법 시행령에서는 대학 교과의 구분, 교양과 전공과목의 목적, 일반 교양과목의 학점 배정기준 등 대학이 스스로 결정해야 될 운영 원칙을 통제하고 있으므로 대학의 여건, 전공영역 등에 따라서 대학이 스스로 융통성있게 결정할 수 있도록 되어야 한다.

셋째, 학습자의 학문적 편식을 지양하기 위해서는 교양 관련 과목을 영역별로 분류하여 다양하게 선택할 수 있도록 하여야 한다.

넷째, 교양교육을 더욱 개발하기 위해서는 대학에서 집중적인 재정 지원을 해야 한다.

다섯째, 교양교육의 체계는 전공 이외의 모든 과목을 교양으로 개방하여야 한다. 교양은 외부에서 주는 것이 아니라 스스로 쌓아가는 것이므로 개방체제로 변화되어야 한다.

여섯째, 국어, 영어, 제2외국어 등 도구 교과목에 대한 학사제도 운영 개선이 요구된다. 많은 대학에서 이러한 도구과목에 대하여 시험을 본 후 일정수준 이상이 되면 수강을 면제해주고 학점 주는 제도를 택하고는 있으나 아직 정착되지 못한 상태이다. 더욱 활성화하기 위하여는 자율학습이 가능할 수 있도록 교재 및 각종 미디어 활용을 연구 개발해야 할 것이다.

일곱째, 교양교육에 대한 더 많은 연구가 필요하다. 국내 교양교육의 대집단 학습, 강의식 교수법, 포괄적 연구접근 등의 환경적 취약점을 보완하기 위한 활발한 연구와 학계 보고가 저조한 실정이다.

다시 말해서 대학에서 교양교육을 받은 사람은 자신의 전공한 분야뿐 아니라 다른 여러 전공 분야와의 관계를 이해하고 관련지을 수 있는 능력을 가질 수 있어야 한다. 대학에서의 교양교육을 통하여 현대 자유인으로서 훈련된 지성을 연마하는 것이 개인이 추구하는 사상과 실제사회를 살아가는 우리 자신에게 절실히 요구되고 있다.

제2절 교육의 가능성과 필요성

1. 교육의 가능성

인간과 동물의 근본적인 차이는 현실성과 가능성에 있으며 인간 특유의 환경적 유전적 특징에서 찾아 볼 수 있다. 동물에 반하여 인간은 극히 커다란 가능성과 적은 현실성을 가지고 태어나는데 이때 현실성이란 다 갖추어진 것, 성장 발달의 여지가 없는 것을 의미하며, 가능성이란 갖춰져야 할 것, 성장발달의 여지가 있는 것이다. 신생아는 태어날 때에는 신체적으로 정신적으로 무능력한 존재이며 혼자 걸을 수 있기까지 1년여 정도가 걸린다. 그러나 그는 거의 무한한 발전 가능성을 가진 존재이다.

이처럼 인간은 다른 동물에 비해 성장시기가 현저하게 길기는 하지만 성장 가능성을 소유한 존재라는 본질적 특성 때문에 인간에게만은 교육이 필요하다. 즉 인간은 교육을 받을 수 있는 교육 가능성인 가소성(plasticity)을 안고 태어난다. 학자에 따라서는 이를 잠재적 능력이라고도 하고 가소성 또는 도야성이라고도 표현한다. 이러한 능력은 후천적 조건에 의하여 영향을 받는다.

성장 가능성을 분류하면 신체적 성장 가능성, 지적 가능성, 정서적 가능성, 사회적 가능성, 도덕적 가능성을 들 수 있다(허영부, 1998).

신체적 성장 가능성은 영양섭취와 체력 단련에 따라 차이를 보인다. 지적인 가능성은 유전설에도 불구하고 양육과정과 후천적 영향에 따라 좌우될 수 있다. 정서적 가능성은 안정을 추구할 수 있는 능력을 갖고 있다. 사회적 가능성은 어릴 때부터 인간이 타인과 관계를 맺으려는 능력을 갖고 있는 점이다. 또한 도덕적 가능성은 인간이 동물과 도덕적 식별력을 갖고 있는 것이다. 이러한 성장 가능성은 가능성으로 끝나는 것이 아니라 적극적으로 성장하려는 자체 추진력이 있으며 이를 성장력이라고 한다.

오스트리아의 한 재활학교에 놀라운 사례가 있었다. 약 50여 명의 소아마비 아동들에게 특수교육을 시키고 있었는데 태어날 때부터 얼굴과 몸뚱이만 있는 한 장애학생이 타자를 치는 것이었다. 당시 17세이지만 사지가 하나도 붙어 있지 않는 상태에서 머리띠를 두르고 앞이마 침봉을 이용하여 타자수 1급 기능사의 자격을 획득한 것이다.

이는 인간의 무서운 가능성과 성장력, 잠재능력을 확인할 수 있는 사례이다. 인간의 무한한 가능성, 잠재능력, 가소성에 대하여 강한 신념을 가지면 왕성한 교육활동이 가능한 것이다.

인간의 본질에 대한 본성론적 관점은 흔히 성선설, 성악설, 그리고 백지설로 우리에게 잘 알려져 있는데 인간에게서 교육이 지니는 의미와 역할에 대한 각기 상이한 입장을 제시하고 있다.

인간의 본성을 선하다거나 혹은 악하다거나, 아니면 선하지도 악하지도 않은 상태라는 주장은 그 본성을 어떻게 보는가 하는 관점에 따라 교육의 목표와 방법 등이 구체적 내용을 지닐 수 있으므로 교육방향에 큰 영향을 주어왔다.

1) 성선설

맹자의 성선설(性善說)에 의하면 인간의 본성이 인, 의, 예, 지를 생득적으로 지니고 있는 까닭에 본질적으로 선하다고 본다. 인간은 본래 성인이나 범인 모두가 동류로서 그 성품이 선하므로 각자가 성선을 토대로 하여 선한 행동을 계속하면 누구나 성인이 될 수 있다는 관점이다.

자연주의를 제창한 사상가 루소(J. J. Rousseau)는 인간이 신에게서 태어날 때는 모두 선했으나, 인간의 손에 의해 더럽혀졌다고 주장하였다. 그에 의하면 어린이 본성이 선함을 분명히 하고 출생할 때부터 선한 존재인 어린이를 교육한다는 것은 자연스러운 발달을 돕는 자연적 방법이 어린이들에게 필요하므로 자유롭고 자발적으로 스스로 일상의 경험을 할 수 있어야 한다고 주장하였다(공인숙, 한미현, 김영주, 2005).

따라서 성선설은 양육과 교육에 큰 영향을 끼쳤으며 전통적인 훈육중심의 양육과 교육보다는 잠재력을 스스로 발현할 수 있도록 자유로운 분위기와 능동적인 경험과 행동을 강조하게 되어 후일 성숙론자들의 철학적 토대는 물론 어린이를 위한 다양한 교육방법에 결정적인 영향을 주었다.

2) 성악설

순자(荀子)는 성악설(性惡說)에서 인간의 본성은 본래 악하다고 본다. 그는 인간이란 태어날 때부터 도덕적으로 악한 본성을 지니고 있기 때문에 만약 교육적인 제재를 가하지 않는다면 선한 행동은 없고 악한 행동만 나타나게 된다고 하였다.

기독교의 원죄설에 의하면 인간은 죄의 존재라고 한다. 이는 절대자의 기준에서 볼 때 완벽할 수 없다는 의미로 이해될 수 있을 것이다. 성악설 또한 인간이 악하게 태어나지만 교육을 통해 악한 심상을 눌러주면 선한 인간이 된다고 보았다.

3) 백지설

인간은 후천적인 경험에 의해 악하게 되거나 선해질 수 있다는 관점이 백지설(白紙說)의 주요 내용이다. 백지설의 기원은 로크(J. Locke)의 주장에서 기인한다. 우리의 마음이라 할 수 있는 오성은 경험을 쌓기 전에는 아무 것도 쓰여 있지 않은 흰 종이에 불과하며 하나의 암실과 같은 것이다. 이 암실의 문에 외감과 내감이 있어 외적 현실에 대한 감각과 심적 현상의 반성을 할 수 있다. 결국 인간의 정신능력은 외적 감각과 내적 반성의 결합에 의하여 생기는 것이다.

이러한 견해는 인간이 선악으로 채색되지 않은 백지상태로 태어난다고 보기 때문에 자신을 둘러싸고 있는 환경에 의해 영향을 받는 수동적인 존재로 이해된다. 교육이나 환경의 영향에 따라 인간은 악해지거나 선해질 수 있는 것이다. 이러한 입장은 앞서 소개한 인간이 특정한 본성을 갖고 있다는 두 이론에 대립하는 입장이다. 그리고 교육에 의한 변화 가능성을 신뢰하고 있음을 알 수 있다.

2. 교육의 한계성

아무리 열심히 교육지도를 하여도 어떤 수준 이상으로는 진전되지 않는 일정한 한계가 있다. 여기에는 유전과 환경이 그 한계를 결정지어주게 된다. 유전이란 교육의 효과를 결정하는 선천적 요인이라 할 수 있다. 인간이 태어날 때의 신체적 정신적 특징들은 출생 후의 영향이라고 할 수 있다. 멘델과 모르간 등의 유전학자들은 생물의 특질은 생식세포에 있는 염색체의 유전형질 또는 유전인자에 의해서 선천적으로 결정된다고 보기 때문에 후천적인 환경은 유전 형질을 변경시킬 수 없다고 한다. 유전학자들은 인간의 신체적 정신적 특질은 모두 유전에 의해서 영향을 받는다고 보는 것이다.

또 다른 가능성의 한계를 설명하는 요인은 환경을 들 수 있다. 동일한 유전자를 가지고 태어나도 각자의 환경과 교육의 영향으로 성장력의 차이가 난다. 일란성쌍생아인 두 아이가 가난한 가정환경과 부유한 가정환경 속에서 각각 자란 후 비교해본 결과 지능, 성격, 개성에 많은 차이가 났으며 지능은 15~20정도의 차이까지 나타낸다고 한다(허영부, 1998). 또한 불량범죄자의 원인을 조사한 결과 대개의 경우 가정환경이나 사회환경이 좋지 않은 것을 발견할 수 있다. 그리고 맹자의 어머니의 '삼천지교(三遷之敎)'는 그 뜻에서도 인간의 성장발달에는 환경이 매우 중요한 역할을 하는 것을 알 수 있다.

3. 교육의 필요성

교육은 개인적으로 생존을 위하여 필요하다. 인간은 출생 시 완전한 정신능력을 가진 것이 아니라 불완전하고 미성숙한 존재이다. 인도의 한 늑대 어린이의 사례에서 알 수 있듯이 야생아가 교육을 받고 비로소 인간다운 자질을 회복하였다고 한다. 이는 인간의 정신 능력과 사고 능력은 선천적이라기보다는 언어 습득과 문화 학습 및 인간다운 정신 사고능력을 얼마나 갖추느냐에 달려 있다. 교육은 이러한 불완전한 능력을 보다 완전한 상태로 이르게 하기 위하여 필요한 것이다.

또한 교육은 개인적으로 인간다운 생활을 유지하기 위하여도 필요하다. 인간으로서의 존엄과 자신의 삶의 의미와 가치를 실현하려는 자아실현의 욕구로 문화 발전을 이루고 있다. 인간은 교육을 통하여 문화의 정수를 배움으로써 진정한 의미의 인간이 되는 것이다.

인간에게 교육은 사회의 존속과 문화발전의 관점에서 반드시 필요하다. 인간에게 교육이 없다면 문명과 문화의 현상을 보지 못하고 동물적인 생활만을 반복하게 되었을 것이다. 인간은 행동양식, 가치관, 지식, 사회규범 등을 습득하고 유사한 인격과 행동특성에 따라 사회가 존재할 수 있으므로 교육은 사회유지와 존속과 발전을 위하여 필요하다.

4. 교육의 구성요소

실제 교육활동이 이루어지기 위하여 반드시 필요한 것은 교육을 행하는 교육자, 교육을 받는 피교육자, 그리고 교육자와 피교육자가 상호작용할 수 있도록 도와주는 매개체로서의 교육내용으로 이루어져 있다. 이때 학교교육에서 교육을 하는 사람은 교사인데 이는 교육의 주체라고도 한다. 그리고 교육을 받는 사람은 학습자인데, 이는 교육의 객체 또는 교육의 대상이라고도 한다. 가르치고 배우는 교육내용은 곧 교재를 의미한다. 이러한 의미에서 교사, 학습자, 교육내용 세 가지는 교육을 성립하게 하는 가장 기본적인 구성요소가 되며 전통적으로 교육의 삼요소라고 한다.

1) 교 사

교사는 '어떤 형식이로든 가르치는 위치에 있는 사람들'을 통칭하는 말이다. 넓게는 가정에서의 부모, 형제, 사회에서의 선배나 후배, 동료 그리고 친구 등도 교사의 역할을 할 수 있으며 조직 단체, 제도, 공학, 매스컴 등 다양한 환경들까지도 교사와 같이 가르치는 역할을 수행할 수 있다.

그러나 일반적으로 교사는 일정한 장소에서 교육을 의도적으로 조직적으로 이끌어 가르치는 사람 즉 선생님을 의미하고 있다. 학교교육에서 요구되는 교사의 자질은 첫째, 교육내용에 대하여 해박한 지식을 가져야 한다. 학습자가 수행 도달할 수 있는 구체적인 목표를 교육내용을 통하여 제공해야 한다. 둘째, 교육내용을 가르치는 방법에 대한 전문적인 지식을 가지고 있어야 한다. 교사가 갖고 있는 지식을 효과적으로 전달할 수 있는 지식이 필요하다. 셋째, 교사는 건전하고 바람직한 인격을 갖추어야 한다. 교사의 바람직한 인성과 긍정적인 신념, 바람직한 태도와 가치관 및 교육에 대한 사랑은 학습자의 학업성취에 큰 영향을 미친다.

2) 학습자

교육이 학습자를 대상으로 하기 때문에 교육에서의 위치는 매우 중요하다. 주체가 있어도 객체가 없으면 목적을 수행할 수 없다. 학습자는 교육활동의 핵심 대상이자 시작이며 끝이라고 할 수 있다. 즉, 학습자가 없으면 교육이 성립할 수 없는 것이다.

학습자를 교육의 핵심위치로 두는 것은 교육활동이 학습자 스스로에 의해 자율적으로 이루어질 때 그 효과와 성과를 이룰 수 있다. 교사가 전달해 주는 지식을 그대로 학습하기보다 교육활동에 적극 참여함으로써 학습자의 인격과 욕구, 필요 등이 반영되고 존중될 수 있다. 따라서 학습자가 자신의 교육 가능성을 믿고 교육목적을 달성하려고 할 때 참다운 교육의 성과를 이루는 것이다.

3) 교육내용

교육의 내용은 교육의 주체와 객체 사이의 매개체라고 할 수 있다. 매개체는 수단적 가치를 지니며, 절대적 역할을 담당한다(윤정일 외 5인, 2004).

교육내용을 넓게는 "교육의 재료", "교재" 또는 "도야재"라고 하고, 좁게는 "교육과정"이라고 한다. 교육자의 입장에서 교육을 지도할 때 필요한 재료가 되며, 피교육자의 입장에서는 교육 진행 중의 내용이 된다. 교육내용으로는 물질적인 교과서, 교구, 교재 외에도 비물질적인 지식, 규범, 가치, 행동양식, 기술, 제도 등도 교육내용의 중요한 부분을 차지한다.

학교교육을 성립시키는 삼요소의 관계는 전통적으로 교육 주체 교사가 대상 학습자에게 교육 내용을 전달함으로써 성립한다고 인식되어 왔다. 그러나 20세기로 접어들면서 공학의 발달과 교수-학습 방법의 다양화로 교육내용은 많은 변화를 맞게 되었다.

오늘날 학습자는 제공된 교육 내용에 대하여 동기 유발되어 학습에 대한 강한 관심을 일으킨다. 이러한 관계는 다음과 같은 기호로 표시할 수 있다(이형행, 1999).

교수자 → 교육내용 ← 학습자

그리고 교수자가 전달한 교육내용을 학습자가 자기 것으로 이해하고 적극적으로 학습하게 되는 경우는 다음 관계로 나타낼 수 있다.

교수자 = 교육내용 = 교육내용 ← 학습자

또한 학습자가 교수자로부터 독립하고 나아가서는 교수자와 문제 연구에 관하여 논의할 수 있는 동등한 관계를 유지하기도 한다.

교수자 = 학습자

교육의 매개체로서 교육내용은 교육에 의한 발달 대상이 학습자임을 명확히 하고 학습자의 바람직한 성장을 유도하는 데 개인적으로 사회적으로 타당하고 적합한 것이어야 한다.

학습과제

1. 교육의 어원적 의미에 나타나는 두 가지 교육에 대하여 논의하시오.
2. 유전과 환경에 대한 이해를 바탕으로 교육의 가능성과 필요성을 논의하시오.
3. 교육을 구성하는 삼요소의 의미와 관계를 설명하시오.
4. 교육의 세 가지 정의 방식에 따라 대표적 예를 각각 들어 설명하시오.
5. 본인의 교육의 목적을 내재적인 것과 외재적인 것으로 구분하시오.

참고문헌

공인숙, 한미현, 김영주(2005), 보육학개론. 서울 : 교육과학사.

수원대학교 교재편찬위원회(1999), 교육학개론, 수원 : 수원대학교출판부.

수원대학교 교재편찬위원회(2000), 교육학개론, 수원 : 수원대학교출판부.

윤정일 외 5인(2004), 신교육의 이해, 서울 : 학지사.

이지헌 외 11인(2005), 교육학의 이해, 서울 : 학지사.

이형행(1999), 교육학 개론, 서울 : 양서원.

전성연(1997), 대학의 교육과정과 수업, 서울 : 학지사.

허영부(1998), 현대교육학개론, 서울 : 학문사.

황정규, 이돈희, 김신일(2005), 교육학개론(제2판 수정), 서울; 교육과학사.

제2장

교육의 목적과 역사적 변천

제1절　교육목적의 변천

제2절　우리나라 교육목적의 변천

제3절　서양 교육목적의 변천

제1절 교육목적의 변천

철학자들은 인간상과 이상적인 사회에 관하여 오랫동안 수없이 논의하여 왔다. 이상적 사회와 이상적 인간을 만들기 위해서는 반드시 교육을 통해야 한다는 생각을 하고 있는 것이다. 이는 바로 교육이 지향해야 할 목표를 뜻하는 것이다. 듀이(J. Dewey)는 목적있는 행동은 지성적 행동이라고 말 한 바 있다. 지성적 인간은 살아 있는 한 끊임없이 활동해야 하고 그 활동에 앞서 목적이 있는 것이다.

칸트(I. Kant)는 "교육론"에서 교육의 목적과 그 오류성을 심각하게 지적하고 있다. 부모가 교육의 목적보다 자녀 출세에만 관심을 가지며 통치자가 교육을 자기 목적 달성의 수단으로 생각하는 데서 교육의 오류를 범하고 있으며 결국 교육 목적 설정에도 문제가 되고 있다고 지적하는 것이다.

러셀(B. Russell)은 교육을 행하는 데에 어떤 방법으로 가르칠 것인가를 생각하기 전에 교육 후 만들어 내어야 할 최선의 사람에 대하여 먼저 생각해야 한다고 말했다. 즉 올바른 인간상을 위해서 교육목적이 방법에 앞서 중요하다고 주장한다. 인간 행동에서 목적을 배제할 수 없다면 삶에 가장 중요한 교육에서도 목적을 배제할 수 없다. 교육목적은 지난 역사 속에서 누군가의 필요성에 의하여 중요하다고 세워지고 또한 무수히 변천되어 왔다. 이제 올바른 인간상과 바람직한 우리 사회를 만들기 위하여 교육 목적의 변천과 그 오류를 살피는 것이 우리의 삶에서 교육을 더욱 중요하게 하는 길일 것이다.

제2절 우리나라 교육목적의 변천

1. 고대사회의 교육목적

고대 교육의 특징은 첫째, 무의도적인 교육이 행하여진 것이다. 둘째, 생활과 교육이 하나로 이루어졌다. 셋째, 원시인의 교육방법으로 경험과 모방이 이루어졌다.

고조선 시대에 들어와서는 가족제도가 성립되어 미풍양속을 기르기 위한 예의 및 도덕 교육이 중시되었다. 고조선의 교육이념은 '홍익인간'과 '팔조법금'에 있다. 홍익인간은 '널리 인간을 이롭게 한다'는 뜻으로 인간 행복과 인간생활을 유익하게 하는 숭고한 이상이다. 이 '홍익인간'의 이념은 인간존중의 정신으로 면면히 계승되었고, 우리나라 현행교육법에도 반영되어 우리 교육의 이념과 목적으로 명문화되어 있다(박의수 외 3인, 1998; 허영부, 1998). '팔조법금'은 만민법의 성질을 띤 민중교화법이며 다분히 도덕적이며 사회교화적 교육 실천의 정신을 반영하고 있다.

2. 삼국시대의 교육목적

백성을 다스릴 인재를 양성하는 치인교육, 전쟁과 국가 방위에 필요한 무인을 양성하는 무인교육, 당나라 교육방법을 모방한 유교중심의 암기식 방법과 화랑도 교육이 있었다. 삼국시대 초기의 교육의 특징은 경전에 의한 문자교육에 대한 기록이 있었고, 형식적인 학교교육이 성립되지는 못하였다.

1) 고구려

고구려는 중국에 가장 인접해 있어 중국과 밀접한 문화관계를 갖게 되었다. 고구려 학교교육은 관학으로서의 태학과 사학으로서의 경당을 들 수 있다. 태학은 소수림왕 2년에 설립된 것으로서 최초의 관학이었다. 태학은 왕실자제와 특권계급을 대상으로 한 교육기관으로서 국가 번영에 따라 관리양성 및 인재양성 기관의 역할을 담당했다.

한편, 고구려는 후기에 최초의 사학으로서 경당을 설립하여 평민층 자제들을 위한 기관으로서 지방학교의 역할을 하였는데 무인양성을 위한 교육을 일찍부터 중요시하여 가르쳤다.

2) 백 제

백제는 왕국존립 678년 동안 학교교육을 이루었다는 기록이 없었으나, 유학의 경전에 능통한 고등교육으로서 박사제도가 있었다. 이들은 일본에 초빙되어 유학을 전파하였다. 일본의 사료에 의하면 박사 왕인이 일본에 천자문과 논어를 전한 기록과 박사 고흥의 서기편찬사실 등으로 보아 고구려보다 학교교육과 인재 양성 교육이 발달했을 가능성이 있다.

3) 신 라

신라의 교육은 통일이전과 그 이후로 나누어 볼 수 있다. 통일 전 학교교육을 했다는 기록은 없으나 신라는 화랑도 교육을 통하여 인물 본위의 교육제도를 채택하였다. 화랑도 교육의 목적은 문무를 겸비한 인재양성으로 국가에 봉사할 수 있는 충심의 사병, 우수한 사회인, 그리고 능력있는 지도자를 길러내는 데 두었다. 무용보다는 충과 효의 도의를 중시하였으며 교육내용은 사군이충, 사친이효, 붕우유신, 임전무퇴, 살생유택의 세속오계를 지침으로 삼았다.

화랑도 조직은 신라의 고유한 귀족 청소년들의 샤머니즘적, 군사적, 교육적 집단으로 신라의 귀족사회와 평민사회와의 사이에 교량역할을 하였다.

통일 후 신라는 중국과 더욱 교류를 넓혔고 교육은 안정을 위한 왕권강화와 중앙집권화를 위하여 유교를 보급하고 과거제도를 탄생시켰다.

유교교육을 통한 관료화 과정으로서 당나라의 국자감을 모방한 국학을 설립하였다. 국학은 통일 후의 영토관리와 통일정치를 위한 인재양성과 관리양성을 교육목적으로 두고 유교사상을 연구 보급하며 관리의 양성을 위한 교육기능을 수행하였다. 국학은 초기에 그 기능을 하다 중엽에 와서는 하나의 시험제도로서 독서삼품과가 시행되었다. 이는 과거제도의 전신으로서 인재인물 등용 방법을 문벌위주에서 실력본위로 전환시키는 계기가 되었다.

삼국시대의 교육사상가

① 원 광

서라벌의 귀산과 추항이라는 두 청년이 원광국사를 찾아와 평생 지켜 행할 수 있는 계명을 물으니 법사는 다음과 같은 세속 5계를 일러 주었다.

첫째는 임금을 충성으로써 모실 것이요,

둘째는 어버이에게 효를 다할 것이요,

셋째는 친구에게 믿음을 지킬 것이요,

넷째는 전쟁터에서 물러서지 말 것이요,

다섯째는 산목숨을 가려서 죽일 것이다.

이것이 원광법사의 유명한 세속 5계로 후에 화랑도의 근본정신이 된 것이다.

② 원 효

학승으로서 높이 평가되는 원효는 당시 왕실 중심의 귀족화된 불교를 민중불교로 바꾸는 데 크게 공헌하였다. 종파주의적인 불교이론을 고차원적인 입장에서 정리하려 하였는데 그것을 오늘날 원효의 화쟁사상(和諍思想)이라 부르며, 이것은 그의 일심사상(一心思想)·무애사상과 함께 원효사상을 가장 특징적으로 나타낸 것으로 평가되고 있다.

- 일심사상 : 원효의 일심사상은 그의 저서 《금강삼매경론》, 《대승기신론소》 등 그의 모든 저술에서 철저하게 나타나고 있다. 인간의 마음을 깊이 통찰하여 근본적인 깨달음으로 돌아가는 것, 즉 귀일심원(歸一心源 : 한 마음의 근본으로 돌아가는 것)을 궁극의 목표로의 실천을 강조하고 있다. 그는 모든 법, 모든 행위는 근본으로 돌아간다라는 것을 굳게 믿고 생활을 이어갔다. 그리고 일심이야말로 만물의 중심이며, 일심의 세계를 부처의 나라 즉 극락으로 보았다. 그리고 이것을 대승(다른 사람을 구제하면서 부처를 이룸), 불성(부처의 성품), 열반(모든 괴로움이 없어진 경지)라고 불렀다.

- 화쟁사상 : 원효는 전체 불교를 하나의 진리에 귀납(일반적인 것으로부터 특수한 법칙을 찾아내는 일)하고 종합 정리하여 모순없는 입장에서 불교의 사상체계를 세웠다. 이러한 그의 조화사상을 화쟁사상이라고 한다. 그는 여러 자신과 다른 주장을 모아 정리하여 일승불교(일체의 것이 모두 부처가 된다는 법문)의 건설을 위한 논리적 근거를 제시하고 하나의 근본으로 돌아간다는 사상은 한국불교에 커다란 영향을 끼쳤다.

- 무애사상 : 원효의 무애사상은 그의 사생활에서 잘 나타나고 있다. 원효는 어디에도 걸림이 없는 자유로운 생활을 하였다. "일체에 걸림이 없는 사람은 단번에 생사를 벗

어난다"라고 한 말에서 그의 무애사상을 알 수 있다. 그는 부처와 중생을 둘로 보지 않고 중생의 마음은 원만하고 평등하여 차별이 없다라고 주장하였다. 즉 철저한 자유가 인간의 마음 속에 있으면, 스스로도 철저한 자유인이 될 수 있다는 것이다.

③ 설 총

설총은 강수, 최치원과 함께 신라 삼문장으로 꼽혔다. 설총은 향찰을 집대성 정리하였는데, 육경을 읽고 새기는 방법을 발명하여 한문을 국어화하고 유학 등 한학의 연구를 발전시키는 데 공이 컸다.

3. 고려시대의 교육목적

고려사회의 교육은 상류계급을 위한 유교가 교육사상의 핵심이었다고 할 수 있다. 불교는 민중들에 의해 '수신지교(修身之教)'로서 유교는 '치국의 학(治國之學)'으로서 존중되었다. 또한 유교의 발전으로 과거제도가 정비되어 인재를 발탁했다. 서민층의 자제는 도제교육의 형태로 교육이 실시되어 생계를 유지할 수 있게 했다. 그리고 승과의 고시제도가 있었다.

고려시대의 교육기관은 크게 관학과 사학으로 구분할 수 있었다. 관학으로는 서울에 국자감, 동서학당(오부학당)이 있었고, 지방에는 향교가 있었다. 사학으로는 사학십이도와 서당이 있었다.

성종 11년(992)에 창립된 국자감은 처음으로 문묘를 세운 유교 교육기관이었다. 이는 유학 중심의 특권계급을 위한 최고의 교육기관인 동시에 국가의 관리를 양성하는 유일한 교육기관이었다.

교육방법은 한 과목의 학습이 끝난 뒤에 다른 과목으로 넘어갔다. 입학자격은 문무관의 자제를 관직의 품위와 등급에 따라 구분하여 가르쳤으며, 율, 서, 산학에는 서민의 자제도 입학할 수 있었다. 국자학, 태학, 사문학의 수업연한은 최고 9년이고, 율, 서, 산학은 6년이었다. 교원은 국자학, 태학, 산학에는 박사와 조교를 두고, 율, 서 산학은 박사만 두었다.

동서학당은 고려말 원종 2년(1261) 개경에 설립하였으며, 중국에도 없는 독창적인 제도로서 유학진흥의 현실적 요청에 의하여 설치하여 조선시대에 발전을 보았다. 이는 향교 수준의 중등 교육기관으로 향교와 다른 점은 문묘가 없는 교육기관이라는 것이다. 또한 국자감에서 교육을 받지 못하는 개성의 학도들을 교육시키는 기관이었다.

향교는 국자감을 축소한 형태(교육기관인 동시에 유교의 사당)로서, 각 고을에 세운 지방 중등 교육기관이었다. 공자와 선현, 성현을 모시는 문묘와 교육을 베푸는 도장으로서 명륜당이 있었다. 향교는 지방민의 교화에 크게 공헌하였다.

고려의 사학은 해동공자 최충이 문종 7년에 세운 문헌공도를 비롯한 열두 개의 사립교육기관을 들 수 있다. 문헌공도(최충), 홍문공도(정배길), 광헌공도(노단), 남산도(김상빈), 서원도(김무대), 문충공도(은정), 양신공도(김의진), 정경공도(황영), 충평공도(유감), 정헌공도(문정), 서시랑도(서석), 귀산도(미상) 등의 사립교육기관을 일컬어 사학십이도라 한다.

이는 사학으로서의 고등교육기관으로서는 최초의 것이다. 이곳은 국자감과 같이 관사와 인재양성을 위한 과거준비가 주 기능이었고 부수적으로 일반교양을 높이는 일도 하였다.

서당은 지방의 서민계급의 자제를 수용하고 교육하는 사설 지방 초등 교육기관으로서 서민교육의 보급과 민중교화에 지대한 공헌을 하였다.

고려시대의 교육사상가

① 최 충

최충은 국가발전의 기초는 교육이라고 하고 사숙을 열어 많은 인재를 배출하였는데 이는 십이도의 선구자 문헌공도(文憲公徒)라고 했는데, 문장과 글씨에 능하여 해동공자(海東孔子)로 추앙받았다.

고려의 12개 사학 십이도의 시초는 1055년(문종 9) 문하시중으로 있다가 퇴관한 최충이 설립한 구재학당(후에 문헌공도)에서 비롯한 것이다. 십이도는 9경(經) 3사(史)를 교과내용으로 하였는데 9경(經)(시경, 서경, 역경, 예기, 춘추, 효경, 논어, 맹자, 주례)과 3사(史)(사기, 한서, 후한서)로 이루어져 있다. 이는 당시 국학(국자감)이 시설·교육면으로 유명무실하여 학업 지망생이나 과거 응시자가 권위있는 유학자가 세운 사학으로 모여들어 성황을 이룸으로써 다른 현관 퇴직 유학들도 사숙을 설립하게 된 사례가 되었다.

② 안 향

여러 차례 원나라에 왕래하여 주자학의 국내보급을 위하여 앞장서 왔으므로 우리나라 최초의 주자학자로 인정받는다. 당시 고려 후기는 무신집권에 의한 정치적 불안정과 불교의 부패 및 무속의 성행이 있었고 몽고의 침탈 등으로 국내외적으로 위기가 가중되고 있을 때였다. 민족주의, 춘추대의에 의한 명분주의의 정신, 그리고 주지적인 수양론의 특성을 지닌 주자학을 적극적으로 수용함으로써 학교 재건과 인재양성을 이룩하려 하였다. 그는 지행사상을 강조하여 성인의 도는 일상생활의 윤리 실천에 있음을 강조하였다.

③ 이 색

1352년(공민왕 1) 전제개혁 · 국방강화 · 교육진흥 · 불교억제 등 당면정책을 펼쳤고 1367년 대사성이 되자 성균관의 학칙을 새로 제정하고 김구용 · 정몽주 · 이숭인 등과 강론, 성리학 발전에 공헌했다.

④ 정몽주

의창을 세워 빈민을 구제하고 유학을 보급하였으며, 성리학에 밝아 해박한 지식을 바탕으로 하여 분석적이며 논리정연하게 교수하는 교육방법을 사용하였다. 중용과 대학은 양심의 학문이라 중시하였고 《주자가례(朱子家禮)》를 따라 사회윤리와 도덕의 합리화를 기하며 개성에 5부 학당과 지방에 향교를 세워 교육진흥을 꾀하였다.

4. 조선시대의 교육목적

조선 초기와 중기에는 주자학이 성행하였으나, 후기에는 실학이 등장하였다. 조선의 교육제도는 고려의 교육체제를 그대로 계승하여 관학으로서 중앙에 있는 성균관, 4학, 종학, 그리고 지방에 있는 향교, 사학으로서 서원, 서당 등이 있었다. 조선의 교육은 수기야인을 교육 목표로 하고, 유교주의를 교육이념으로 일관하였다. 이는 조선 초기 성리학의 교육이념이 현실적인 수기치인(修己治人)으로서 학문과 수신은 수기에 속하고, 교육과 정치는 치인에 속한다고 보았기 때문이다. 교육의 목적은 성인군자로 군자의 학을 추구하는 것과 과거에 응시하여 관료가 되려는 현실주의적 관료파가 중심이었다.

성균관은 조선의 최고의 유생을 교육한 기관이다. 교육목적은 국가에 필요한 유능한 고급인재를 양성하기 위한 것과 성현에게 제사지내기 위한 것이었다. 교육내용은 인격도야와 훈육에 힘썼고 유생들은 엄격한 규율생활과 정의를 중시하였다. 교육방법은 의문점을 토론하여 밝히고 학습을 철저히 하는 개인문답식이었다.

사학은 고려의 학당에 해당하는 것으로서 서울의 4곳으로 남학의 설립을 계기로 중학, 동학, 서학을 설립하여 '사학'이라고 하였다. 성균관과 비교하면 중등 정도의 교육을 했지만 성균관의 교육목적, 내용, 방법 등과 비슷하였고, 여기서 교육을 이수한 자는 양반집과 민간측 자제 중에서 성균관에 진학할 수 있었다. 중심 교육내용은 유교사회의 도덕법규를 다룬 소학으로 기본적이며 필수적인 필수 교과목이었다.

향교는 고려 때의 지방관학기관으로 중요한 구실을 해왔고 이조에 와서 성현에 대한 제사, 유생에게 유학을 가르치고, 지방 문화의 향상을 도모하는 등 사회교육적인 기능으로 크게 번성하였다. 향교에서 수학한 후 1차 과거의 합격한 자는 생원 · 진사로 성균관에 가게 되며 문과시에 다시 응해 고급관직에 오르는 자격을 얻게 되었다.

서원은 조선 중기 이후부터 보급된 민간사학기관으로 선현존경과 후진장학을 목적으로 설립된 중등 교육기관이었다. 서원은 선현을 존경하고 군자를 양성하려는 목적이었으나 현실적으로는 과거준비에 있었다.

서원은 사학이지만 정치적, 사회적 연관을 가졌으며, 그 수가 증가함에 따라 교육에의 기여도 컸다. 그러나 행정질서를 문란케 하고 붕당과 붕쟁의 폐단이 많아서 대원군의 서원철폐령을 맞게 되었다.

서당은 고려시대에 설립되어 이조에 계승되었고 신분적 제한 없이 지방 서민계급의 자제들을 수용하여 교육하던 민간경영 교육기관이다. 주로 글자 해독하는 능력을 길러주므로 글방, 서재, 사숙이라고도 한다. 서당은 사학이나 향교에 입학하기 위한 준비기관으로서 서당 자체에서 서당과 사학에 준하는 교육을 통하여 청소년의 학문의 독해력을 향상시키고, 유교에 대한 초보지식을 이해하게 하는데 기여하였다.

5. 근대의 교육목적

개항 이후 조선은 새로운 문물을 받아들이고자 외국어교육, 실업교육이 필요하였으며, 사학 중심의 학교기관이 설립되었고, 1894년(갑오경장) 이후 비로소 관학이 성립되기 시작하여 근대적 사회 개조 기능을 이루었다.

한편 근대교육에서 우리 민족교육의 암흑시대를 연 일제 통치는 1910년 한일합방에서 1945년 해방 이전까지 일제하의 대부분의 사립학교를 애국적 인간, 민족운동가의 양성을 교육목표로 추구하게 하였다.

근대교육의 이념은 교육입국의 이상을 가지고 전인적 교육을 강조하고 종래의 유교적 교육으로부터 근대적 교육의 전환과 근대 학제의 개편과 연령에 의한 학교 진학의 규제를 통하여 근대 학제의 이념을 잘 반영하였다. 또한 신분의 규제를 벗어난 교육의 기회균등과 소학교 교육의 의무화, 직업의 귀천을 가리지 않는 학교의 진학 등은 현대 민주주의 교육이념을 잘 반영한 것이다. “교육이 실로 국가를 보존하는 근본”이라 하여 교육을 국가중흥의 기본 수단으로 인식함으로써 교육의 사회개조를 이루려는 국민적 민족주의 교육이념이 강조되었다.

19세기 말 또 하나의 특징은 한국 근대사회에 자유정신을 보인 천도교 동학이다. 동학의 창시자인 최제우는 조선 후기에 이르러 각지에서 반란과 외국의 간섭, 정치의 문란, 사회적 불안과 긴장이 계속되었으며 전래의 종교 등이 쇠퇴하여 제구실을 못하게 되자 서학에 대응하는 동학을 창설하기에 이르렀다. 동학의 교리는 유, 불, 선의 정신을 참작하여 인내천(人乃天), 즉 천심은 곧 민심이라는 사상을 주장하여 인간의 주체성을 강조하고 지상천국의 현실적 이상을 표현하였다(한국교원대학교 교육과학연구소, 1993).

6. 주권상실기의 교육목적

19세기 이후 제국주의와 식민주의에 따른 산업화를 이루고 있던 구미 여러 나라는 근대화에 뒤진 여러 지역을 침략하여 식민지로 삼았다. 그들의 식민지 통치 유형은 여러 가지 특징을 가지고 있었으나 궁극적으로는 자국의 이익을 위해 식민지를 착취하기 위한 것이었다.

1) 조선교육령

이 시기의 교육목적은 교육법 제2조에 명시되어 있는데 “교육은 교육에 관한 칙언의 취지에 따라 충량한 시민을 육성하는 것을 본의로 한다”라고 명시하고 있다

(허영부, 1998). 제 4조에서는 "교육은 크게 보통교육, 실업교육, 전문교육으로 한다"라고 하여 교육을 세 단계로 구분하였다. 여기서 보통교육은 보통의 지식과 기능을 주고 국민성격을 함양하여 일본어를 보급함을 목적으로 한다. 실업교육은 농업, 상업, 공업 등에 관한 지식과 기능을 가르침을 목적으로 한다. 전문교육은 고등한 학술과 기예를 가르침을 목적으로 한다.

1919년 삼일운동 이후에 일본은 식민지 통치정책을 재점검하여 유화적인 식민지 정책을 펼쳤다. 교육정책에도 반영되어 외형상 일본과 동일한 학제를 적용하였고, 각 학교에 조선어를 필수로 부과하였으며, 한국인과 일본인 공학을 원칙으로 하였다.

1941년 일본 군국주의는 힘에 겨운 전시 동원을 용이하게 하기 위하여 1937년 '황국신민서사'를 제정하여 암기하도록 하였다. 따라서 각 학교는 일본인을 위한 학교와 동일하게 수업연한과 제도를 개편하였고, 조선어는 정규교과에서 밀려나게 되었다.

이와 같이 일제하의 교육은 한국민을 일본식민으로 만들기 위한 것으로 일본어 보급과 실용적인 인재양성을 위한 실업교육에 그 역점을 두었다. 즉, 한국인은 교육은 통하여 깨우쳐 주는 것이 아니라 일본 자국을 위하여 한국인을 이용하는 것이었다.

2) 개정교육령

일본은 1915년 사립학교규칙을 대폭 개정한 후에도 사립학교 중심으로 반발되는 민족감정과 외국인 선교사 중심의 기독교 학교의 종교적 항의로 새로운 개정교육령을 1922년에 공포하였다.

이는 3.1 독립운동(1919년)을 계기로 일본은 한국 식민지 정책을 문단 정치에서 문화정치로 수정하게 되었다. 문화정책을 수행하는 수단으로 교육의 중요성을 인식하고 교육제도의 결함을 시정하려 하였으나 일본 본토의 교육제도에 준거하여 제정된 보통학교 연장제, 과목채택, 고등과 설치, 실업학교 연장제, 사범학교 설치 등은 실제적으로는 더욱 일본인화 교육으로 강요되었다.

조선총독부는 당시 교육방침을 국제명칭, 내선일체, 인고단련으로 정하고 우리 민족의 정신과 민족의식을 말살하려고 시도하여 1938년 교육개정령을 공포하고 학교명을 일본인학교와 동일하게 하고 조선어과를 수의과로 정하고 일본어 강제사용, 신사참배, 창씨개명을 강요하였으므로 교육목적을 통하여 대륙침략을 달성하려는 정책과 저의를 한국인 교육목적에 이용하였다. 이시기의 우리 나라 교육사의 의의는 민족감정의 총화가 집결되었다는 것이고, 사립학교 간, 학생들 간의 유대의식이 더욱 강화되었다는 점이다.

7. 현대의 교육목적

1945년 8·15해방과 함께 맞이한 현대의 교육은 강대국 간의 전후처리 방식에 따라 민족 국토분단을 맞게 되었다. 남한에는 미 군정청 학무국에 의하여 새로운 민주주의 교육원리에 입각한 교육이론의 도입 등으로 많은 변화를 겪게 되었다.

1945년 한국교육위원회는 교육심의회로 발족되어 교육이념, 교육제도, 교육행정, 초등교육, 중등교육, 직업교육, 사범교육, 고등교육, 교과서, 의학교육 등의 10개 분과위원회를 설치하고 7항의 교육기본방침을 규정하였다(허영부, 1998).

- 교육이념은 민주주의 이념으로 한다.
- 교육방법은 학생 자기활동으로 한다.
- 학습지도는 아동중심으로 한다.
- 교육제도는 단선형으로 한다.
- 교육행정은 민주적 교육자치제로 한다.
- 국민의 의무교육을 철저히 한다.
- 교육의 기회균등을 한다.

이상의 교육방침은 민주시민을 육성하기 위한 기본적인 것들이며 우리가 나아가야 할 교육이념을 건국이상에 기하여 인격이 완전하고 애국정신이 투철한 민주국가 국민 양성을 위하여 홍익인간으로 설정하게 되었다.

미군정하의 교육은 일본 식민지교육에서 탈피하여 민주주의 교육이념에 따라 민주국가로서 발전하고 한국 교육이 새로운 발전을 도약할 수 있는 개방적인 교육제도와 민주적 정책으로 밑받침되었다.

1968년은 현대 교육사에서 교육혁명의 해로 불리운다. 대학예비교사제, 중학교 무시험입학제, 통신 교육제, 장기종합교육계획 수립을 위한 장기종합 교육계획심의회 규정, 국민교육헌장 등의 교육정책들이 쏟아져 발표되었다(이지헌 외 11인, 2005). 제2차 교육과정을 통하여 전시 직후 졸속으로 정하여졌던 제1차 교육과정을 수정하여 반공민주주의, 자주성, 생산성, 유용성을 강조하고 진보주의 교육철학에 근거하는 학습지도를 시도하였다.

1972년 한국적 민주주의 구현을 유신이념으로 보고 추진목표로 국적 있는 교육, 반공 안보교육, 새마을교육을 강조하였다. 1973년과 1974년 계속적인 현대문명의 변화와 지식교육의 요구로 교육내용은 제 3차 교육과정으로 또 다시 개정되었다. 제 3차 교육과정은 유신정국의 도래에 맞추어 국민교육헌장의 이념을 충분히 반영하기 위해서 학문중심 교육과정으로 조정되었다.

신군부세력에 의해 탄생된 제5공화국은 1980년 5월 교육혁신의 4대 과제를 발표하기에 이르렀다. 즉, 전인교육, 정신교육, 과학교육, 평생교육이 선정된 것이다. 같은 해 유치원을 포함한 초, 중 고 교육과정을 개정하여 제 4차 교육과정을 만들고 민주, 복지, 정의, 사회 건설의 역군으로서 자주와 창의의 역량을 가진 국민 양성을 그 목적으로 하였다.

1987년 5공화국 말기에 유치원 초등학교, 중학교 교육과정은 제5차 교육과정으로 개정되어 건강한 사람, 자주적인 사람, 창조적인 사람, 도덕적인 사람을 기르는데 그 목적을 두고 있다. 이는 200년대를 주도할 한국인사의 창조라는 슬로건 아래에서 추구할 인간상으로 창조적 인간, 도덕적 인간, 자주적 인간 등의 3대 인간상을 채택하였기 때문이다.

1988년 6공화국의 출범 이후 국가 전반에 걸친 민주화로 교육 자치를 위한 노력들이 이루어져 왔다. 1992년 각급 학교 교육과정은 제 6차 교육과정으로 개정되었는데, 지역 및 학교별 교육과정 편성과 운영 근거를 마련하여 건강한 사람, 자주적인 사람, 창조적인 사람, 도덕적인 사람을 추구하는 인간상을 정립하면서 질관리 체계를 마련하였다.

1993년 출범한 문민정부는 1995년 세계화, 정보화시대를 주도하는 신교육체제 수립을 위한 교육개혁방안이라는 5 · 31 교육개혁안을 발표하였다. 이 개혁안의 목표는 '누구나 언제 어디서나 원하는 교육을 받을 수 있는 열린교육체제'를 구축하고 '모든 국민이 자아실현을 극대화할 수 있는 교육의 복지국가'를 만드는 데 있었다. 이와 같은 개혁의 선상에서 1997년 종래의 교육법은 교육기본법으로 제정 · 공포되고 국민의 고유권을 학습권으로 구체화하면서 수요자 중심의 교육제도 운영 원칙과 교원, 학생, 학부모, 지역인사의 참여를 이끌어내는 학교 운영의 자율성을 규정하였다. 이에 따라 초중등교육법에 의하여 학교운영위원회의 법제화와 초등학교라는 명칭도 이때 개칭되었다. 결국 이 시기에 7차 교육과정 개정이 이루어졌고 '초 · 중등학교 교육과정 – 국민공통기본교육과정'이라고 명명되었다. 이교육과정은 국가수준의 공통부분과 지역, 학교, 개인 수준의 다양성을 동시에 추구하면서 학습자 자율성, 창의성을 신장하기 위한 학생 중심이라는 목적과 특성을 가지고 있다(이지헌 외 11인, 2005).

현대 교육의 특징은 정권이 바뀔 때마다 교육과정 개정과 입시제도가 변화되어 초 · 중등학교의 교육과정과 관련 교육 목적이 다양화되는 데 있다. 문민정부에서는 종합적으로 교육개혁을 통하여 국가 환경에 대한 전반적인 접근을 시도하였고 공교육체제 불합리성을 제거함으로써 학교 공동체, 수요자 중심교육, 평생교육체제의 신교육체제를 구축하려 하였지만 1990년 초기 제시된 한국교육의 주요 문제점은 다음과 같다(수원대학교 교재편찬위원회, 2000).

① 교육이념 및 목적의 괴리성
② 교육내용 및 방법의 부적합성
③ 학생 부적응 행위와 사회 문제화
④ 교원의 지위 및 의욕 저하
⑤ 교육제도의 폐쇄성과 비효율성
⑥ 교육 시설 및 환경의 낙후성
⑦ 행 · 재정 지원체제의 미흡
⑧ 교육지원 여건의 취약성

1998년 출범된 교육경쟁력의 제고 및 수월성 확보 추구와 교육 본연의 자아실현 혹은 잘 살기 위한 교육환경조건 정비를 교육목적으로 두고 있다. 고등교육의 수월성 확보를 위하여 두뇌한국(BK) 21사업, 대학평가시행, 기초학문 육성 기반 구축, 대학 자율권 확대, 전문대학원제 도입, 예산지원 확대 등으로 나타났다.

한편 국민의 정부는 교육환경조건 정비를 위하여 교육기회확대와 균등화 조치와 교육정보화사업을 추진하여 큰 성과를 이루었다. 초·중등학교 교육정보화 종합계획을 통하여 세계에서 컴퓨터를 가장 잘 쓰는 국민을 만들기 위한 노력과 계획이 이루어진 것이다. 이러한 성과는 국민의 정부가 앞선 문민정부의 교육개혁에 대한 계획과 법적 제도적 기반에 근거하여 실질적인 발전을 시켰기 때문에 현대 우리나라 교육의 인프라 구축을 일군 성과라 하지 않을 수 없다.

제3절 서양 교육목적의 변천

1. 고대 그리스의 교육목적

고대 교육의 표본은 스파르타와 아테네 국가의 교육을 손꼽을 수 있다. 그리스 교육의 전통은 호메로스 시대의 교육에서 엿볼 수 있는데 호메로스 시대에 추구한 인간상은 실천인과 지혜인이라는 두 가지 이상을 지닌 자였다.

스파르타는 정복한 사람들과 외부 위협으로부터 나라를 지키려는 과제를 수행하기 위하여 최대 교육목적은 용감한 인간을 만들어내는 것이다. 즉 각 개인이 싸움에 용감하고 국가에 충성 복종하고 인내하는 이상적인 군인이 되는데 필요한 신체적, 군사적 능력을 기르고 복종을 생활화하는 것이었다. 교육내용은 지적인 면보다 신체적이고 도덕적인 면이 강조되었다. 신체적인 면에 있어서는 씨름, 창던지기, 말 타기, 수영, 뜀뛰기, 활쏘기 등과 같은 전투 방법으로서 군대식 훈련이었고, 지적인 면으로는 시, 읽기, 쓰기, 셈하기 정도의 능력과 군대음악 등이었다. 교육방법은 교육을 국가가 직접 담당하고 통제하여 엄격한 군사교육을 시켰다. 후에 히틀러의 나치국가나 일본의 군국주의 교육에 영향을 주었다.

그 반면 아테네는 인간 존엄성을 중시하여 인문주의적 자유주의가 그 근본이었다. 교육목적은 지혜와 행동이 겸비된 이상적 자유시민을 양성하는 것이었다. 즉 개인의 신체적, 지적, 미적 상태의 조화로운 결합으로서 균형있게 발달한 미와 선의 융합인을 지향하였다.

후기 아테네의 교육은 실용주의적이고 공리주의적이었다. 교육의 목적은 개인발전을 위한 지식과 기능의 습득이었다. 개인의 진보와 정치적 출세에 유용한 기능이 요구되었다.

1) 그리스 시대의 교육목적

그리스 시대의 주요 교육사상가로서 소크라테스, 플라톤, 플라톤의 제자 아리스토텔레스는 교육목적을 지식 획득, 정의사회 구현, 인생 행복에 두고 철학적인 사상을 전파하였다.

먼저 소크라테스는 교육목적을 지식에 두었으며 질문법, 대화법, 영원성의 구별법을 통하여 스스로 지식을 얻게 되면 바로 도덕에 이를 수 있다고 보았다. 소크라테스적 교육사상은 현재까지 중요한 교육사상과 현대적 교육방법으로 인식되고 있다.

플라톤은 정의사회를 구현하려는 이상으로 정의사회를 통치자 계급, 군인 계급, 노동자 계급의 세 계급으로 분류하였다. 그에 따르면 교육 목적은 각 계급에 속한 자질을 발견하고 그 자질에 맞는 교육을 하면 된다는 것이다.

아리스토텔레스는 교육목적을 인생의 목적에서 찾았다. 중용의 덕을 쌓은 관용적 인간이 될 때 인생의 목적인 행복에 도달할 수 있으며, 교육을 통하여 관대한 성품을 가진 인간을 만들어야 한다고 주장하였다.

2) 로마의 교육목적

아테네 교육에 비하여 행동 실천성이 강한 로마의 교육은 기원전 753년부터 서로마 제국의 멸망에 이르기까지 1000여 년에 걸쳐 왕정시대, 공화정시대, 제정시대를 통하여 변천되었다.

왕정시대의 교육은 가정과 일반 사회에서 일상생활을 통한 경험과 모방으로 이루어졌다.

공화정 시대의 교육의 목적은 가정 중심의 선량한 국민과 국가를 위한 용감하고 순종하는 군인을 양성하는 것이었다.

제정시대의 교육목적은 출세를 위하여 실용적인 인간 그리고 유능한 웅변가의 양성이었다. 교육방법은 초기에는 엄격한 훈련을 통한 교육에서 점차 흥미와 개성을 존중하는 교육으로 바뀌었다. 로마시대 교육의 중심지는 수사학 학교였으며 당시 사상가들은 웅변술에 능통하였다.

2. 중세 기독교의 교육목적

중세 기독교의 교육목적은 내세를 준비하는 것이다. 따라서 지적 교육(지적도야)에 치중하였고, 개인의 창의성은 무시되었다. 기독교의 학교제도는 문답학교, 고급문답학교, 사원학교, 수도원학교 등을 들 수 있다. 먼저 문답학교를 통하여 초신자에게 기초적 지식을 문답식으로 교육하여 기독교인이 되게 하는 데 그 교육목적이 있으며, 고급문답학교를 통하여 신학과 학문을 가르쳐 이교도와 대항하여 기독교를 보호하려는 목적이 있으며, 성당학교에서는 성직자나 교사를 양성하고, 수도원학교에서 수도사를 양성하였다.

결국 이들 학교기관들은 후에 중세대학으로 자리잡고 기독교적 교육을 통하여 구원을 받아 내세를 준비하는 교육목적을 달성하게 되었다.

3. 근세의 교육목적

1) 인문주의와 교육목적

중세 문예부흥기의 교육의 특징은 인문주의 교육이라는 것이다. 신 위주의 생활과 내세를 위한 준비에서 벗어나 인간 위주의 삶으로 바뀌는 것이었다. 인문주의 세계관은 신본주의 세계에서 인본주의 세계로, 내세주의에서 현실주의로, 금욕주의에서 자연주의로, 교회중심에서 개인중심으로, 권위주의에서 이성주의로, 억압주의에서 자유주의로, 대처하려는 것이 그 특징이다.

이탈리아에서 시작되어 북유럽으로 전파되었으나 남유럽은 개인적, 심미적 특징을 띠고 개성을 존중하는 개인적 인문주의가 발달하였고, 북유럽에서는 사회적 인문주의를 주장하여 사회적 도의적 특징을 띠어 '사회복지'와 '도덕적'으로 원만한 인간의 육성을 목표로 삼았다. 이 시기 교육의 목적은 고전부활과 인문숭상에 머물지 않고 인간의 폭넓은 자아실현과 사회 및 인류의 발전과 복지에 이바지하는 풍부한 교양인의 형성이다.

2) 실학주의와 교육목적

17세기 과학의 발달에 힘입어 실학주의 운동이 발생되었다. 이는 언어에 대한 형식주의적 인문주의에 대한 반발로 시작되었다.

실학주의 교육의 목적은 실생활에 유용한 인물을 양성하려는 것이다. 교육내용은 광범위한 교육과정으로 자연과학, 사업, 외국어, 역사, 정치, 법률, 등 실사회생활에 필요한 교과목을 강조하였다. 교육의 방법은 암기나 기억보다는 이해나 경험을 요구하였다. 또한 실물교수를 실시하여 여행, 관찰, 실험 등에 중점을 두고 교구로서는 탁본, 지도, 지구의, 회화 등의 시각적 자료를 사용하는 시청각교육이 중요시되었다.

대표적 교육사상가로서 코메니우스(J. A. Comenius)는 기독교적 인간과 자연주의 사상을 바탕으로 교육방법의 선구자이다. 그의 저서 대교수학에서 교육목적, 교육내용, 교육방법, 제도에 이르기까지 교육 전 분야에 대하여 소개하고 있다. 교육의 목적은 지식, 미덕, 경건에 있어야 한다고 주장하였다. 이성을 가진 존재에게 필요한 것은 지식이며 신이 인간에게 만물을 주었으니 지배자에게 필요한 미덕을 갖추고 신의 형상을 지녔으므로 경건해야 영원한 행복에 도달할 수 있다는 것이다.

3) 자연주의와 교육목적

자연주의를 주장한 루소는 이성과 자연의 교육사상으로 인간평등사상과 함께 아동중심 교육사상과 진보주의 교육운동의 기초를 이루었다.

자연주의 교육목표는 자연적 인간양성에 있다. 그는 저서 '에밀'을 통하여 아동을 자연스러운 성장에 따라 교육하도록 권고하고 있다.

루소는 자연적 미덕으로 용기, 인내, 절제, 평등, 박애, 소박, 자유를 들었고 이러한 미덕이 모든 시민에 의해 실현될 수 있는 사회를 유지하는 데 그의 교육목적을 두었다.

4) 신인문주의 교육목적

신인문주의(neo-humanism)는 18세기 후반에서 19세기에 걸쳐 독일에서 일어난 교육운동이며 고대 그리스 사회를 동경하고 또 다시 그 이상적 생활을 실현해 보고자 감성적, 심미적인 예술적 태도를 중시하였다. 이는 인문주의의 오류, 실학주의와 공리주의를 비판하는 동시에 18세기 계몽사상의 이성지상주의에 대항하는 운동이다.

교육성자라고 불리우는 페스탈로치(J. H. Pestalozzi)와 그의 학파에 의하여 주장된 교육사상으로서 인간본성(머리, 가슴, 손)의 조화적 발달을 도모하고 인간개혁을 통한 사회개혁을 목표로 삼았다. 모든 사람들이 보다 행복하고 미덕있는 생활을 확보하는 데 주안점을 두었다.

헤르바르트는 교육학을 성립시켰을 뿐 아니라 교육목적은 도덕적 품성을 계발하는 데 있었다. 도덕에 자유, 완전성, 선의, 저의, 응보가 있으므로 이 다섯 개념을 계발하면 도덕적 인간에 도달할 수 있다는 것이다.

5) 현대의 교육목적

현대 교육은 과학적 실증주의 사상과, 진보주의 사상, 실증주의 교육사상 및 인간부흥의 사상으로 이루어졌지만 민주주의를 기본 이념으로 하고 있다. 민주주의는 주권이 국민에게 있는 통치 방법으로 일찍이 듀이는 저서 '민주주의와 교육'에서 생활의 방편으로 민주주의 개념을 설명하였다. 또한 듀이는 변화하는 현대 사회에서 이상적 인간상이란 건전한 판단과 과학적 사고가 가능한 사람으로 보고 있다. 따라서 이러한 판단과 사고를 모든 생활 영역에 걸쳐 적용하자는 것이다.

미국에서 민주시민으로서 갖추어야 할 민주주의 교육목적을 보면 다음과 같다.

① 자아실현의 목적
② 인간관계의 목적
③ 경제적 효능의 목적
④ 시민의무에 대한 목적

이상의 목적들은 민주사회뿐 아니라 고도산업사회, 정보화 사회, 디지털 사회를 거쳐 앞으로 급속히 변화되는 미래 현대 사회 속에서도 우리 인류의 이상 실현을 위하여 필요한 교육목적들이다. 교육을 통하여 읽고 쓰고 셈하기 뿐 아니라 일상 생활에 필요한 지식 습득과 개인의 흥미와 욕구를 채워줄 탐구심 등은 개인을 위하여 필요하며, 사회 속에서 상호 간의 인간 존중과 협동, 직업관, 시민의식 등은 가치 인식 확립에 중요한 목적들이다.

학습과제

1. 우리나라 교육목적의 변천 중 가장 공통되는 점을 소개하시오.
2. 문민정부와 국민정부의 교육목적을 비교하고 공통점과 차이점을 소개하시오.
3. 현재 공교육의 위기와 문제점을 배경을 들어 소개하시오.
4. 고대 그리스의 교육목적과 현대 교육의 목적에 대하여 비교 논의하시오.
5 인문주의의 교육목적과 현대 인문학의 위기의 관련성에 대하여 논의하시오.

참고문헌

박의수 외 3인(1998), 교육의 역사와 철학, 서울 : 동문사.
수원대학교 교재편찬위원회(2000), 교육학개론, 수원 : 수원대학교출판부.
윤정일 외 4인(1997), 교육의 이해, 서울 : 학지사.
이지헌 외 11인(2005), 교육학의 이해, 서울 : 학지사.
한국교원대학교 교육과학 연구소(1993), 교육학, 서울 : 양서원.
허영부(1998), 현대교육학개론, 서울 : 학문사.

제3장

현대의 교육철학

제1절 교육철학

교육의 목적은 시대마다 세계관, 인간관, 교육관을 참조해야 할 경우가 많다. 궁극적으로 실재하는 것이 무엇인지에 따라 인생의 의미와 목적이 달라지고 교육의 목적과 이상에 대한 과정도 달라지기 때문이다. 교육을 행하는 데 있어 어떤 결론에 도달하고 도달하기까지의 과정이 타당한 것이었는가를 검토하는 여러 가지 규칙과 기준을 밝히려는 노력은 철학적 자세에서 비롯될 수 있다.

피타고라스에 의하여 처음으로 사용된 것으로 알려진 철학(philosophia)은 사람들에게 '활동' 또는 '특수한 종류의 지식의 체계'로 받아들여지고 있다. 철학의 관심사는 궁극적 실체(reality), 지식의 본질, 가치의 근거, 사고의 법칙 등 궁극적 문제에 대한 답을 파악하려는 것이다. 우주의 궁극적인 본질 혹은 실체란 무엇인지 그리고 변화하지 않는 존재 또는 실재는 있는지 또한 있다면 그것은 무엇일까라는 관심에서 의문이 시작된다.

교육철학은 교육현상과 교육활동에 관하여 철학적 탐색을 하는 학문이라 할 수 있다. 교육에 관한 철학적 탐색으로서 크게 실천적 교육활동과 교육에 대한 이론적 탐구로 분류할 수 있다. 교육의 실천적 활동은 교육기관에서 이루어지는 교육목적 설정, 학습내용 선정, 조직과 정책, 학습경험 제공으로 뒤따른다. 이러한 활동은 개인마다 결정을 함에 있어서 개인적 교육철학적 지식과 태도가 요구된다. 같은 교육환경과 경험 속에서도 자신의 철학, 지식, 태도에 따라 학생관, 교재관, 교육적 판단이 달라지며 그에 따른 교수법과 운영도 달라지기 때문이다.

교육의 이론적 탐구에 있어서도 교육철학은 교육적 판단의 기준을 제공한다. 즉 모든 교육이론 기저에는 교육철학이 내재되어 있다. 따라서 어떠한 이론의 정당성을 논의하기 위해서는 먼저 그와 같은 교육이론의 기저가 되는 교육철학을 탐색해야만 한다.

현대의 교육철학은 급변하는 사회에서의 교육실천과 다양한 교육이론의 타당성을 분석, 검토, 비판하고, 교육의 개념과 용어들을 명확히 분석하기 위하여 반드시 필요할 것이다.

제2절 현대의 교육철학

1. 진보주의 교육철학

1) 진보주의 원리 및 개념

진보주의 교육철학은 실용주의 사상을 기초로 하여 성립되었다. 20세기로 접어들면서 듀이의 이론을 중심으로 세계교육을 지배하게 된 실험주의 교육사상이다. 초기의 진보주의는 개인주의적 성향을 띤 자유분방한 아동과 생활관을 나타내었는데, 루소의 자연주의적 교육관에서 출발하여 페스탈로치, 헤르바르트의 계발주의를 거쳐 듀이에 이르러 미래준비교육을 비판하면서 아동중심으로 개념화되었다.

'변화는 실재의 본질'이라는 실용주의적 경험을 배경으로 하는 진보주의는 현실생활에 적응할 수 있는 인간육성을 목적으로 하며 교육은 항상 변화되는 발달 과정에 있다고 주장한다. 따라서 교육자는 사회의 변화와 새로운 지식에 따라서 교육의 방법과 정책을 바꿀 수 있어야 한다는 것이다.

진보주의적 교육이론에 있어 교육에 대한 기본적 관념은 다음과 같다.

- 교육은 자연적 경험이다.
- 교육은 경험의 계속적인 개조이다.
- 교육은 성장이다.
- 교육은 사회적 과정이다.
- 교육에는 전인이 관련된다.
- 교육은 피교육자의 적극적인 참여를 필요로 한다.

진보주의의 교육목적은 변화되는 사회에 잘 적응할 수 있는 전인적인 인간으로서의 성장과 발달을 도모하는 것이다. 진보주의가 발전해 나가는 과정에서 주요한 원리를 보면 다음과 같다(Kneller, 1971).

① 교육은 생활에의 준비가 아니라 생활 그 자체이다.

지적인 생활은 경험의 개조와 해석을 포함한다. 어린이는 자기 연령에 적합하게 학습해야 하며 성인으로서의 경험과 연관되어야 한다.

② 교육은 적극적이어야만 하고 아동의 흥미와 관련이 있어야 한다.

어린이는 지식을 암기로 주입함으로써가 아니라, 자유로운 성장이 일어나도록 환경을 조절함으로써 발달성장에 영향을 주어야 한다.

③ 지식이란 경험을 다루기 위한 도구이며 능동적으로 얻은 것이어야 하고 경험과 결합되어야 한다.

진보주의자들은 지식을 경험을 다루기 위한 도구로 보았다. 새로운 생활 상황을 계속 처리하기 위한 도구이므로 경험과 실험을 통하여 진보주의 학습이 이루어진다. 교육은 더 이상 과거의 지식 흡수가 아니라 새로운 발견에 비추어서 과거 지식을 계속적으로 개조해 나가야 한다. 그러므로 문제해결은 단순히 기능적 지식의 탐구가 아니라 그 경험과 끊임없이 교류하여야 한다.

④ 교사의 역할은 아동 감독이 아니라 충고하는 것이다.

아동의 흥미를 존중하고 그들 자신이 학습내용을 결정하고 계획하도록 허용되어야 하며, 교사는 복잡한 학습을 협력 지도하는 역할을 수행해야 한다. 만일 아동이 어려움에 처했을 때에는 풍부한 지식과 경험을 동원하여 도와주어야 한다.

⑤ 학교는 경쟁보다는 협력을 장려해야만 한다.

진보주의자들은 경쟁이나 개인적인 성공보다는 사랑과 공동 협력이 교육에 더 유용하다고 한다. 인간성의 생리적, 사회적 측면을 보면 경쟁보다는 협동이 더 적합하다는 것이다.

⑥ 민주주의만이 이념과 인간성의 자유로운 상호 작용을 진정으로 허용한다.

이상적인 민주주의는 '공유된 경험'으로서, 민주주의는 정치형태 그 이상의 것이며 상호 협동적인 생활이나 친교적 경험의 형태를 의미한다." 따라서 민주주의, 성장, 교육은 상호 관련된다.

2) 진보주의 교육이론에 대한 비판

진보주의는 사회의 모든 영역에서 일어나는 변화에 관심을 기울이고, 민주적 교육발전에 크게 기여하였다. 그러나 인간의 경험이 풍부해지고 아동참여가 강화되면서 여러 단점들이 비판되었다.

① 아동의 흥미와 자유를 지나치게 강조하여 본질적인 지식이 소홀히 다루어지고, 교육이 지향해야 할 방향을 상실하게 되었다.
② 현재의 경험을 강조하다가 미래를 내다볼 수 없도록 만들었으며, 학교를 기존 사회의 복사판으로 만드는 결과가 되었다.
③ 문제해결 방식의 유용성은 검증되지 않았으며, 협력학습은 소수의 창의성을 무시할 위험이 있다.

인간이 산다는 것은 경험한다는 것이다. 경험은 인간과 자신의 환경과의 접촉에서 일어나는 작용이다. 능동적인 경험, 행동적인 경험을 학습과 연결하여 성취된다면 사회참여만을 통하여 교육이 가능해야 하는 것이다. 그러나 미성숙한 아동이 방향감없이 또는 목적을 이해하지 못하고 흥미 본위로 교육을 요구한다면 진보주의가 주장하는 교육경험의 재구성과 아동 중심으로 교육을 개조한다는 것은 비현실적이고 비사회적이라는 점을 꼬집게 된다. 이같은 진보주의 교육이론에 대한 비판은 주로 본질주의자들과 항존주의자들에 의하여 이루어졌다.

2. 본질주의 교육철학

1) 본질주의 원리 및 개념

본질주의는 진보주의 아동 중심 교육에 대한 비판으로 등장한 보수적 교육이론이다. 그러나 진보주의를 전면적으로 반대하는 것이 아니라 진보주의 교육의 특정한 측면만을 반대하는 것이다. 본질주의자들은 인류의 전통과 문화유산의 전달을 소중히 여기며 학교교육을 통한 본질적인 요소를 다음 세대에 전달하고자 노력을 기울인다.

본질주의가 추구하는 교육과정은 교과중심 교육과정이다. 초등교육은 읽고 쓰고 셈하기 중심의 기본 기능을 포함하고 있고 중등교육은 교양인이 되도록 역사, 수학, 과학, 국어, 문학, 외국어를 포함하고 있다. 이러한 교과내용은 학습자들의 고된 훈련과 노력을 요구하므로 학생 중심이 아니라 교사권위를 가지고 학습 방법에 정통한 교사가 중심이 되어야 한다.

대표적인 본질주의자들로는 배글리(W. C. Bagley), 모리슨(Morrison), 브리그(T. Briggs) 등을 들 수 있다.

본질주의자들의 교육원리는 다음과 같이 요약 정리할 수 있다(Kneller, 1971).

① 학습은 원래 강한 훈련을 수반한다.

따라서 본질주의자는 어린학생들의 훈련의 중요성을 강조한다. 본질주의자는 어린이의 직접적인 흥미를 강조하는 대신에, 어린이의 보다 원대한 목적 추구를 강조한다. 따라서 진보주의 교육이 어린이의 개인적인 흥미를 강조하는 데 비해 본질주의자는 노력의 개념을 중시한다.

② 교육의 주도권은 교사에게 있어야 한다.

교사의 역할은 성인 세계와 어린이 세계 사이를 중개하는 역할을 한다. 이러한 중개자로서 전문적으로 준비를 갖춘 사람이 교사이므로 학생들의 성장을 훌륭하게 지도할 수 있다는 것이다.

③ 교육과정의 핵심은 소정의 교과를 철저하게 이수하는 것이다.

본질주의자는 개인의 경험을 초월하는 민족적인 경험이나 사회적인 유산을 계승할 것을 강조한다. 이러한 사회적 유산은 인간이 그들의 환경과 맞부딪치는 시도에서 얻은 무수한 경험의 요약이다. 이러한 인류의 지혜는 오랜 역사 속에서 응축된 것이므로 한 개인이 획득한 개별적 경험보다는 더 큰 의미를 지닌 것이라고 한다.

④ 학교는 전통적 교수 방법을 유지해야만 한다.

진보주의의 문제해결 학습방법에도 장점이 있는 것은 사실이나, 그 방법이 모든 교과목에 적용될 수 있는 것은 아니다. 추상적 지식은 그 본질상 현실적적인 문제해결로 접근될 수 없다.

아동은 논리적인 체계에 따라 교과나 지식의 본질적인 개념을 배워야 하며 전통적인 훈련방법으로 가르쳐져야 한다.

2) 본질주의 교육이론에 대한 비판

본질주의에 대한 비판은 여러 관점에서 이루어질 수 있다. 본질주의는 비교적 자연과학을 중시하고 사회과학을 경시하는 것으로 보인다. 그러나 두 영역의 학문은 모두 인류의 삶과 문화를 지탱하고 개선하는데 중요한 지식들이기 때문에 어느 한 쪽을 중시하거나 다른 쪽을 경시하는 것은 바람직하지 못하다.

본질주의는 교육 운영면에서 교사의 권위와 주도성을 강조함으로써, 학생의 자발적 참여와 동기 유발을 약화시켰다. 이것은 민주주의 교육목적과 현대 교육방법에서 제안되는 협동정신을 배양할 수 없다.

그 밖에도 본질주의는 학문형 교육과정에는 도움이 되나 기본적인 지식과 기술의 전수만을 중요시하여 영원한 존재의 의미와 진리의 가치를 보지 못하는 보수적인 면으로 창의성을 저해받고 있다. 그리고 인류공헌의 궁극적인 과제나 사회 개혁 혁신에 대한 참여 의지도 결여되어 있다.

3. 항존주의 교육철학

1) 항존주의 원리 및 개념

본질주의와 마찬가지로 항존주의는 진보주의를 반박하였다. 항존주의자들은 진보주의가 주장하는 현대문명의 변화 속에서 현실적응이 사회의 병폐를 반영하는 것이므로 영원 불변의 영속성이 변화보다 참되고 이상적인 절대적인 것이라고 한다. 항존주의 교육에는 이처럼 '절대의 원리'가 적용되므로 기본적 원리는 다음과 같이 요약 정리할 수 있다(Kneller, 1971).

① 인간은 서로 다른 환경의 차이에도 불구하고, 인간의 본성은 어느 곳에서나 동일하다.

따라서 교육은 누구에게나 동일해야 한다. 교육이 지향하는 목적, 지식은 동일한 것이다.

② 이성은 인간의 최고의 속성이다. 사람들은 자신의 본능적 성질을 선택된 교육목적에 부합되게끔 지시하는 데 이성을 사용해야 한다.

인간은 자유로운 존재이나 이성을 계발하고 본능적 욕망을 통제하는 것을 배워야 한다.

③ 교육의 과업은 영원한 진리에 인간을 적응시키는 것이다.

교육은 아동을 현실세계에 적응시키는 데 있는 것이 아니라 진리에 적응시키는 것이다.

④ 교육은 생활의 모방이 아니라 생활에의 준비이다.

실제의 생활상황'이 아니지만 학교는 어린이가 문화적 유산의 훌륭한 업적을 습득할 수 있도록 준비된 인위적 환경이다. 지성계발을 통하여 아동이 이상적인 삶을 살 수 있도록 준비시켜야 한다.

⑤ 학생은 세계의 영원성에 익숙하게 하는 기본적인 과목을 배워야 한다.

학생은 현실적으로 중요하게 여겨지는 과목을 배우는 데 급급해서도 안되고, 또한 자기의 특정한 연령에서 매력적으로 느끼는 과목만을 배우도록 해서도 안된다.

⑥ 학생들은 문학, 철학, 역사, 과학과 같이 여러 시대를 거쳐 인간의 위대한 소망과 성취를 나타낸 '위대한 고전(Great Books)'들을 읽어야 한다.

위대한 고전들에 담겨진 과거의 전통을 공부함으로써, 진리의 항구성, 절대성을 탐구하므로 현실에서 유행하는 학과에 빠지는 것보다 더 중요한 진리를 발견하게 되는 것이다.

2) 항존주의 교육이론에 대한 비판

항존주의는 인간의 정신과 이성적 본성에 기초하여 논리적인 체계에 따라 교육의 본질적인 측면을 잘 부각시켰음에도 불구하고 비민주적이고 현실을 경시하며 문화 발전에 역행한다는 한계성을 다음과 같이 보인다.

첫째, 민주주의를 위협하는 경향이 있다.

항존주의는 모든 인간에게 동일한 교육을 주장하고 절대적인 가치와 불변하는 진리를 주장하기 때문에 민주주의적 다양성, 개성에 대한 존중을 위협할 수 있다.

둘째, 현실을 경시한다.

항존주의는 현재를 영원성과 관련시킴으로써 그 문화적 경향성을 가치없게 여기고 현실에 적응하려는 노력을 과소평가한다. 항존주의의 교육은 위대한 고전들을 지나치게 강조함으로써 현실의 학문을 무시하는 경향이 있다.

셋째, 귀족주의적, 주지주의적 경향을 띤다.

항존주의는 모든 인간이 고전의 위대한 인물들처럼 생각하며 행동할 것을 기대한다. 그래서 지적 훈련을 강조한다. 그러나 모든 인간이 지적인 탁월성을 발휘하기는 어렵다.

4. 재건주의 교육철학

1) 재건주의의 기본 원리

재건주의는 문화재건주의 또는 개조주의라고 불리우기도 한다. 이는 진보주의, 본질주의, 항존주의를 비판하면서 인류 문화 위기의식에서 출발하여 현재 문화를 재검토하고 새 문화에 대한 전망을 밝히는 역할을 하였다. 사회개조를 통한 사회적 자아실현이라는 교육목적을 갖고 브라멜드(T. Brameld)에 의하여 제창되어 1960년대에 체계화된 교육이론으로 다음과 같이 교육적 대안을 제시할 수 있었다(Kneller, 1971).

① 교육은 문화의 기본적 가치를 실현시키는 새로운 사회 질서의 창조에 전념해야만 하며, 동시에 현대 세계의 사회적, 경제적 세력과 조화를 이루어야 한다.

② 새로운 사회는 진정한 민주주의 사회이어야만 한다. 그 사회의 주요 기관들이나 자원이 국민 스스로가 통제하여야 한다.
이상적인 사회는 민주주의 사회이며 민주적 방법으로 실현되어야 한다.

③ 아동, 학교, 교육 등은 사회적, 문화적 세력에 의해 확고하게 조건 지어진다. 문명화된 생활은 집단생활의 일종이기 때문에 집단은 학교에서 중요한 역할을 해야 한다. 그리고 교육은 '사회적 자아실현'을 추구한다.

④ 교사는 재건주의자가 설명하는 새로운 사회 건설에 대한 긴급성과 타당성을 학생들에게 확신시켜야 한다. 교사는 학생에게 그들 자신의 생각을 피력할 수 있도록 지도해야 한다.

⑤ 교육의 목적이나 수단은 현재의 문화적 위기를 극복할 수 있도록 철저히 개조되어야 하고 행동과학 원리에 적용되어야 한다.

재건주의의 교육방법은 자신의 직접경험 또는 다른 사람의 간접경험 모두 중시여겨 소수의 이견도 용납하는 공개적인 참여와 다수 합의를 이루도록 노력하였다. 따라서 교육활동시 많은 인원의 집단적 협력과 설득이 필요하다.

2) 재건주의 교육이론에 대한 비판

재건주의 교육이론은 현실을 냉철히 비판하고 미래를 전망하는 일의 중요성과 긴박성을 강조하였다. 그리고 교육을 통해 새롭고 민주적인 세계질서가 만들어질 수 있다는 고무적인 주장을 하였다. 그러나 재건주의 교육이론에는 몇 가지 한계를 보이고 있다.

첫째, 재건주의는 미래 사회를 어떤 가치관에 입각해서 세울 것인가에 대한 논증을 결여하고 있다.

둘째, 재건주의가 행동 과학을 유일한 방법으로 여기는 데서 오는 한계가 있다. 행동과학을 유일한 인간 특성을 파악할 방법으로 설명하는 것은 한계가 있다.

셋째, 재건주의는 민주적인 방식에 대해 지나친 기대를 한다. 다수에 의한 민주적인 것은 때로는 중요한 소수의 의견을 무시하기 쉽다는 맹점이 있고 교사의 공평한 입장을 유지하기 어려우므로 지나친 민주방식에 대한 기대는 오히려 문제를 야기시킬 수 있다.

5. 실존주의 교육철학

1) 실존주의의 기본 시각

실존주의(實存主義)는 인간 존재에 관한 철학사상이다. 실존주의는 두 차례의 세계대전의 비극적인 체험을 통해 세계 안에서 인간이 존재하는 방식에 대해 관심을 모았다. 실존주의는 인간은 누구나 자유로우며 운명을 스스로 선택할 수 있고 그 선택에 대하여 책임진다는 철학사상이다.

실존주의에서 '실존'은 객관적 실재나 사물의 현존재적 양상이 '나에게' 어떤 의미를 갖는가의 문제이다. 실존은 인간의 역동적이고 구체적인 삶의 현실을 의미한다. 즉 실존주의가 추구하는 것은 구체적이고 개성적인 '자기 자신의 삶'인 것이다.

인간의 실존 문제는 파스칼, 키에르케고르를 거치면서 등장하기 시작하였고, 니이체, 하이데거, 싸르트르, 야스퍼스를 거치면서 실존철학으로 성장하였다. 그리고 볼노브(O. F. Bollnow), 부버(M. Buber)에 이르러서는 인간 존재의 불가피하고도 불안, 죽음, 비합리적인 모습을 개척하기 위한 자유와 선택과 결단과 책임을 강조하였다.

실존주의의 주요 관념은 싸르트르(J. P. Sartre)가 제시하는 "실존은 본질에 앞선다"와 "실존은 주체성이다"에 잘 표현되어 있다. "실존이 본질에 앞선다"는 것은 인간이 먼저 존재하고 나서 자신을 규정할 수 있다는 것을 뜻한다. 싸르트르에 따르면 내가 존재하지 않으면 나는 생각할 수 없다. 고로 인간의 실존은 도구의 존재와는 전혀 다른 존재방식을 갖는다. 인간은 오직 자신의 자유로운 선택과 주체적 결단에 의해 스스로를 만들어가는 것이다. 그는 인간은 자유하도록 정죄받았다고 하였다. 즉 개인의 실존이 개인 스스로에게 본질을 부여하는 것이다.

2) 실존주의 교육이론에 대한 비판

실존주의자들의 교육에 대한 관심은 볼노브와 부버에 의해 구체화되었다.

볼노브는 전통적 교육관을 기계적인 교육관과 유기적인 교육관으로 나누었다. 기계적 교육관은 교육을 일종의 '만드는 일'로 간주한다. 유기적 교육관은 교육을 일종의 '기르는 일'로 간주한다. 기계적 교육관은 교육을 적극적 형성 작용으로 보고, 유기적 교육관은 교육을 소극적 보호 작용으로 본다. 그러나 이 두 전통적 교육관은 인간이 꾸준히 성장, 발전해 간다는 '연속적 형성' 또는 '연속적 성장'의 가능성을 전제로 하고 있다.

볼노브는 이런 '연속적 형성'의 관념이 교사와 학생의 인간적인 상호관계를 경시한다고 보았다. 교육은 연속적 형성이 아니라 인간의 영혼과 영혼이 맞부딪치며 개성적인 삶으로 서로 영향을 줄 때 발생하는 도약적 변화이다. 이런 맥락에서 볼노브는 "만남은 교육에 선행한다"고 주장하였다.

부버는 인간이 세계와 맺고 있는 관계에 대한 탐구를 통해 인간의 본질을 파악하고자 하였다. 부버는 '나-너'의 관계가 인격적 '만남'의 관계라는 주장을 강조하였다. 즉 진정한 만남을 통해 인간의 실존을 회복하고자 하였다. 그의 관점은 인간은 관계를 통해 자기의 실존을 형성해 나가는 존재이므로 교육은 인간의 본래적 모습을 회복하는 일에 초점을 두어야 한다. 이것은 진정한 만남을 통해 가능하다.

그러나 실존주의는 교육방법의 차원에서 근본적인 한계를 보이고 있다. 실존주

〈표 3-1〉 현대교육철학

		진보주의	본질주의	항존주의	재건주의	실존주의
개념		• 실용주의, 실험주의, 도구주의 • 아동, 생활, 사회 중심 교육	• 지나친 아동중심 비판 • 진보주의 장점수용, 단점보완	• 진보주의 부정 • 급격한 문명의 변화 속에서 영원, 절대적인 것 추구 • 이성의 훈련 중시 • 진보주의 비판	• 진보, 본질, 항존주의 비판 • 교육을 통한 이상 사회의 건설(현대 문명의 위기 극복)	• 본질보다 실존 강조 • 실존적인 인간 추구(신념과 확신 지닌 자유인)
배경		• 루소, 자연주의 • 페스탈로찌, 헤르바르트 계발주의 • 전통적 교사 중심 비판 • 실용주의(상대적 진리)	• 진보주의 비판 • 배글리	• 현대문명의 무질서와 혼란에서 항구성 추구 • 현실적응 교육은 의미 없음 • 허친스, 아들러, 마리탱	• 종래 교육사조 비판 • 현대문명의 위기 • 극복을 위한 교육적 대안 제시 • 브라멜드	• 인간존재 인식 • 사르트르, 볼노브, 부버
교육이론	목적	• 현실 생활 적응할 수 있는 인간 육성	• 문화적 유산 중 본질 전달	• 정신과 이성 훈련	• 사회개조를 통한 사회적 자아실현	• 실존적 자아발견 및 자아실현
	교육방법	• 아동 흥미 중심 • 협동 강조 • 자발성, 개별학습 중시(문제해결 학습)	• 논리적인 체계에 따라 교사의 지시 감독에 의해 행함	• 엄격한 교사의 지시 및 감독	• 직접경험+간접경험 • 교실과 사회의 자유로운 의사소통 • 공개 참여 • 다수 합의	• 교사와 아동간의 대화, 참여, 만남 중시
	교육내용	• 아동의 흥미 필요 • 사회문제	• 전통적 교육내용 중 질적인 것 추구(고전, 자연과학)	• 위대한 고전	• 문화적 현실 • 재건을 위한 제안	• 도덕교육과 인격교육
장점		• 교육의 민주화(아동참여) • 민주적 교육방법	• 본질적 문화유산의 전달 • 학문형 교육과정에 영향	• 진보주의 비판(항구성, 절대성) • 학문의 방향제시	• 현대사회의 적응 • 민주주의에 의해 미래 사회 건설 • 교육기능(새로운 시각)	• 자신의 삶에 대한 능력과 의지발견 • 추상적 관념적 인간상 탈피
단점		• 방향감, 목적의식 상실 • 본질적 문화유산 경시 • 절대적 진리 경시	• 지적 진보성, 창의성 저해 우려 • 사회과학 경시 • 참여의식 결여 • 사회개혁에 대한 의지 결여, 보수적	• 비민주성적 • 현실경시 • 귀족성 • 문화에 대한 역행(너무 과거에 집착)	• 다수의 합의에 의한 교육 불가능 • 주입식 교육(교사의 공평한 입장 요구에 따른 현실적 어려움) • 교육의 능력에 대한 과신	• 인간환경과 관계 소홀 • 비연속적인 교육원리 한계

의는 교육의 계획적이고 연속적인 형성이나 성장 대신 만남이나 각성이나 모험 등을 통한 비약적 변화를 주장하였다. 사전에 계획하고 지속적으로 영향을 주는 방법을 떠나서 인격의 성숙을 기대하는 것은 무리인 것 같다. 물론 만남을 통한 비약적 변화가 전혀 불가능한 것은 아니지만, 이런 방법으로는 교육의 세세한 과제들을 구체적으로 추진하기 어렵다.

〈표 3.1〉은 현대교육철학의 개념, 배경, 교육이론의 장점과 단점을 요약 정리한 것이다.

6. 분석철학

1) 분석철학의 기본 원리

분석철학(分析哲學)은 실존주의와 더불어 1960년대 이후 세계 교육현상에 대한 참다운 이해를 도우며 철학사고의 명료성에 초점을 두고 교육 실천 원리들의 타당성과 언어의 의미를 연구하였다.

분석철학은 서양의 형이상학이 오랫동안 가정해 왔던 궁극적인 실재를 거부하면서 성장하였다. 또한 전통적으로 철학의 기능으로 간주되었던 사변적, 규범적 기능을 소홀히 하였다. 즉 세계의 구조나 우주의 목적에 관한 담론 또는 행복하고 도덕적인 삶을 위한 규범 등을 제시하기를 거부한다. 분석철학은 우주나 인생이나 기타 어떤 것에 관한 선험적 관념을 체계적으로 구성하지도 않으며, 우주나 인생에 대한 어떤 신념을 가지고 인생의 방향을 지시하지도 않는다. 분석철학의 관점에서 보면, 이런 형이상학적이거나 규범적인 내용을 구성하고 그것으로써 삶의 방향을 지시하는 것은 철학이 할 일이 아니라고 보았다(이지헌 외 11인, 2005).

분석철학에서는 어떤 신념이나 사고의 '내용'에 관심을 기울이는 것이 아니라, 사고가 전개되고 표현되는 '방식'에 관심을 기울인다. 어떤 신념이나 사고는 언어로 표현되기 때문에, 분석철학은 사고를 표현하는 언어의 의미가 명료하며 그 논리가 정연한지에 관심을 기울인다. 분석철학자는 전통적 형이상학이 불명료한 용어를 사용하였기 때문에 사고에 많은 혼란을 가져왔다고 본다. 그리고 혼란된 사고를 바로잡기 위해서는, 언어의 의미를 명료화하고 논의의 논리를 타당하게 할 필요가 있다고 본다. 이들이 언어에 관심을 집중하는 까닭은 언어가 사고를 전달하고 사물을 지각하는 중요한 수단이라고 보기 때문이다.

분석철학의 일반적 경향은 크게 두 가지로 나누어 볼 수 있다. 하나는 논리적 실증주의이고 다른 하나는 일상적 언어분석이다. 논리적 실증주의에서는 일상생활에서 사용하는 '자연언어'는 의미 전달에 결함이 많으므로 분명한 의미를 전달할 수 있는 언어를 인위적으로 만들어 사용하고자 하였다. 논리적 실증주의자들은 형이상학을 배제하고 논리적 분석과 검증을 중요시한다. 어떤 명제가 의미있는 것이 되기 위해서는 그것이 참이거나 거짓으로 판단될 수 있어야 한다.

일상적 언어분석의 입장은 일상적인 언어 속에서 그 풍부한 의미를 찾아 면밀히 분석하여 그 의미를 밝혀내려 하였다. 언어 사용규칙은 곧 그 언어가 의미를 갖게 되는 조건이므로 모든 문장은 각각 그 나름의 논리를 갖는다. 비트겐슈타인에 따르면 언어의 각 논리는 그 언어를 사용하는 사람들의 '삶의 형식'에 근거하고 있다. 언어의 사용규칙은 그 언어를 사용하는 사람들의 문화에서 공적으로 규정된 것이다. 이로써 일상적인 언어의 의미를 분석하는 일은 인간의 삶과 문화를 분석하는 일로 연결되게 되었다.

2) 분석철학 교육에 대한 비판

분석철학의 방법이 교육 연구에 적용하려는 시도는 하디에 의해 처음으로 이루어졌다(C. D. Hardie). 이후 교육학에 철학적 분석의 방법을 적용한 사례는 오코너(D. J. O'Connor), 셰플러(I. Scheffler), 라일(G. Ryle), 피터스(R. S. Peters) 등에게서 볼 수 있었다.

분석철학이 교육연구에 적용되는 방식은 여러 가지이나 첫째, 교육이론의 성격을 분명히 하고, 둘째, 교육학에 사용되는 여러 개념들의 의미를 분명히 하여 그 주장들의 정당성 근거를 밝히고, 셋째, 이론들의 논리적 가정들을 분석해내는 일을 한다.

결국 분석철학은 다음과 같이 교육적 의의를 둘 수 있을 것이다.

첫째, 분석철학은 교육학의 용어, 원리, 이론 등을 명확히 하는 데 공헌한다.

교육학에 사용되는 언어들은 그 의미가 명료하지 못한 경우가 많다. 그리고 이 불명료한 언어들은 사실을 기술하는 문장, 어떤 행동이나 태도를 요구하는 문장,

비유적인 문장, 가치판단을 내리는 문장, 심지어는 감정에 호소하는 문장에도 사용되고 있다. 분석적 방법을 통하여 우리는 교육학의 용어나 개념을 명료화하고, 교육적 사고나 판단을 명료하게 할 수 있다.

둘째, 분석철학은 지식의 성격에 대한 탐구를 통해 교육내용을 선정하고 조직하는데 도움을 준다.

분석철학은 명제로 표현되는 지식의 성격을 분명히 하고 지식의 진리성이 검증되는 방식에 관심을 집중시켰다.

셋째, 분석철학은 교육의 윤리적 차원을 분명히 한다.

분석적 방법을 사용하는 사람들은 '교화', '훈련', '벌', '자유', '권위' 등의 개념을 분석하고, 이것들이 교육의 상황에서 윤리적으로 정당하게 사용될 수 있는지를 검토할 수 있다.

넷째, 분석철학은 교사들의 태도에 영향을 준다.

언어 사용의 명료성은 교사들에게 명확한 사고 활동을 요구한다. 수업활동에 포함되는 개념 정의, 사실 설명, 가치 판단, 행동 지시 등은 언어적 활동이다. 한편 분석철학은 교육 사태에서 교사가 갖는 '권위'의 성격을 분명히 함으로써 교사 권위의 원천을 올바로 인식하게 하고 제대로 활용할 수 있게 도와주지만 그 방법론적인 한계 때문에 교육 이념과 목표 정립에 소홀한다는 비판을 받는다.

학습과제

1. 교육철학의 의미에 대하여 설명하시오.
2. 진보주의와 항존주의를 비교설명하시오.
3. 대학교육에서 주요하게 생각해야 하는 현대교육철학은 무엇인지 논의하시오.
4. 교육 문제의 철학적 성격에 대한 개인적 소견을 밝히시오.
5. 실존주의와 분석철학의 장점과 단점을 각각 비교설명하시오.

참고문헌

Kneller, G. F.(1971), Introduction to Philosophy of Education, 정희숙 (역), 교육철학이란 무엇인가, 서울 : 서광사.

이지헌 외 11인(2005), 교육학의 이해, 서울 : 학지사.

허영부(1998), 현대교육학 개론, 서울 : 학문사.

제4장

교육의 사회적 기초

제1절 교육과 사회

사람은 특수한 인간사회를 구성하므로 다른 동물과 구별된다. 인간은 사회 속에 태어나서 특정 집단생활을 영위하다가 그 속에서 죽게 된다. 인간은 사회를 떠나 혼자서는 생존조차 불가능하다. 그렇다면 인간에게 사회란 무엇인지 알아볼 필요가 있다.

1. 사회의 개념

사회란 공통 지역 내에서 공동감정을 토대로 한 공동의 관념, 관습, 전통 및 생활양식 등의 문화를 공유하면서 공동이익을 추구하기 위하여 상호작용하는 사람들의 공동생활이며 집단생활체이다(김영우, 1999).

사회 개념을 분석적으로 고찰하면 다음과 같다.

① 사회는 일정한 인구와 지역이 기본 요인이다.
② 사회를 이루는 기본 조건의 하나는 사회구성원간의 상호작용이다.
③ 인간은 사회화과정을 통해 그들의 목적을 성취한다. 인간이 사회화 속에서 상호작용을 이루는 것은 사회성원이 자기의 목적을 성취하기 위해서이다. 즉 자기의 기본적 욕구와 문화적 동기에 의하여 경제적, 정치적, 종교적, 오락적인 사회조직을 형성해 간다.

2. 사회의 특징과 기능

사회의 특징은 대체로 인간이 조직된 사회집단의 일원으로 생활하며, 인간 운명은 그가 속한 집단 운명과 불가분의 관계를 갖고 있다는 것이다. 인간의 운명은 사회의 운명에 종속되어 있다. 또한 인간은 특정사회의 일원으로 살다가 죽어가지만 사회는 여전히 존속되는 것이다. 그러므로 인간은 스스로 기존 집단 사회생활에 적응되어 사회를 이어나간다.

사회는 사회전체의 존속을 위하여 필요한 제 활동을 분할하여 그 구성원에게 분할시킨다. 사회는 직업을 구분하여 알맞은 담당자를 두는데, 이는 바로 사회 구조와 결합력을 주는 것이다. 이로써 사회는 하나의 유기적 조직체를 갖게 되는 것이다. 사회가 존속하는 것은 바로 이러한 조직체계가 있기 때문이다.

사회는 그 사회의 계속적인 유지와 존속 및 발전을 위한 기능이 필연적으로 요청되는데 사회의 기능을 살펴보면 다음과 같다.

사회는 사회구성원으로 하여금 성적 추원과 환경에 대하여 적절한 관계를 맺을 수 있도록 한다. 환경에의 적응과 성적 관계는 넓은 뜻으로 인간존재의 기본적 조건이라 할 수 있다. 이러한 성적 규범에 따라 남녀관계 질서가 형성되며 결혼제도가 유지되는 것이다. 따라서 환경 적응력을 키우고 합리적인 관계를 이해시키고 인간관계와 이성 관계를 올바로 인식할 수 있도록 하여야 한다.

제2절 교육의 사회적 기능

교육에 대해서는 교육의 개인적 기능과 사회적 기능으로 나누어 볼 수 있다. 먼저 교육의 개인적 기능은 개인의 성장, 발달과 자아실현에 공헌하는 기능을 말한다. 그리고 교육의 사회적 기능은 제도로서의 교육이 사회에 미치는 영향을 말한다. 또한 교육의 사회적 기능은 사회 유지적 기능과 사회 개선적(또는 개혁적) 기능으로 나누어 볼 수 있다.

이러한 교육의 사회적 기능을 좀 더 구체적으로 설명하기 위하여 흔히 다음과 같이 다섯 가지로 구분하여 설명한다.

① 교육은 문화유산의 전달기능을 한다. 문화유산의 전달기능은 모든 사회의 가장 기본적인 존재조건이며, 이를 위한 사회제도 중 가장 중요한 것이 교육제도이다. 그러나 과거 문화유산의 전달기능을 지나치게 강조하면, 교육은 과거 지향적이거나 보수적인 경향으로 치닫게 된다.

② 교육은 사회통합의 기능을 수행한다. 사회는 그 다양한 구성원들을 지적, 정서적으로 일체화시켜 하나의 통합된 집단으로 형성하여야 한다. 그러나 사회통합을 지나치게 강조하면, 사회구성원의 다양성이나 자유를 억제하는 경향을 띠게 된다.

③ 교육은 사회충원의 기능을 한다. 교육을 통하여 사회의 각 분야에서 요구하는 능력을 갖춘 인력을 양성하여 공급하고 충원시키는 기능을 수행하여야 한다.

④ 교육은 사회선발 및 이동의 기능을 수행한다. 민주사회는 능력과 업적에 따라 사회 진출과 보상을 받게 된다. 오늘날 학력주의라는 말이 생겼을 정도로 교육의 사회선발 및 이동의 기능은 크다. 그러나 이러한 사회선발과 이동의 기능이 공정하게 또는 평등하게 이루어지고 있느냐에 대해서는 심각한 사회 문제가 생겨나고 있다.

⑤ 교육은 사회 개혁적이고 발전적 기능을 갖는다. 교육은 오늘의 문제점을 해결하고 미래의 문제점에 대한 대책을 세움으로써 국가 발전과 사회 개혁적 기능을 수행하게 된다.

교육은 물론 위에서 제시된 모든 기능을 수행한다. 그러나 교육수준별로 볼 때 낮은 수준의 교육기관일수록 사회 유지적이고 보수적인 기능이 강조되고, 높은 수준의 교육기관일수록 변화 지향적이고 혁신적인 기능이 강조된다. 또한 그 시대의 상황에 따라 위의 여러 가지 기능 중에서 특정 기능을 강조하게 된다. 예를 들면, 혼란기에는 교육의 문화전달 기능과 사회통합기능이 강조되고, 발전기에는 교육의 개혁적, 발전적 기능이 강조되므로 현대사회의 문제점을 발견하고 개인과 사회 발전을 위하여 개발하는 일이 교육과 학교를 통하여 이루어져야 한다.

제3절 사회화와 교육

1. 사회화의 개념

일찍이 포이에르바하(Ludwig Feuerbach)는 〈미래철학의 본질〉이라는 논문에서 "인간이 혼자서 존재한다는 것은 도덕적일 수도 없고, 생각할 수도 없는 존재가 되고 만다는 것이다"라고 하였다. 이는 인간이 사회 공동체 속에서 존재할 때 인간의 본질을 찾을 수 있다는 것을 의미한다.

인간은 다른 사람과 같이 있을 때 존재 가치의 의미가 있다. 혼자의 생활을 즐긴다는 것은 같이 생활할 수 없는 부족한 인간이 되고 싶다는 의미와 동일하다. 인간이 처음 태어날 때는 인간이라고 할 수 없고, 사회 속에서 사회의 구성원들과 관계를 맺으며 살아갈 때만 진정한 인간이 될 수 있으므로 다른 사람과 같이 생활하고, 즐기고, 문화에 참여할 때 인간으로서의 존재 가치가 있는 것이다.

인간(人間)은 사람과 사람의 사이를 의미한다. 이미 둘 이상의 사람이 인간이며 이러한 인간은 이미 집단을 전제하고 있다. 또한 인간은 공동체의 일원으로서 살아갈 때 의미가 있다. 공동체를 떠난 인간은 이미 인간으로서의 의미를 상실한다. 로빈슨 크루스가 공동체를 떠났을 때 이미 로빈슨 크루스는 인간임을 상실했다. 아무 감정도 없이 그리고 이성의 도움도 없이 살아가려고 애쓰는 로빈슨 크루스에게서 인간의 본성이나 속성은 찾을 길이 없다.

따라서 인간은 사회적 존재로서 그 삶을 유지할 수 있으며 사회적 존재로서의 삶이 바로 인간을 의미한다(권이종, 1998). 즉, 인간이란 사회이면서 동시에 개인이라는 뜻을 함축하고 있는 것이다. 우리는 개인과 개인, 개인과 집단, 집단과 집단 간의 많은 인간관계 속에서 생활한다. 서로 영향을 주고받으면서 동화되는 과정에서 그 사회 구성원으로서의 동질성을 띠게 된다.

인간관계 속에서 인간이 그 사회문화적 환경의 영향을 받으며 그 사회의 성원으로 성장 발달하는 과정을 사회화(socialization)라고 한다. 다시 말하면 개인이 그가 속해 있는 사회의 문화를 습득하여 내면화함으로써, 그 사회의 성원으로서 요구되는 자질 · 태도 · 가치관 · 신념 · 행동 등을 갖추어 건전한 사회생활을 할 수 있게 되는 과정을 말한다. 이 사회화를 심리학적 측면에서 보면 "한 인간이 사회적 자극에 대한 감수성을 획득하고, 사회 집단에서 다른사람과 함께 행동하고 공존하는 것을 학습하는 과정"이며 사회학적 측면에서 보면 "개인이 사회적 존재가 되고, 스스로 사회적 기능을 담당할 수 있는 능력을 성취하기 위한 학습의 과정"이라고 정의한다. 결국 미성숙한 개인이 사회의 일원으로서 그 사회가 요구하는 규범과 가치를 행동양식을 습득 사회 속에서 맡은 바 역할을 수행할 수 있도록 하는 과정이라 할 수 있다(박상호 · 김경희, 1995, pp. 78~79)

즉, 인간이 자기가 소속해 있는 사회집단의 행동양식, 가치관, 규범과 같은 문화를 학습하여 내면화하고 자기자신의 독특한 개성과 자아를 형성해가는 과정을 사회화(socialization)라고 한다.

사회화의 측면에서 보면 사회의 문화가 한 세대에서 다음 세대로 전달되고, 각각 개인의 사회의 구성원으로 성장하여 사회에 통합되는 과정을 의미한다. 개인들이 사회화 과정을 통하여 그들이 속한 사회나 집단이 공유한 생활양식과 행동형태를 배움으로써 문화는 전달되고 각 개인은 사회구성원이 될 수 있다.

개인적인 측면에서 보면, 사회화는 인간이 가지고 있는 잠재적 가능성을 계발하여 개인적 성장과 발달을 이루는 과정이다. 사회화를 통하여 생물학적 유기체로서의 인간은 사회적 존재로 전환될 수 있다. 또 개인은 사회의 가치, 신념, 지식, 기능 등을 자산으로 내면화하여 사회적 자아를 형성하게 된다. 한마디로 사회화는 문화전승과 성격 형성의 두 가지 의미를 동시에 내포하고 있다.

인간이 사회화되기 위한 기본조건은 세 가지로 구분해 볼 수 있다.

① 사회적 상호작용 : 인간의 성격발달은 어느 정도 선천적 기질이나 생물학적 특성에 의하여 영향을 받지만 사회적 상호작용에 의해서 더 영향을 받는다. 늑대 어린이의 사례는 인간이 다른 사람과의 사회적 교섭과 접촉을 통해서 또는 인간 문화 속에서라야 인간으로서 사회화될 수 있음을 말해 준다.

② 생득적(生得的) 학습능력 : 인간은 다른 동물보다 상당히 높은 지적 잠재능력을 가지고 태어난다. 그래서 일생동안 다른 동물보다 많은 것을 배울 수 있다. 인간은 본능적 성향에 따라 행동하는 것보다는 생후에 학습한 행동을 하는

영역이 훨씬 넓다. 인간은 학습할 수 있는 잠재능력을 가지고 태어나기 때문에 사회화가 가능하다.

③ 언어능력 : 약간의 지능을 가진 동물은 더러 있지만 언어를 사용할 줄 아는 동물은 인간뿐이다. 언어는 지식, 정서, 가치, 태도, 등을 표현하고 전달하는 중요한 수단이다. 인간 집단에 있어서 언어를 통한 상징적 상호작용은 사회화 과정의 중요한 양식이 되며, 나아가서 사회와 문화가 존속할 수 있는 결정적 요인이 된다.

인간은 사회화를 통하여 사회나 특수집단의 구성원으로서 수행해야 할 현재나 미래의 사회적 역할을 배우고, 기초적인 신체적 · 심리적 습관을 형성하며, 지적 능력과 정의적 특성을 기른다(윤정일, 1995, pp.133~138).

2. 사회화의 기능과 과정

사회화의 개념을 사회적인 측면에서 보든 개인적인 측면에서 보든 사회화과정은 넓은 의미의 교육과 같은 뜻으로 해석된다. 그러나 엄격한 의미에서 구분한다면 교육은 보다 의도적이고 계획적인 성격이 강하나, 사회화는 무의도적인 교육적 영향까지를 포함하는 개념으로 볼 수 있다.

독일의 교육사회학자인 펜드(Helmut Fend, 1970)는 사회화를 다음과 같이 설명하고 있다.

"사회화는 성격형성 과정의 한 분야이다. 가치나 규범에 있어서 사회화는 한 영역의 과정으로 풀어나가야 할 것이다. 인간의 내적 변화과정이나 역할변화가 특히 그러하다. 사회화는 또한 학습의 과정이며, 규범을 배우고 역할을 배우고 가치를 배우는 과정이다."

펜드가 정의하는 사회화는 두 가지 의미가 있다. 독일어로 사회화(sozialization)라는 단어는 사회인으로 만드는(sozialmachung) 것을 의미하며, 동시에 사회인으로 형성되어지는(sozialwerdung) 것을 의미한다. 사회인으로 만드는 것은 객과적 인물, 즉 부모나 교육자 등 성인세대가 아동들의 행동이나 가치관이 변화되도록 강요하는 것이고, 사회인으로 형성되어지는 것은 스스로의 내적인 변화를 통하여 청소년들의 가치와 행동 등의 변화를 가져오는 것을 의미한다. 다르게 표현하면, 전자는 성인들에 의하여 규율 · 가치 · 역할 등의 모든 종합적인 행동이 아동에게 영향을 미치는 것이고, 후자는 개성 · 인격 · 행동 등 모든 분야를 스스로 형성해 가는 것이다.

펜드는 이러한 사회화 과정을 독립적 변인(unabhangige variable)과 종속적 변인(abhangige variable)으로 설명하고 있다. 부모나 교육자의 행동은 독립적 변인이라고 할 수 있으며, 그리고 성인들에 의하여 자녀와 아동의 인격형성과 행동변화 등이 나타나는 것은 종속적 변인이라고 할 수 있다. 전자는 문화의 내용을 제공하여 주는 것(making social)이고, 후자는 문화의 내용을 학습하는 과정(becoming social)이다. 이는 자녀들이 어릴수록 종속적 변인인 사회적 관계의 영향을 많이 받게 되고, 사춘기를 거쳐 나이가 많아질수록 스스로 독립적 변인의 관계에 가치관이나 행동이 영향을 받는다는 것이다.

이를 간략하게 풀이하면, 자녀의 연령이 낮을수록 부모나 성인에 의하여 100% 종속적인 영향을 받는 생활을 하다가 5~7세 때부터 놀이집단과 사회관계를 가지며, 이후 사춘기를 거치면서 가정이나 부모의 종속관계에서 벗어나 점점 독립적 동료관계를 형성하게 되어 심리적 이유로 위치가 이동한다는 의미이다(권이종, 1998, pp.78~80).

이와 같은 사회화는 어느 한정된 기간에 끝나는 것이 아니며, 또 제한된 장소에서 이루어지는 것도 아니고, 사회생활이 계속되는 평생교육(life-long education)의 과정인 것이다.

한 아동은 취학 전에 가정에서 가정생활에 필요한 생활양식을 의도적, 무의도적으로 배우게 되며, 학교에 입학하면 학교생활에서 요구하는 행동을 학습하게 된다. 학교를 졸업한 후에 어느 직장에 취직하면 그 직장에서 요구하는 사회적 행동 내지 역할행동을 배우지 않으면 안된다. 또 결혼하여 가정을 이루게 되면 새로운 부부역할을 터득하게 되고, 자녀를 갖게 되면 부모로서의 역할을 학습하게 된다. 직장을 옮기면 다시 재적응을 위한 사회적 학습을 해야 하고, 직장에서의 지위가 달라지면 그 지위에 부여되는 역할기대와 지위에 따른 새로운 인간관계 적응을 위한 새로운 학습이 요구되는 것이다.

이렇게 역할학습이 요구되어지는 사회화의 과정은 어느 한 시기에 국한되거나 어느 제한된 장소에 의한 것이라기보다는 가정에서 시작하여 학교, 동료, 친척, 교회, 직장, 지역사회의 기관 · 단체 등에서 한평생 계속되는 끊을 수 없는 계속적인 학습과정인 것이다.

이러한 사회적 학습이란 인간관계를 통하여 이루어지는 학습과정을 의미한다. 문화적 가치관이나 사회적 규범 등은 사회적 학습의 주요한 개념이며 이러한 내용도 인간관계를 통하여 학습되며, 학습된 사회적 행동 특성들을 다시 인간관계에 작용하여 구현된다(김병성, 1994, pp.70~71).

사회적 학습의 유형은 이론과 관점에 따라 여러 가지로 분류할 수 있다.

① 행위학습 : 행위학습이란 외형적으로 관찰될 수 있는 행동의 습득과 변화과정을 의미한다.

여기에는 조건화에 의한 행동의 형성과, 변화, 외부로부터 주어지는 보상을 얻기 위해 이루어지는 도구적 학습, 타인의 외적 행동을 관찰하여 모방하는 모방학습, 그리고 동일화를 수반하는 모형학습 등이 포함된다.

② 조건화에 의한 학습 : 파블로브(Pavlov)의 연구에 의하여 제시된 바와 같이 조건반사로 형성되는 학습을 말한다. 조건화란 조건 자극을 무조건 자극에 결부시켜 조건반사를 일으키게 하는 것으로, 자극을 자주 주어 기대하는 반응을 일으키게 하는 학습을 말한다. 아동이 바람직한 행동을 하면 보상을 주고 칭찬하고, 나쁜 행동을 하면 꾸짖고 야단을 친다. 이러한 조건 자극을 자주 주게 되면 아동은 이에 조건화되어 칭찬을 받게 되는 행동을 반복하여 학습하게 된다.

③ 도구적 학습 : 외부에서 주어지는 칭찬과 보상을 받기 위한 목적으로 일어나는 행동이 학습을 의미한다. 이때에 행동과 학습을 유발하는 요소는 내적 욕구의 충족이며, 그 행동과 학습의 방향과 강도를 결정하는 요소는 외부에서 주어지는 보상이다. 사회적인 인정을 받고 칭찬을 받기 취해 사회에서 요구하고 기대하는 바에 따라 행동한다. 사회적으로 바람직한 행동을 했을 때 접촉하는 의미있는 타자(他者)로부터 인정과 칭찬을 받게 되면 그 행동은 더욱 지속되고 강화된다.

④ 모방학습 : 접촉하는 타인의 행동을 모방하는 사회적 학습을 말한다. 부모의 행동을 모방하고, 교사나 다른 학생들의 행동을 모방하고, 소설이나 TV, 영화 등에 나타나는 인물의 행동을 모방하여 사회적 행동을 학습한다.

모방적 행동은 인간의 학습을 가능하게 하는 기본적인 행동이며, 이는 모든 인간에게 공통적으로 나타나는 행동이다. 사람은 자기에게 유리한 타인과 보상을 받을 수 있는 타인의 행동을 하나의 모형으로 삼게 되며, 칭찬과 보상을 받기 위하여 그 타인의 행동을 모방하게 된다는 것이다. 부모가 자기의 욕구를 충족시켜주기 때문에 부모의 행동을 모방하게 되며, 또한 부모의 행동을 모방하게 되었을 때 받을 수 있는 칭찬을 기대하여 부모의 행동을 계속 모방하게 된다. 이렇게 모방행동은 더욱 지속되고 강화된다.

⑤ 모형학습 : 모방학습과 거의 같은 뜻을 갖는 학습의 형태이나 모방학습보다는 좀더 넓은 의미를 갖는다. 모형학습은 모방할 타인을 어떻게 선택하느냐의 과정까지를 포함한다. 모형이라는 뜻은 모방할 상대자를 선택하는 과정으로 흔히 동일시(identification)라고 한다.

학습자는 접촉하는 많은 사람들 중 어느 누구를 모방할 인물로 선택하느냐는 여러 가지 요인에 의하여 결정된다. 모형 선택에 영향을 주는 요인은 ㉠ 보상을 주는 사람, ㉡ 모형으로 삼지 않으면 사랑을 거절당하거나 벌을 받게 될 가능성이 있는 사람, ㉢ 지위나 권력이 있는 사람, ㉣ 자기와 유사한 점이 있고, 의사가 잘 통하는 사람 등이다.

⑥ 역할학습 : 어떤 지위를 차지한 사람이 그 지위에 요구되고 기대되는 행동을 학습하고 수행하는 과정을 의미한다. 역할학습의 본질과 과정을 이해하려면 이와 관련이 있는 지위, 역할, 역할기대, 역할지각, 역할 행동 등의 개념을 이해해야 할 것이다. 지위란 집단, 조직, 사회에 마련된 지위를 뜻한다. 이는 인간관계가 형성되는 곳에서 지위가 규정되기 마련이다. 지위에는 소정의 권한과 의무, 책임 등이 따른다. 역할이란 지위에 부과되는 기대 내용을 뜻한다. 학생은 어떠한 일을 해야 하고 어떠한 태도와 몸가짐을 취해야 하며, 교사는 어떠한 일과 어떠한 태도와 행동을 해야 한다는 등의 기대가 그 지위에 수반된다.

역할학습의 내용은 역할기대의 내용과 같다. 역할기대의 내용은 문화적으로 제도적으로 혹은 접촉하는 개인에 의하여 한 지위에 요구되는 기대이다. 역할학습은 집단이나 사회체제 속에서 지위를 차지한 사람들의 상호작용 과정에서 이루어진다. 즉 인간관계가 이루어지는 모든 곳에서 역할학습은 진행되는 것이다. 지위에 부과되는 역할기대가 분명하면 할수록 역할학습은 촉진되고 모호하면 모호할수록 역할갈등을 야기시켜 역할학습은 저해된다.

같은 지위에 요구되는 역할기대가 집단에 따라 다를 경우 역할학습은 저해되며, 두 기대가 일치하면 역할학습은 촉진된다. 과거에 학습한 역할과 새로이 학습한 역할이 서로 관련성이 있게 되는 경우와 학습 후에 보상이 따른 경우 역할학습은 촉진되고 강화된다.

⑦ 인지학습 : 새로운 행동과 심리적 특성들이 형성되고 변화하는 과정에 작용하는 내부적인 의식적 과정을 의미한다. 개인의 의식과정은 외부로 표현되는 행위와 같이 쉽게 관찰될 수 없으나 행동을 유발하고 행동의 방향과 강도를 조정하고 통제하는 기능을 담당하고 있는 것이다. 인지학습은 외계의 자극요소를 어떻게 지각하고 이해하며, 이를 의미있게 조직하며 개념화하느냐에 작용하는 인지적 과정을 중요시 한다. 개인은 지각과 인지과정을 통하여 외계의 사물이나 사태를 이해하고 상징적으로 개념화하여 자기 나름의 의미있는 인지과정을 거쳐서 가치관, 도덕성, 신념, 태도, 자아개념 등을 형성하여 사회적으로 의미있는 행동과 사회적 의식을 학습하게 된다(윤정일, 1995, pp.139~141).

사회화의 방법은 어떤 일관되고 독특한 형태가 고정되어 있는 것이라기보다는 사회화의 대행자나 기관에 따라 다를 수 있고, 문화를 달리하는 사회나 시대에 따라 각양각색으로 나타날 수 있을 것이다.

흔히 가정에서 부모가 사용하는 사회화의 방법은 자녀 양육방법과 훈육방법이 있을 수 있고, 학교에서는 교사가 아동의 행동이나 태도변화를 위한 행동 수정이나 행동 강화 등에 관한 수많은 방법이 활용될 수 있다. 그리고 사회조직·기관 또는 직장에서 상사가 부하 직원에게 대하여 사용하는 훈육방법과 교육방법도 당야하다. 이러한 사회화 방법은 문화를 달리하는 사회마다 다를 수 있고 또 같은 문화권에 속하는 사회조직 기관내부에서도 지역에 따라, 사회계층에 따라, 지위에 따라, 개인의 교육수준과 인성특성에 따라, 이러한 양육방법과 훈육방법의 차이에 따라 자녀, 아동, 학생, 직원, 기타 사회인의 행동특성이 달리 변화되어진다(김병성, 1994, pp.77~78).

3. 사회화 기관

인간이 태어났을 때 이미 사회는 존재하고 있으며, 그 사회는 고정된 것이 아니라 항상 변화한다. 이간은 그러한 선천적인 사회와 유동적인 사회변화에 적응하며 살아가야 하며, 이를 사회화라고 한다. 그런데 이러한 사회화는 혼자서 되는 것이 아니고 사람들과의 접촉과 관계를 맺으면서 시작되며, 경험을 쌓아가면서 보다 구체적으로 형성된다. 그리고 사람 이외에도 사물 또는 기관과의 만남에서 영향을 받게 된다. 구체적으로 말하면, 사회 구성원인 개인과 사물을 보고, 느끼고, 생각하고, 대화를 하는 가운데 규칙 · 규범 · 가치의 영향을 받는 것이 사회화의 과정이며 동시에 사회화의 내용이라고 할 수 있다.

한 인간이 성장 · 발달해가면서 사회적 학습을 하는 데 영향을 주거나 사회화의 매개체 역할을 해주는 기관이나 담당자를 사회화의 기관(socializing agency) 또는 대행자(agents)라고 한다. 우리주변에는 이러한 사회화 기관의 대행자는 무수히 많이 있다.

가깝게는 부모, 친척, 형제자매로부터 교사, 친구, 이웃, 교회, 학교 등 수많은 사람들과 기관이 있다. 또 사회화 기관은 개인, 사회의 조직 · 기관뿐만 아니라 영화, 텔레비전, 라디오, 잡지, 신문 등 수많은 대중매체도 중요한 역할을 하게 된다.

이러한 수많은 사회화 기관이나 대행자 중에서도 가정, 또래집단, 학교 그리고 매스미디어는 가장 중요한 기관이므로, 이 세 가지 기관의 사회화 역할과 기능을 중심으로 살펴보기로 한다.

1) 가정의 사회화 기능

인간의 가장 원초적이고 일차적인 사회화는 가정에서 이루어진다. 인간은 누구나 출생과 더불어 가정의 일원이 되면서 의도적이든 무의도적이든 그 가정의 생활방식에 따라 갖가지 행동, 태도, 가치를 배우게 되기 때문이다. 많은 심리학자들이 지적하듯이 가정은 인간의 가장 핵심적이고 기본적인 인격의 틀을 구축하는 곳이다. 인간발달이론에 따르면 인간은 6세 이전에 모든 퍼스낼리티(personality)가 형성되는데 이러한 역할은 가정이 주로 하게 된다.

따라서 가정의 자녀 양육방식이나 구성원의 인간관계 구조, 그리고 역할 구조는 사회화에 일차적으로 가장 큰 영향을 주게 된다. 가정에서 언어를 습득하고 행동의 기본적 틀을 익히게 된다. 가정에서의 사회화는 가족구성원인 아버지, 어머니, 형제 자매의 행동 모방을 통하여 시작된다. 우리 옛말에 "장모를 보고 장가를 간다"는 말과 같이 배우자의 모든 것은 그가 어릴 때부터 생활해온 가정환경과 생활여건이 잘 나타나 주기 때문이다.

가정에서의 자녀 양육방식과 자녀의 행동특성은 밀접한 관계를 갖게 된다. 자녀를 지나치게 통제하는 가정에서 성장한 어린이는 복종적이고, 의존적이며, 권위주의적이고 반항적인 성격을 갖게 되는 경향이 높다고 한다.

반대로 부모가 자녀를 지나치게 방임하면 행동의 통합성과 사회성이 결여되고 책임감이 약화될 우려가 있게 된다. 그리고 아동의 자율성을 장려하고 협동과 집단의 결속력을 강화하는 가정에서 자란 아동은, 사회성과 지도성 그리고 책임감이 높고, 학업성취의 우수성을 보이는 경향이 높아진다고 한다.

가정의 구조와 형태에 따라서도 사회화의 행동특성이 달라진다고 한다. 대가족제에서 자란 아동은 핵가족에서 성장한 아동에 비하여 의존심이 강하고, 반면의 사교성이 발달하게 된다고 하며, 기독교 정신을 강하게 믿고 있는 가정의 아동은 독립성과 성취동기가 강한 행동 특성을 가진다고 한다.

가족구성원의 관계와 사회화에 관한 연구에 의하면 자녀의 출생 순위와 사회화되는 행동특성의 차이를 밝히고 있다. 흔히 가정에서 장남과 장녀에게 부여하는 역할과 기대가 차남 이하의 자녀와는 다르다. 장남을 가정의 계승자로 알고 더 많은 기대를 하게 되고, 더 많은 책임과 권한을 부여하며 엄격한 훈육을 하게 된다. 따라서 장남은 동생들을 통솔하고 지시하며, 양보하고 보호하는 행동을 학습하게 된다. 장남과 장녀는 동생이 태어나기 전까지 독차지해온 부모의 사랑과 관심, 그리고 지위를 동생에게 위임하게 되면 한동안 시기와 질투로 동생을 미워하게 되지만, 성장하면서 점차 양보하고 동생을 보호하는 경향이 높아지게 된다.

가족구성원 간의 역할 관계와 권력관계가 그들의 상호작용 관계를 결정함에 중요한 영향을 미치게 되지만, 부모의 성격, 가치관, 태도, 동기 등의 특성도 그들의 상호작용 과정에 크게 작용하게 된다. 같은 유형의 지위와 역할을 가진 부부라 할지라도 그들의 성격과 동기에 따라 서로 대하는 태도와 자녀를 대하는 태도가 달라지게 되며, 아동의 사회화에 미치는 영향도 달라질 수 있다.

2) 또래집단의 사회화 기능

또래집단(peer group)이란 연령 · 신분 · 흥미가 서로 비슷하며, 같이 느끼고 같이 행동하는 또래의 모임이다. 흔히 동년배집단 또는 동료집단이라고도 한다. 자기 중심적인 유아기에는 한정된 가정생활에 만족하지만, 아동기와 청년기에 이르면 사회성이 발달하고 인간관계가 확대되면서 다른 사람이나 다른 집단에게 상호의존적인 경향을 띠게 된다. 이런 발달 과정에 따라 자연적으로 형성되는 또래집단은 '우리'라는 감정이 강하고, 그들 자신의 규칙과 조직이 있으며, 구성원에 대한 그들 자신의 기대가 있다. 이 또래집단을 통해 가정에서와는 다른 사회화 과정을 경험하게 된다.

또래집단에는 여러 종류가 있다. 그 중 대표적인 것으로는 유희집단, 동 류집단, 도당 등이 있다.

유희집단(play group)은 놀이를 중심으로 자연적으로 모여진 비형식적인 집단이다. 5~6세 정도부터 12~13세 정도까지의 아동들로 구성되는데, 이들은 성이나 종교, 종족, 문화적 제약 없이 자유롭게 친구가 될 수 있다. 성원이 영속적인 것은 아니지만 나름대로 규칙과 제한이 있으며, 나이가 들수록 동성끼리 모이게 되며 어른의 간섭을 싫어하는 특징을 갖는다.

동 류집단(clique)은 공통된 흥미와 관심을 가지고 있는 비슷한 사회 경제적 신분이나 지위를 가진 또래로 구성된다. 유희집단보다 나이가 든 청소년들로 구성되는데, 주로 중·고등학교 학생들 간에 형성된다. 집단의 성격이 폐쇄적이고 배타적이어서, 구성원간에 서로 우정과 신뢰감이 두텁고, 일단 유사시에는 서로를 원조하려는 책임감이 매우 강하다. 동지애가 강하므로 경우에 따라서는 부모를 속이기까지도 한다. 주로 음악 감상회, 독서회, 캠핑, 연극, 경기 등 교양활동과 단체활동을 즐긴다.

도당(gang)은 청년 전기의 소년 소녀들이 부모나 교사, 사회 성인의 감시를 피하고 새롭게 흥미있는 경험을 얻고자 하는 욕망에서부터 출발한다. 흔히 gang이란 악당이나 폭도를 연상케 되지만 반드시 그런 것은 아니다. 초기에는 반사회적이 아니고 미성인에게 금지된 행동, 즉 돌려가며 담배피우기, 음주, 타집단과의 경쟁과 사소한 싸움 등을 즐겨하는 정도지만, 점차 과격해지면 반사회적 행동을 하여 사회문제 또는 교육 문제화하기도 한다. 이들은 동 류집단에 비해 연대감이 강하고, 조직적이고, 지도자도 있으며, 집단통제가 잘 이루어진다. 따라서 계획적이고 엄한 집단적 훈련을 강요하는 경우도 있다.

이상과 같이 또래집단은 비슷한 나이와 신분을 배경으로 하는 아동과 청소년의 모임이며, 감정적 결속과 행동상의 단결이 잘 이루어져 있으므로 상호간에 받는 교육적인 영향이 크다. 또 경우에 따라서 어떤 아동 청소년에게는 이 집단이 다른 무엇보다도 매력있고 귀중한 것이라서, 보모나 교사도 이 또래집단의 구성을 파괴할 수 없다. 모든 인간은 성장 과정에서 어떠한 형태로든 또래집단을 구성하게 된다. 거기에는 신뢰와 의리가 있고, 서로 아끼며, 그 과정에서 자유와 안정을 찾게 되며, 정서적 긴장감을 해소할 수 있으며, 성인으로부터 독립심을 기를 수 있는 동기를 부여하기 때문이다.

또래집단에서의 사회화 기능을 살펴보면, 민주주의 정신을 배울 수 있다는 것이다. 또래집단 활동 과정에서 타인의 권리를 인정하게 되고, 타인에 대한 존경 · 이해 · 협동 정신을 익히게 되므로 민주주의 정신을 익히고 사회성을 배양하는 데에 또래집단의 역할이 크다고 하겠다.

또래집단은 문화의 동질성을 형성하게 되는데, 독특한 하위문화를 형성하고 있으면서 성인 사회의 문화를 반영시키고, 성인 사회가 가지고 있는 가치체계를 모방하여 강화한다. 이를테면 그들 자신의 독특한 집단활동은 바로 그 지역 사회의 커다란 문화가 반영된 것이다. 또한 또래집단을 통해 정신적 안정감을 얻게 된다. 산업 발전과 더불어 전통적인 가정 기능이 약화되고, 대가족 제도에서 핵가족 제도로 변천되며, 주변에 제일차 집단의 성격을 띤 집단이 점차 소멸되어 가는 현대 사회에서 아동들은 또래집단에서 매우 큰 정신적 안정을 구하게 된다. 또한 또래집단을 통해 자유와 자아의식을 형성하게 된다.

궁극적으로 사회 속에서의 개인의 역할을 습득하게 되는데, 또래집단은 비슷한 자격과 신분을 가지고 모인 집단이므로, 가정에서 얻을 수 없는 중요한 사회적 훈련을 하게 된다. 사회 속에서 개인이 담당해야 할 일과, 그 또래의 독특한 습관 · 태도 · 기술을 배우게 된다.

이와 같이 또래집단은 성인에게는 그다지 대단한 것 같아 보이지 않을 수도 있지만 아동에게는 매우 가치있는 중요한 사회다. 따라서 이들을 건전한 집단으로 키워 나가, 그들의 성격 · 태도 · 가치관 · 사회성 등이 골고루 발달될 수 있도록 지도할 책임이 가정과 학교와 사회에 있는 것이다(박상호 · 김경희, 1995).

3) 학교의 사회화 기능

가족집단이나 또래집단과는 달리 학교는 인위적 · 법적으로 형식을 갖춘 특수한 집단이다. 구성원의 인간형성을 위해 의도적으로 일정한 목표를 세워 놓고, 그것을 실천해가는 인격도야의 장인 것이다. 학교집단이 처음 구성될 때는 서로 생소한 사람들이 어떤 목적의식을 가지고 '교육'이라는 이익을 매개로 하여 구성된 이익사회집단(gesellshaft)이며 제2차 집단(secondary group)이다. 그러나 공동생활을 통해 점차 동지적 감정이 강하게 작용하며, 일체감과 연대의식을 보이고, 이해관계를 떠나 서로 애정이 충만한 공동사회 집단(gemeinschaft)로서의 제 1차 집단(primary group)이 된다.

학교는 각기 다른 가정환경에서 사회화된 이질적인 아동을 집단적으로 수용하여 새로운 사회화를 시도하는 독특한 체제와 구조를 가진 사회이다. 여기서 집단이란 모여 있는 구성원들이 어떠한 공동의 목표를 가지고 그 목표를 달성하기 위해 각자가 맡은 역할에 있어 그 역할을 수행하면서 서로 상호작용하는 관계를 가지는 모임을 뜻한다. 학교나 학급은 어느 의미에서는 타의에 의하여 형성된 집단이며 그 집단의 목표, 과업, 역할 등도 학교에서 혹은 교사에 의하여 규정되는 경우가 있다.

따라서 학교는 가정집단에 비하여 다분히 계획적, 합리적, 의도덕인 사회화의 기관이라고 하겠다. 학생들은 학교생활을 통하여 일반적인 지식, 태도, 기술을 습득할 뿐 아니라 동료들과의 비공식적 상호작용을 통하여, 또는 교사나 동료들과의 관계를 통하여 사회적 역할을 배움으로써 사회화되는 것이다.

그러므로 학교에서의 사회화는 학교자체의 역할과 친구 또는 동료집단의 역할로 이루어지게 된다. 학교사회는 교사가 일정한 지식과 기술을 학생에게 전달하고 학생은 그것을 전달받고 배우는 곳만은 아니며, 학교 및 학급내부에서 이루어지는 교사와 학생, 그리고 학생 상호간의 인간관계를 통하여 서로 영향을 미치는 사회적 학습이 이루어지는 작은 사회인 것이다. 교사는 아동이 가정 밖에서 만나는 첫 번째 성인으로서 부모의 대리역할을 하게 된다.

교사의 아동에 대한 사회화역할은 우선 사회화의 모델(model)로서의 역할이다. 어떤 의미에서는 여교사는 어머니를 대신하고, 남자교사는 아버지를 대리하여 여성적, 남성적 행동특성을 배워주는 역할을 하게 된다. 특히 초등학교 단계에서의 교사의 말투, 제스처, 성 역할 등과 같은 행동이 아동에게 깊은 영향을 주게 된다. 최근에 이르러 초등학교에 여교사가 지나치게 많아서 아동의 여성화에 대한 우려도 이러한 관점에서 깊이 재고되는 문제이다.

다음으로는 교사의 학생행동 수정자(修正者)역할이다. 교사는 학습 및 생활지도 과정에서 상이나 벌, 칭찬과 질책 등 다양한 방법으로 학생의 행동을 수정하게 된다. 또 가정이나 또래집단 등 여러 가지 학교의 생활 속에서 이미 형성된 잘못된 사회화로 이루어진 행동, 태도, 등을 바람직한 행동으로 바꾸어 주는 역할도 하게 된다.

과거에 비하면 교사의 학생에 대한 훈육, 체벌 등 행동수정의 역할이 약화되었지만 아동의 올바른 사회화를 위한 행동수정의 역할은 매우 중요하다.

다음으로는 학교자체의 특성, 즉 학교의 전통이나 문화풍토, 역사, 학교집단 분위기 등으로부터 사회화되어지는 현상을 들 수 있다. 흔히 우리는 도시학교와 농촌학교, 여학교와 남학교, 인문계학교와 실업학교 등에서 학생들이 사회화되어지는 특징이 다른 것을 알 수 있다. 물론 이런 차이는 학교의 전통, 분위기, 교육이념 등 많은 요인에서 연유되지만 무엇보다도 학교의 규범에서 영향을 받는 경우가 많다. 이 규범은 구성원 상호간의 약속에 의해서도 형성되며 서로가 갖는 기대에 의해서도 형성된다.

학교가 갖는 규범은 등교시간, 교육과정과 수행시간, 수업연한과 이수시간, 성적, 출석률 등을 명시하는 학칙과 누구나 지켜야 할 교칙 그리고 교훈(校訓), 교풍(校風), 교사 · 학생간의 인간관계 형식 등의 제 요소에 의하여 형성되어진다. 이러한 규범은 구성원 모두의 행동에 구속력을 갖게 된다.

4) 대중매체(mass media)의 사회화 기능

오늘날 우리 생활주변에 범람해 있는 각종 매스미디어는 넓은 의미의 교육작용의 주체가 되는 동시에, 그 목적에 대해서는 형식적이고 의도덕인 교육을 충분히 수행해 주고 있다. 이들 매스미디어의 일상화는 늘어가는 여가의 오락물로서만 아니라, 필요한 정보와 자료의 습득 그리고 성인 · 아동을 동시에 학습시키는 사회교육의 수단으로서 크게 발전되고 있다. 각종 매스미디어 중에서도 텔레비전의 사회교육적 기능이 가장 크게 부각되고 있다.

어떤 의미에서는 가정의 사회화 기능보다는 텔레비전을 통한 사회화 기능이 더 청소년에게 영향력이 클 수 있다. 현대사회에서 대중매체의 사회화 기능은 그것이 교육적이든 비교육적이든 청소년의 행동 및 의식성향에 절대적인 영향을 미친다는 점이다.

긍정적인 견해를 밝힌 연구에 의하면 지능증진, 사회성의 발달, 흥미의 다양화,

사회규범, 관습, 협동심, 관용심 등을 가져온다고 한다.

대중매체의 부정적 사회화 기능으로는 그 내용이 주로 흥미위주로 되어 있어 아동의 건전한 사고발달에 도움이 될 수 없다는 점, 시력이 나빠진다는 점, 정서적 불안정감과 공포심을 유발한다는 점, 그리고 공격적 성격과 범죄행위를 모방하게 된다는 점 등을 들고 있다.

매스미디어의 사회화 기능에 대한 순기능과 역기능이 엇갈리는 가운데, 우리는 그 부정적인 영향의 심각성을 간과할 수 없다. 단편적인 연구들이 밝히고 있듯이 공격적이고 폭력적인 행위가 증가하고 환상적인 사고와 부정적인 사고를 하게 되고 부정적인 인간관, 가정관, 사회관을 형성하게 되어 편견을 갖게 될 가능성이 높아진다. 그 이유는 대중매체가 담고 있는 내용이 주로 극적인 효과를 높이기 위하여 가정과 사회의 비정상적인 현상을 많이 취급하는 경향 때문이다.

아동은 내용의 전체적 요지를 이해하기보다는 단편적으로 부각되는 장면이나 인물에 흥미를 갖게 되며, 그의 영향을 더욱 크게 받게 된다. 여기서 말하는 단편적인 내용은 주로 경쟁과 투쟁, 격투, 재력과 권력의 우위성, 폭력과 잔인성, 사회계층의 격차, 신분적 차이, 교묘한 각종 범죄행위 등에 관한 것이다. 이러한 내용은 단편적이긴 하지만 청소년의 사고와 행동에 매우 자극적인 영향을 크게 주게 될 것이다.

따라서 청소년의 긍정적인 사회화를 위하여 대중매체로부터 긍정적이고 교육적 영향을 받을 수 있도록 선도해야 하는데 부모와 교사는 물론 사회 성인의 계속적인 역할 분담과 책임이 뒤따라야 한다(김병성, 1994, pp.72~77).

이외에도 형식·비형식적 교육기관, 각 종교단체, 여가선용기관, 사회통제기관, 봉사·보호시설, 직업소개소·정치단체 등이 사회화의 역할을 하고 있다.

여기서 가장 중요하게 다루어야 할 문제는 사회화 담당자들의 올바른 철학, 가치관 그리고 올바른 교육관이다. 이는 참으로 힘든 질문이다. 그럼에도 불구하고 우리에게 사회문제로서 부각되는 현실을 보면 어느 정도 사회화의 문제성을 유추할 수 있다.

우선, 가정 사회에서의 저해요인으로서의 부모의 역할변화를 보면, 도시화·산업화·핵가족화로 맞벌이 부부가 늘어남에 따라 부모의 따뜻한 사랑이 담긴 음식이 줄어들고 인스턴트 음식이 성행하며, 아기들은 모유대신 가공된 분유를 먹으며 자라고, 부모가 담당해야 할 양육의 역할이 제삼자에게 위탁되어, 본능적인 부모·자녀 간의 인간관계를 좀처럼 찾아볼 수 없는 기관이나 돈에 얽매여 기계적·시간적 제한을 받는 사람에 의하여 사회화 담당자의 역할이 수행되고 있다. 아버지의 역할 또한 크게 변하고 상실되어, 일본에서 유행하는 표현으로서 사회문제로 대두되고 있는 '마마곤=여성화' 현상이 증가되어 아동들이 여성화되고 있다는 점이 지적되고 있다.

학교기관에서도 입시 위주의 교육풍토 속에서 공동체를 형성할 수 있는 인간관계를 찾아보기가 힘들게 되었다. 학교의 중요 구성원들과의 관계에 있어서도 인격적 만남 보다는 서로에게 있어서 지시·감독자로, 평가자로, 마치 법의 세계에서 찾아볼 수 있는 '판사'의 역할만을 수행하는 환경 속에서 학생들이 사회화되고 있다.

또한 매스미디어의 범람으로 사회구성원들 간의 대화 대신 라디오나 텔레비전과 같은 도구와의 대화가 이루어지며, 상호 교류하는 관계가 아닌 일방적·획일적·지시 명령적이고, 소비적인 과잉광고 등이 사회화 담당자로서 그릇된 기능을 수행하고 있다.

개인의 창의적·자율적인 의견이 반영되지 못한, 일방적인 사회화 담당자에 의한 사회화는 오늘날 교육적 역효과를 많이 야기시키고 있다.

끝으로 사회화와 교육에 있어서 사회화의 담당자들이 갖추어야 할 특징을 몇 가지 살펴본다.

첫째, 교육을 상호관계의 행위과정이라고 할 때 교육자와 부모 또는 다른 지도자들의 역할이 매우 중요함을 알아야 한다. 교육자가 자기를 늘 비판하고 반성하는 자세에 있을 때 학생들에게 좋은 사회화의 경험을 전수하는 계기가 될 뿐 아니라 좋은 학습결과를 가져온다. 또 어머니의 경우 자녀들을 위하여 교육적 가치가 있는 책이나 완구를 선택해주며, 행복하고 화목한 집안 분위기과 부부관계로 정서적으로 안정된 생활을 보여줄 때 교육적으로 긍정적인 영향을 미치게 된다. 가정 내 부모와 자녀와의 관계에서는 자녀들이 대부분 직접적인 교육(direct education)의 영향을 받게 되며, 학교에서 교육자와 학생의 관계나 주위교육환경과의 관계에서는 학습자들이 간접적인 교육(indirect education)의 영향을 받게 된다.

둘째, 과거에는 아동들만 학습하게 되고 사회화 과정을 밟는 것으로 여겨져 왔지만 현대 학습사회나 평생학습사회에서는 사회의 학교화, 사회의 교육장화의 관점을 기반으로 어린이만 배우는 것이 아님을 염두에 두어야 한다. 교육적 상호관계는 교육자와 피교육자 쌍방 간에 이루어지므로 교육자가 가르치는 자와 동시에 배우는 자가 될 수도 있으며, 기성세대도 젊은 세대에게서 배울 점이 대단히 많다.

셋째, 사회화 담당자가 어떠한 학습동기를 가지고 있느냐가 매우 중요함을 알아야 한다. 이때의 동기는 매일매일 가정이나 학교에서 일어날 수 있는 학습 동기를 말한다. 간단한 예로서 부모는 자녀에게 크고 작은 선물을 즐겨 준다. 이때 자녀들이 늘 감사하는 마음의 표현을 하도록 습관화시켜야 한다. 또, 자녀들에게 "공부해라", "방을 치워라.", "조용히 하라."고 요구할 때에도 어떠한 어휘로 표현하느냐에 따라 교육의 의미는 달라질 수 있다.

그러나 사회화의 담당자는 사회화를 주입시킬 수 없다. 그럼에도 불구하고 사회화를 마치 교사 · 부모 · 사회지도자가 자신의 목적과 취향대로 지도할 수 있는 것으로 인식하는 것은 착각이다. 특히 오늘날과 같은 민주화시대에 사회화의 담당자는 강제하거나 통제하면서 자신의 잣대로 사회화를 강요해서는 안된다. 이미 펜드가 지적한대로 사회화는 사회인으로 만드는 것이기도 하지만 사회적으로 형성되는 측면도 중요하다. 즉 사회화의 담당자는 사회적으로 만드는 일에 주목하는 동시에 스스로 사회적으로 되어가는 과정에 주목해야 한다.

정보화시대를 살고 있는 우리의 교사, 부모, 사회지도자는 산업화시대를 살아온 사람들이다. 소위 컴맹이라고 불리는 자들이 사이버공간을 살고 있는 자라나는 세대에게 무엇을 어떻게 강요할 수 있겠는가? 사방팔방이 자유롭게 개방되고 삶에 고정된 척도가 사라지는 사이버공간의 시대를 살아가는 이들에게 사회화의 개념은 종전의 그것이 아니다. 스스로 학습하면서 사회화되는 비율이 산업화시대보다 훨씬 높아졌다. 따라서 오늘날의 사회화 담당자들은 이러한 시대변화에 따른 사회화의 개념에 주목해야 할 것이다. 수평적이고 민주적인 인간관계, 탈장벽화된 개방사회, 열린 대화의 광장, 학습권의 신장, 알 권리와 알 필요의 확장, 창조성, 감성교육 등은 정보화시대가 만들어 놓은 신조어로서 이러한 개념에 대한 이해와 해석이 새로운 사회화 담당자들에게 요청되는 과제가 될 것이다(권이종, 1998, pp.82~84).

4. 사회계층과 교육

1) 사회계층의 개념

우리 사회에서는 사람을 여러 기준에 따라 구별하는 경우가 많다. 이것은 사람들의 연령, 성별, 능력, 직업 등에 따라 구분짓는 이른바 사회적 구분(social differentiation)이라고 한다. 그런가 하면, 또 한편으로는 사람들의 수입, 재산, 직업, 학력 등에서 고·하, 우·열의 순위로 종적인 구별을 하기도 한다. 어느 사회에서나 그 사회의 구성원들이 사회공간 속에서 갖게 되는 위치가 어떤 기준에 따라 하나의 서열을 이루고 있음을 볼 수 있는데, 우리는 이를 가리켜 사회계층(social stratification)이라 한다. 사회계층은 사회구분과는 달리 사람의 서열의 뜻을 내포하고 있으며, 어떻게 사람의 순위와 서열을 결정짓느냐 하는 문제는 한 사회가 갖는 가치여하에 달려 있다(김병성, 1994, p.123).

다시 말하면 사람은 일정한 사회적 지위를 갖게 되며 생활에 필요한 수입을 얻기 위하여 직업을 갖게 되고 각자의 지위나 능력 그리고 능력에 따른 보수, 사회적 평가, 역할수행이 달라지게 된다. 이와 같이 위계적인 사회체제 속에서 직업, 배경, 개인의 능력, 기술 등에 의하여 사회적 특권, 위신, 이익 등이 사회적으로 불평등하게 분배되어 있는데 이런 가운데 서로 비슷한 위치에 있는 인구의 집단을 사회계층이라고 한다(윤정일, 1995).

현대사회의 모든 조직은 생산을 위한 분업, 그리고 능률을 추구하기 위한 관료제도로 말미암아 위계조직의 형태를 취하기 때문에 계층의 수는 상당히 많아졌다. 그러나 사회 전체를 분석할 때에는 비슷한 위치에 있는 계층들을 한데 묶어서 사회계층이라는 조작적 개념을 쓰고 있는 것이다.

매이어(K.B. Mayer)는 사회계층의 개념을 상대적으로 분명히 하기 위하여 세 개의 이념형, 즉 세습적 신분(caste), 이스테이트(estate), 사회계급(social class)으로 분류하는 것이 유용하다고 제안한 바 있다. 그의 주장에 의하면, 첫째로 세습적 신분(caste)은 계층에서 가장 엄격하고 경직된 형태로서 지위간의 이동이 극히 어렵고, 업적보다는 귀속적 요인을 중시한다. 둘째로 이스테이트는 토지소유와 관련되는 것으로서, 중세 영국의 봉건제도는 하나의 좋은 예이다. 봉건영주들은 토지를 많이 소유하여 높은 지위를 차지하였고, 토지를 소유하지 못한 사람들은 그 지위가 낮았던 것이다. 셋째로 사회계급이란 근대 산업사회에 있어서의 전형적인 계층형태를 말하는 것이다. 그리고 사회계급의 여러 특성 가운데의 하나는 경제적인 것, 즉 부와 수입이라는 형태에 있다고 하였다.

매이어는 계속하여 영국사회에 있어서 사회계층의 기본적 형태는 사회계급이라고 주장하고 있다. 대체로 카스트는 고대사회, 이스테이트(신분)는 중세사회, 그리고 사회계급은 현대사회에서 각각 지배적인 사회계층이라 볼 수 있다(김영우, 1999, p.252).

교육학 용어사전에 따르면 사회계층이란 위계적인 사회 체제 속에서 직업·정치적 위치·가족적 배경·인종·개인의 능력·기술 등에 의해, 사회적 특권·위신·이익 등이 비슷한 위치에 있는 인구 집단을 말한다. 일반적으로 사회계급과 사회계층은 혼용되기도 하고 구분하여 사용하기도 한다(박상호, 1995).

그리하여 영국과 미국에서는 사회계층이나 사회계급을 모두 'social class'로 나타내는 경우가 허다하다. 사회계급은 특히 재산·직업·사회적 지위 등이 비슷하고, 비슷한 배경, 생활습관, 태도, 행동, 가치관을 가지고 있는 집단을 말한다(차경수, 1984).

사회계층은 사회계급에 비하여 포괄적인 개념으로서 위신있는 지위의 상·하라는 객관적 서열구조에 의하여 결정되는 것이며, 이에 비하여 사회계급은 집단적 응집력이 전제된 개념이므로 생산수단의 소유 그리고 지배수단 및 권력에 어느 정도 접근해 있느냐에 따라 결정되는 것이다(김병성, 1994, p.126).

이러한 계급에 대한 정의의 어려움 또는 다양한 학자들의 견해는 마르크스(Marx)적인 입장에서의 개념과 비마르크스적 입장에서의 개념과의 상반된 관계에 기인하고 있다고 볼 수 있다. 일반적으로 비마르크스적 사람들은 의식적으로 마르크스적 계급의식에 대항해서 계급이라는 말을 피하고, 계층이라는 말을 사용하고 있다(이규환, 1983). 이러한 마르크스적인 입장에서의 개념과 비마르크스적 입장에서의 개념 차이를 구체적으로 살펴보면 다음과 같다.

먼저, 마르크스적 입장에서의 계급의 개념을 규정하는 데는 여러 가지 기준들이 사용되고 있지만 대체로 다음의 세 가지로 모아지고 있다. 첫째는 경제적 속성에 따른 구분이고, 둘째는 단절적 의미를 갖는 집단으로 이해하는 것이며, 셋째는 계급의식과 같이 의식적·심리적 귀속감의 수반여부에 따른 구분이다.

첫 번째인 경제적 속성에 따른 구분이란 경제적 변수에 따라 층화를 시킨다는 것이다. 고전적 마르크스 계급론자들은 경제적 생산수단의 소유여부에 따라 계급을 나누었고, 오늘날의 일부 계급론자들도 경제적 부와 소득을 계급구분의 중요한 기준으로 설정하고 있다(김병성, 1994, p.126).

요컨대 마르크스는 사회계급을 생산수단을 소유한 부르조아 계급과 이를 소유하지 못한 프롤레타리아 계급으로 나누었는데, 이것은 분류의 지표가 경제적인 차원에서 단일이라는 데에 특색이 있다. 그러나 오늘날의 사회계층은 경제적 생산수단에 의하여서만 형성되는 것이 아니라 지위나 권력 등 여러 지표에 의하여 성립되는 것이다(김영우, 1999, pp.254~255).

두 번째인 단절적 집단이라는 의미는 계급이란 연속선상에서 임의의 분리점을 사용하여 층화를 시킨 집단이 아니라, 각 계급의 범주 간에는 자연스러운 분리가 이루어지고 있다는 것이다. 대표적인 것으로 생산수단의 소유여부를 기준으로 하여 나누어지는 부르조아(bourgeoisie)와 프롤레타리아(proletariat) 계급이 있는데 이들 두 계급은 임의의 구획에 의한 것이라기보다는 각 계급이 역사적인 존재의미를 가지고 있다고 규정되고 있다.

즉, 마르크스주의자의 계급 개념은 계급투쟁의 역사 철학적 개념으로써 다루어진다. 고대의 자유민과 노예, 봉건사회의 영주와 농노, 근대 자본주의 사회에서의 유산계급(Bourgeois)과 무산계급(Proleteriat)과 같이 생산수단의 소유자와 비소유자 간의 대립되는 개념으로 이해한다(박상호 · 김성희, 1995).

칼 마르크스는 계급투쟁에서 다음과 같이 서술하고 있다.

"봉건사회의 몰락으로 싹튼 근대 부르조아사회는 계급적대감을 제거하지 못하였다. 그것은 다만 낡은 것의 대신에 새 계급, 새로운 조건의 억압, 새 형태의 투쟁만 확립했을 뿐이다. 그러나 우리들의 시대, 즉 부르조아의 시대는 계급적대감(class antagonisms)이라는 분명한 특징을 가지고 있다. 사회는 전체적으로 양대의 적대진영, 서로 직접 맞서는 양대 계급, 즉 부르조아(bourgeoisie)와 프롤레타리아(proletariat)로 점점 쪼개어지고 있다."

마르크스는 계속하여 부르조아는 근대자본가나 생산수단의 소유자 및 임금노동 고용자 계급을 의미하며, 프롤레타리아는 자신의 생산수단이 없기 때문에 살아가기 위하여 노동력을 팔 수밖에 없는 근대 임금노동자 계급이라고 설명하고 있다

(김영우, p.254).

세 번째의 기준은 계급의식이 있어야 진정한 의미에서의 계급이 존재한다는 것으로서 이는 마르크스 이래 많은 사회학자들에 의해 공감되어 왔다. 예컨대, 센터스(Centers, 1949)와 같은 학자는 계급을 그 성격상 주관적인 특성을 갖는 사회심리적 집단으로 간주하고, 계급의식도 바로 집단의 성원의식이라고 보았다. 그 사회에서 자신의 위치를 주관적으로 어떻게 파악하고 있느냐 하는 것은 매우 중요한 문제이며, 계급의 형성과정에서 계급인식(class awareness), 즉 계급의 위계적 서열이 존재하고 있다는 사실을 알고 있는 상태는 구체적인 계급행동까지를 포함하는 단계인 계급의식의 단계로 발전하게 된다(김병성, 1994, p.127).

이에 반하여 비마르크스적 입장의 경우에는 사회적 업적이나 소득의 정도에 따라 상층 · 중층 · 하층과 같은 위계적 계층이 존재한다고 본다. 베버(M. Weber)는 마르크스의 경제 결정론적 계급이론을 수용하면서도 경제 일원론적 입장을 거부하고, 재산(property), 권력(power), 위세(prestige)의 세 요인으로 계층 구조를 파악하였다. 즉 재산의 차이는 계급을 형성하고, 권력의 차이는 정당을 형성하며, 위신의 차이는 지위집단(status group)이나 계층(stratum)을 형성한다는 것이다. 이에 따라 계층이란 불평등 체계에 관련된 변수들 간의 상호작용 과정을 지칭하는 일반적 용어로 사용되고 있다. 불평등 체계에서의 특정지점에 위치한 개인들의 집합을 계층이라고 할 수 있다. 사회학에는 마르크스를 중심으로 한 계급이론과 베버를 중심으로 한 계층이론이 있으나, 오늘날 많은 사회학자들은 사회계층(social stratification, 또는 social stratum)이 사회계급(social class)을 포함하는 상위 개념으로 생각하고 사회 체계의 통합 균형화에 대한 기본적 요건으로 보고 있다.

사회계급이란 재산, 직업, 사회적 지위 등이 비슷하고 비슷한 배경, 생활습관, 태도, 행동, 가치관을 가지고 있는 집단을 말한다. 사회계층은 사회계급에 비하여 포괄적인 개념으로서 위신있는 지위의 상하는 객관적 서열구조에 의하여 결정되는 것이며, 사회계급은 집단적 응집력이 전제된 개념이므로 생산수단의 소유 그리고 지배수단 및 권력에 어느 정도 접근해 있느냐에 따라 결정되는 것이다.

사회계층이란 사회구성원들을 그들의 지위, 재산, 교육, 수입 등에 의하여 분류할 때, 비슷한 지위를 차지하고 있는 일군의 층을 말한다. 인도 사회에서의 카스트 제도, 중세시대의 종교적 위계서열, 군대에서의 계급구조, 현대사회의 사회계급 등도 사회계층의 예가 된다. 연속선상에 있는 각자의 지위의 서열화를 계층이라고 하며 사회전체를 분석할 때에는 비슷한 위치에 있는 계층들을 유형화하여 사회계층이라 지칭하게 된다.

기능론적 입장에서는 사회계층을 조화롭고 자연스러운 기능의 분화로 이해하려 한다. 사회구성원은 사회적으로 수행해야 할 기능과 역할이 분화되며 각자의 능력과 과업에 따라 역할수행은 물론 분업을 기초로 전체적인 목적을 위하여 협동적으로 과업을 수행하게 된다. 따라서 각자의 지위, 역할, 능력에 따른 보수, 사회적 대우, 평가를 받으며, 이러한 차등적 대가는 불평등하다기보다는 정당한 것이라고 믿게 된다. 상사와 부하의 보수와 위신의 차이는 근본적으로 그들이 수행하는 사회적 기능에 의하여 결정된다고 보는 것이다.

이와는 대조적으로 갈등론적인 입장에서는 사회계층을 인위적인 불평등으로 본다. 사회계층의 근본원인을 사회적 제도에서 연유된 것으로 간주한다. 마르크스는 사회계층은 인간이 제도적으로 구안해낸 불평등이라고 본다. 그는 인류의 불평등은 생산양식에 의해 결정된다고 주장하고 농경이 주된 사회에서는 지주와 소작인, 산업사회에서는 자본가와 노동자간의 계급이 인위적으로 형성되어 이같은 불평등을 종식시키기 위하여 계급투쟁이 야기되는 것은 필연적이라는 주장을 이론화하였다. 갈등론자들은 사회계층을 사회구성원들의 폭넓은 합의에 의한 것이라기보다는

〈표 4-1〉 사회계층을 보는 두 개의 시각

기능주의적 시각	갈등이론적 시각
1. 계층은 보편적이며 필요하고 또 필연적이다.	1. 계층은 보편적일지는 모르지만, 필요하거나 필연적인 것은 아니다.
2. 사회조직(사회체제)이 계층체계를 만든다.	2. 계층체계가 사회조직(사회체계)을 만든다.
3. 계층은 통합, 조정, 응집을 위한 사회적 욕구에서 생긴다.	3. 계층은 집단정복, 경쟁, 갈등에서 생긴다.
4. 계층은 사회와 개인이 적절한 기능을 하도록 촉진한다.	4. 계층은 사회와 개인이 적절한 기능을 못하도록 방해한다.
5. 계층은 사회적 공동가치의 표현이다.	5. 계층은 권력집단들의 가치의 표현이다.
6. 권력(power)은 늘 정당하게 배분된다.	6. 권력은 늘 부당하게 배분된다.
7. 일자리와 보상은 평등하게 배분된다.	7. 일자리와 보상을 불평등하게 배분된다.
8. 경제적인 부문을 타부문의 밑에 둔다.	8. 경제적인 부문을 사회의 맨 위에 둔다.
9. 계층체계는 항상 진보적 과정을 통해 변화한다.	9. 계층체계는 항상 혁명적 과정을 통해 변화한다.

자료 : Donald Light, Jr and Suzanne Keller, Sociology(New York : ALfred A. Knopf, 1979), p.283

특정 계층의 이익을 위하여 약자에 대한 강자의 강압 또는 지배적 관계에 기초한 것이라고 보고 있다.

이와 같이 기능주의와 갈등이론이 사회계층을 보는 시각은 상당한 차이를 보이고 있다. 가장 근본적인 문제는 기능주의자들은 사회의 욕구에 초점을 두고 있으며, 갈등이론가들은 소수인의 특권과 다수인의 욕구불만에 그 초점을 두고 사회환경과 인간을 어떻게 다루느냐를 논의하고 있다(김영우, pp.256~257).

2) 사회계층의 분류

일찍이 아리스토텔레스는 사람들을 세 개의 집단, 즉 부자와 빈자 그리고 그 중간으로 나누었고, 칼 마르크스도 두 개의 계급으로 분류한 바 있다. 사회계층구조를 규정지어 줄 실질적 범위와 그 형태에 관해서는 논의의 여지가 없지 않지만, 대개의 사회학자들은 사회계층이 크게 보아 세 개의 층으로 쌓여진 계층체계(three-tiered strata system), 즉 상 · 중 · 하로 이루어져 있다는 데에는 대체적인 합의를 보이고 있다(김영우, 1999, pp.257~258).

계층구조는 하나의 규율적 의미를 가지고 있으며, 다음 세대의 사회화에 필요하다. 전 세대의 부모가 자녀에게 사회화하는 과정에서도 계층구조는 중요한 의미를 가지고 있다. 계층구조는 계속적인 계층체제의 변화이며, 사회화의 과정을 정착시키고 계층과 다른 기관과의 관계를 맺어줌으로써 각 기관이 가지고 있는 정치 · 경제 · 교육 체제의 영향을 서로 주고받는 것이다. 또한, 계층적 · 정치적 권력계승 등을 말한다.

계층구조의 특징은 다음과 같다.

첫째, 계층구조는 역사적 현상이다. 남녀 간의 힘이나 능력의 차이, 여성과 어린이를 약하기 보는 것 자체도 하나의 계층구조를 유발하는 동기가 되었다. 그리스 · 로마 등 유럽의 역사나 중국 · 인도 · 아프리카 역사 등 모든 나라 역사 속에서도 이러한 계층과 권력구조는 존재하여 왔고, 귀족이나 노예, 임금과 신하 등이 그 예이다.

둘째, 계층구조는 어디에나 존재한다. 오늘날 소득분배에 대한 불만이 전세계에서 매우 심각하게 대두되고 있다. 예전에 있었던 계층구조, 예를 들어 귀족과 노예와 같은 개념이 없어졌을 뿐, 여전히 소득분배 차에 따른 계층 차가 존재하고 있다는 의미이다.

셋째, 계층을 구분하는 기준은 각 사회 · 나라마다 다르다. 이론적인 면이나 현실적인 면에서의 차이로 인하여 재산 · 권력 · 지위에 대한 인식이 각기 다르게 나타나며, 이에 따라 계층 구분 기준은 사회마다 다르게 나타난다.

넷째, 계층에 따라 인간 생활 전반에 미치는 영향이 각기 다르다. 계층은 한 사회의 생활조건이나 생활방법, 주택구조 · 부모-자녀 관계, 이웃 관계, 여가선용, 문화행사, 매스미디어 수준 등에 각기 다른 영향을 미친다(권이종, 1998, pp.122~123).

사회계층을 결정하는 요인들은 사회계층을 분류하는 지표가 되고 있는데, 여기에는 사회가 공통적으로 수긍할만한 수준을 충족시킬 것이 요구되고 있다. 다시 말하면, 어떤 사람이 스스로 자신을 상류계급이라 외친다고 해서 상류계급이 되는 것은 아니라는 것이다.

사회계층을 결정하는 요인에 대해서 학자에 따라 다양한 입장을 밝히고 있다. 사회계층은 비슷한 생활양식, 가치관에 따라 형성된다. 사회계층을 동일 계층이라고도 공통적으로 해석할 수 있으며, 예의 · 언어 · 습관 · 도덕적 신념 · 지식수준 · 가치관 등의 비슷한 요인을 나타내기도 한다. 일반적으로 사회계층은 재산의 정도 · 수입 · 직업유형 · 권력 · 교육수준 · 가정문화 · 개인의 자질(성, 연령, 외모 등) 등이 종합적으로 고려되어 결정되며, 사회계층의 결정요인은 대단히 많지만 그 중에서 가장 중요하게 다루는 요인으로는 재산과 수입, 직업, 교육수준을 들 수 있다(권이종, p.124).

개인의 사회적 지위의 결정요인을 중심으로 볼 때, 그 표준을 첫째로는 가정배경 또는 가문, 둘째는 재산의 정도와 종류, 셋째는 개인의 자질로 성, 연령, 미모, 지성, 넷째는 교육의 정도와 직업의 종류, 다섯째로는 그 사람의 권위와 위력 등을 들기도 한다. 한편 막스 베버(Max Weber)는 재산(property), 권력(power) 그리고 권위(prestige)의 세 가지로 설명하려고 하였다. 베버는 재산의 차이는 계급을 정하고, 권위가 신분의 차이를, 그리고 권력이 당파를 정한다고 하였다(김병성, 1994, p.131).

인류학자인 워너(W.L. Warner)는 사회계층을 결정하는 방법으로 I.S.C.(Index

of Status Characteristics ; 지위 특징 지수)법을 제시하였는데, 여기에는

① 직업(occupation)
② 주거 가옥 형태(house type)
③ 거주 지역(dwelling area)
④ 수입원(source of income)

의 네 가지 요인이 포함되었다.

워너의 이 연구를 기초로 헤비거스트(R.J. Havighurst)는

① 직업(occupation),
② 가옥의 크기 · 조건 · 건축형 등, 거주 가옥형태(type of house)
③ 거주 지역(dwelling area)
④ 수입의 양(amount of income)
⑤ 수입원(source of income)
⑥ 교육 연한(amount of education)

의 여섯 가지 요인을 사회계층을 결정하는 척도로 보았다.

그 밖에도 루체크(W. Roucek)는 경제 활동의 종류, 수입의 양, 교육 수준, 주거 형태, 여가 활동의 형태, 가입 단체의 성격, 친족 성원의 사회적 지위 등을, 그리고 칼(J.A. Kahl)은 개인적 위신, 직업, 재산, 상호 교제 수준, 계급의식, 가치 지향성 등을 사회계층적 지위를 평가하는 척도로 삼았다(박상호 · 김경희, 1995).

이와 같이 사회계층의 형성요인은 다양하게 나타나는데, 현대 사회에서는 그 형성요인으로 재산과 수입, 직업, 교육, 계층의식 및 지위의 상징 등을 들 수 있겠다. 이를 보다 구체적으로 제시하면 다음과 같다(차경수, 1984).

(1) 재산과 수입

재산과 수입은 생활양식과 깊은 관계가 있다. 이때 재산과 수입에 따른 사회계층의 형성에 있어서, 단지 재산과 수입의 규모와 같은 물질적인 측면뿐만이 아니

라 그 원천의 종류 · 안정성 등의 질적인 측면도 사회계층의 지위와 관련이 있다.

(2) 직 업

사람이 어떤 직업을 가지고 있느냐에 따라서 생활수준이 달라지게 된다. 교육정도, 생활수준, 친구관계, 취미 및 여가생활, 도덕성, 가치관의 수준을 짐작할 수 있는 직업은 그 사람의 생활양식을 가장 쉽게 알 수 있는 요인이기도 하다.

(3) 교 육

수입과 직업 등 사회계층의 결정요인은 교육과 밀접한 관계를 가지고 있다. 현대 사회에서는 개인이 얼마나 많은 교육을 받았느냐에 따라 그 사람의 일생동안의 사회적 지위와 직업, 수입, 재산이 달라지게 된다. 특히 전문적인 지식과 기술이 요구되는 사회에서는 교육을 많이 받은 사람일수록 사회적인 인정을 더 많이 받게 되므로, 교육기간이 길어지고 교육에 투자하는 비율도 높아진다.

(4) 계층의식 및 지위의 상징

많은 논란이 있지만 어떠한 사람이든 사회계층에 속해 있다고 생각하고 있다. 사회계층의 상징은 사람들의 행동이나 생활양식과도 깊은 관련이 있다. 예를 들면, 값비싼 의복을 입고 자동차를 타며 보석을 가지고 있고 사교 및 동호클럽 활동을 하는 것 등은 높은 지위를 나타내기 위한 상징이다. 그러나 최근에는 사람들이 의식과 생활양식이 바뀌어 이러한 상징적인 면이 점점 감소되고 있다(권이종, 1998, pp.125~126).

사회계층은 나름대로의 독특한 하위문화를 가지고 있다. 즉 사회계층에 따라 그 소속 구성원들 사이에는 다른 사회계층의 구성원들과는 다른 예의 · 언어 · 음식 · 의복 · 주택 · 취미 등의 생활습관, 행동양식, 생활공간, 가치관과 규범을 형성하고 있다.

이들 계층에 따른 독특한 문화를 계층문화(class culture)라 하고, 이들이 공통적으로 가지고 있는 의식을 계층의식(class consciousness)이라고 하기도 한다. 사회계층이 수입과 직업과 교육 정도에 따라 다른 계층을 형성하게 되는데, 이들 각 계층이 갖는 문화적 특징을 요약해 보면 다음과 같다.

상류층(upper class)은 대체로 상속받은 유산으로 살아가면서 사회적으로 저명한 가족적 배경을 가진 계층이다. 이들은 현존하는 질서를 존중하므로 보수적이고, 사회에서의 지위가 이미 확립되어 있으므로 자기의 지위를 높이는 전시효과적인 면에는 관심이 적다. 상류로서의 지위를 가지고 있어서 중류층보다는 자녀의 학벌을 중시하지 않지만, 교육에 관심은 높으며, 교양교육에 치중하는 경향이 있다.

중류의 상층(upper middle class)은 주로 전문직 종사자들로서 저명한 가족 전통은 없으나 자신의 노력으로 현재의 위치를 차지한 계층이다. 이들은 다른 사람들로부터 인정받는데 관심이 높아 사교적 모임이나 지역사회 모임에 적극적으로 활동하고, 사교적이고 미래지향적이다. 남과 조화적이고 독립심이 강하며, 학교교육에 대한 열성이 대단하며, 특히 대학교육에 대한 관심이 높다.

중류의 하층(lower middle class)은 회사의 하부 관리인, 판매원, 숙련 기술자 등 하층의 관리직과 기술자들로서 모범적인 소시민들로 구성된 계층이다. 이들은 검소하고 경제적 독립성을 중요시하며, 학교교육에 대한 열성이 있다. 중류의 상층과 함께 이상적인 교육환경을 이루고 있다.

하층의 상층(upper lower class)은 숙련 또는 미숙련 노동자, 영세상인과 겨우 자급자족하는 영세 농가들로 구성되는 계층이다. 이들은 부인도 대부분 일을 하고 자신들이 직접 집을 짓거나 고친다. 중등교육을 마친 사람이 많지 않으며 자녀를 대학에 보내는 사람이 드물다.

하층의 하층(lower lower class)에는 막일로 생계를 유지하거나 실업 상태에 있으며, 일정한 주거와 직업이 없이 방황하는 사람들이 속한다. 교육 수준이 낮고 생활이 불안정하며, 무질서 · 무절제한 경우가 많다. 사회적으로 존경받지 못하고 끊임없이 어렵게 살기 때문에, 인생의 성공은 근면이나 절약의 결과로 믿지 않고 행운이나 가족적 배경의 덕택으로 생각하며, 갈등주의적 사회관을 가지고 있으며 사회 체제에 대해 부정적이다. 교육에 대해 회의적이고 자녀교육에도 관심이 적다.

사회계층의 특성을 살펴보았지만, 과거에 비해 계층 구조가 개방적인 상태로 바뀌어져 가고 있고, 개방사회일수록 사회계층의 변화는 심하고 사회계층의 특성도 절대적인 것은 아니다. 그러나 아직도 사회계층의 힘은 무시할 수 없다. 이 사회계층의 이동은 여러 가지 조건에 의해 이루어지지만, 특히 교육과 밀접한 관계를 가지고 있다.

3) 사회계층과 교육

사회계층은 한 사람의 생활수준 · 교육수준 · 문화생활 · 친구관계 등 생활양식을 가장 잘 평가할 수 있는 척도가 된다. 따라서 인간의 일생에서 사회계층이 갖는 의미는 매우 크다 하겠다. 교육사회학에서 이러한 사회계층이 중요하게 다루어지는 것은 교육과 밀접한 관계가 있기 때문이다. 즉 교육이 사회계층의 이동에 공헌할 수 있기 때문이다(권이종, 1998, p.131).

즉 교육이 구체적인 사회계급에서 요구하는 수입과 생활양식을 제공하는 데에 직접 또는 간접으로 많은 기여를 하고 있기 때문이다. 교육과 사회계급의 관계는 대체적으로 교육이 사회계급의 형성과 사회이동에 어떤 역할을 하는가 하는 문제와 그리고 사회계급이 교육에 미치는 영향은 어떠한가, 즉 사회계급에 따라 교육관, 학력수준 등은 어떠한가 하는 문제로 집약된다. 여기에서는 이를 구분하지 않고 종합적인 시각으로 다루려고 한다.

1966년에 미국의 존스 홉킨스 대학의 콜맨(James S. Coleman)을 중심으로 한 동료연구자들은 자녀의 학업성취(academic achievement)에 영향을 미치는 가장 중요한 요인은 부모의 사회경제적 지위(SES : socioeconomic status)임을 밝혀낸 바 있다.

(1) 교육사회화 사회계층

일반적으로 사회계층이 높을수록 교육을 많이 받고 또 자녀에 대해서도 교육을 많이 시킨다. 그리고 교육을 많이 받을수록 사회계급이 상승할 가능성도 또한 높은 것이다.

일반적으로 사회계층이 높을수록 고등교육을 받을 수 있는 경제력과 동기를 지니고 있다. 또한 교육이 사회적 지위를 향상시키는 결정적인 조건이라고 인식하기 때문에 대학진학에 대한 열망이 높으며 더 많은 기간의 교육을 받아 더 좋은 직업을 가질 수 있다는 관념이 지배적이다. 따라서 교육을 통한 사회계층의 수직적 상승이동의 가능성이 높아진다.

(2) 교육관과 사회계층

사회계층에 따라서 교육에 대한 가치관의 차이가 있다. 일반적으로 알려진 바에 따르면, 중 · 상류계급은 인격도야와 지식습득 지향적 교육관과 민주적 교육방식을 가지고 있다. 그리고 학교교육을 중히 여긴다. 이에 비하여 하류계급은 교육의 목적을 인격도야보다는 기술습득에 두고 있으며, 두드러진 교육방식을 가지고 있지 않다.

상류계층 부모들은 교육의 목적을 개인의 최대한의 성장과 발전에 맞추고 자립적인 인간을 창조하는 데 설정하고, 자율적인 분위기 속에서 교육을 실시하는 데에 비하여, 중 · 하류계층의 부모들은 교육에서 현실과 결과 · 수단에 치중하며, 주로 규제와 통제 속에서 교육을 실시한다. 또한, 하류계층의 부모들은 목적 달성을 위하여 지도하는 수단과 방법으로 주로 체벌과 통제를 적용하려 한다.

이러한 교육환경의 차이에 따라 행동형성 과정에서도 계층에 따른 차이가 나타나는데, 즉 하류계층의 자녀들은 학업실패나 체벌을 피하려는 데 초점을 두며 칭찬을 할 때 물리적인 쪽에 치우치는 반면, 상류계층 자녀들은 내용에 관심이 많다. 자녀에 대한 교육열망이나 기대, 자녀의 성취동기(need achievement)에 있어서도 하류계급은 중 · 상류계급보다 낮은 것이 일반적이다.

(3) 지능과 사회계층

지능이 교육, 특히 학습에 있어서 매우 중요한 의미를 갖는다는 사실은 부인할 수 없는 점이다. 일반적으로 이 방면에 관한 연구결과들을 보면, 중류나 상류계층이 하류계층에 비하여 지능지수가 높다. 이에 대해 신교육 사회학에서는 가정환경에서부터 오는 후천적 문화 지체 현상으로 빚어진 결과라고 주장한다. 상 · 중류계층의 자녀들은 구체적 실물을 떠나서 추상적으로 사고할 수 있는 능력이 하류계층 자녀들보다 발달되어 있어 표현력 등이 합리적이고 논리적이다.

이에 반해, 하류계층의 자녀들이 사용하는 언어는 사고 · 표현의 한계가 있다. 이와 관련하여 지능검사의 결과에서도 상류계층 자녀들이 대부분 높게 나타나는데, 이러한 지능적 차이는 교육과 언어사용의 차이, 지적 발달의 차이에서 나온 결과이기도 하다. 한편, 이러한 언어의 논리성의 차이는 학업성취의 차이를 가져오기도 하는데, 실제로 노동자층의 자녀들은 수학을 싫어하고 성적이 저조한 데 비해 중 · 상류층의 자녀들은 수학을 재미있어 하고 잘한다.

(4) 인간관계와 사회계층

마지막으로, 인간관계에서 있어서도 계층에 따른 차이가 나타난다. 상 · 중류층은 대부분 가족집단 외 보다 넓은 범위의 사회집단에서 사회관계를 맺는데 비하여 하류계층은 가족 · 친척 · 이웃 중심으로 사회관계를 형성한다고 한다. 또한 교육수준이 높은 계층일수록 인간관계를 빨리 형성하고 사교범위가 매우 넓다.

반면 최하층 아동은 같은 사회적 지위에 있는 아동과 교류가 잦다. 따라서 학교는 사회적 이동을 조성하도록 학급에 상이한 계층의 학생들을 혼성 편성하는 것이 필요하다. 이는 하류층 학생들이 교사나 교우들로부터 중류층 생활방식이나 목표나 가치를 배우게 할 수 있기 때문이다.

교육은 사회계층화에 순기능과 역기능을 동시에 수행한다. 전체적으로 보아 사회 경제 지수와 사회계층 간에는 밀접한 관계가 있고, 사회계층은 직업과 관련이 있으며, 직업은 교육과 직접적인 관계가 있다. 교육이 사회계층화에 어떻게 작용하는가에 대해서 균형을 패러다임으로 하는 기능주의 이론에서 보는 낙관주의적인 관점과 갈등을 패러다임으로 하는 비관론적인 관점이다.

① 낙관주의적 관점 : 교육에 관한 낙관주의적 관점이란 학교교육이 모든 사람에게 균등하게 배분됨으로써 경제적인 양극화 현상을 막을 수 있는 빈곤을 퇴치시킬 수 있다고 보는 입장이다. 교육은 직접적으로 국가의 생산성을 높일 뿐만 아니라 사회계층이동을 도모하고 있다고 보았던 것이다. 현대사회는 능력주의 사회인 동시에 전문가가 지배하는 사회이므로 개인의 계층상승 능력에 기초한 자유경쟁에 의해 결정된다고 볼 수 있다. 이 자유경쟁의 대표적인 기관이 학교라고 할 수 있다.

그러므로 학교교육은 직업선발의 보편적 준거가 되었다. 학교의 졸업장이 장래의 직업적 지위는 물론 사회적 지위를 결정하는 가장 중요한 조건으로 간주되고 있는 것이다. 학교교육 낙관론자들은 가정배경이 어느 정도 학교교육에 영향을 줄 수 있지만 사회적 성취에 가정배경이 큰 영향을 주지는 못하기 때문에 학교교육은 출세에 결정적인 역할을 하고 있다고 본다.

② 비관주의적 관점 : 교육에 관한 비관주의적 관점은 교육의 낙관론자들이 교육기회의 불평등이 감소되면 사회적 불평등 역시 감소된다고 주장하고 있으나, 실제적으로는 교육과 사회적 이동과의 상관이 낮으므로 교육기회의 불평등 감

소가 사회적 불평등 감소를 이루지 못한다는 교육효과 회의론에서 대두되었다. 학교교육은 현존하는 사회 지배계층의 이익을 유지하기 위한 하나의 사회적 조정 장치에 불과하여 계층 재생산의 매개변수에 불과하다는 것이다. 이는 학교가 지배계층의 이익에 공헌하고 현존하는 사회적·경제적 불평등을 강화해줌으로써 그러한 불평등 현상은 불가피하게 유지되고 있다는 것이다.

사회계층은 자녀들에게 교육기회의 제공에 있어서 차이를 가져올 뿐만 아니라 교육을 통하여 사회계층 이동을 촉진하고 사회경제적 지위를 획득하는 데에 영향을 미친다. 따라서 사회가 앞으로 해야 할 과제는 평등사회를 지향해 나아가야 하는 것이다. 다시 말해서 앞으로의 교육환경은 계층을 초월하여 모든 학생들이 평등하게 자기의 잠재능력을 개발할 수 있는 환경이 되어야 하며, 이러한 교육환경은 계층상승이동이 가능한 교육복지국가의 구현이 뒤따르는 가운데 형성되어야 한다(권이종, 1998 ; 김영우, 1999 ; 박상호 · 김경희 1995 ; 윤정일, 1995).

(4) 사회계층의 이동

사회계층은 항상 정지되어 있는 상태가 아니라 어떠한 형태로든지 꾸준히 변화하기 마련이다. 사회이동이란 계층사회구조 내에서 한 인간이나 집단이 하나의 사회적 지위(status)로부터 다른 지위로 이동하는 것을 말한다. 한 예로 농촌에서 농부의 자녀가 어려운 환경 속에서도 계속 공부하여 교원 · 대학교수 · 회사의 중견인 등이 되는 것을 들 수 있다. 또, 부모가 노동자인 하류계층일지라도 개인의 노력으로 상 · 중류층이 되는 것을 의미한다.

전근대적인 폐쇄사회에서는 출생에 의하여 귀속적 지위(ascribed status)가 카스트나 신분(estate)으로 고정되어 있었기 때문에 다른 사회적 지위로 이동하는 것은 법이나 관습에 의하여 금지되어 있었다. 그러나 사회의 진보와 발전에 따라 그 사회의 기능상 중요한 지위에는 유능하고 자격 있는 사람을 배정하여 그 역할을 수행하도록 하고 있다. 따라서 현대의 대부분의 개방사회에서는 고정되어 있던 장벽이 무너지고 개인의 자질이나 능력에 따라 다른 사회적 지위로 이동할 수 있는 기회를 만인에게 평등하게 보장해 주려고 노력하고 있다.

사회이동의 의미를 파악하기 위하여 이와 밀접히 연관된 사회적 지위(social status)와 사회적 역할(social role)의 개념을 이해할 필요가 있다.

한 개인이 사회에서 차지하고 있는 위치(position)를 흔히 사회적 지위라고 한다. 사회계층은 사회적 지위, 직업, 교육, 수입 등에 따라 서로 비슷한 위치에 있는 사람들이 비슷한 태도, 가치, 행동을 가질 때 나타내는 집단적 의미를 뜻한다. 이렇게 서로 다른 사회적 지위, 계층 등의 이질적 요소들은 전체 사회 속에서 제각기 다른 요소들과 관련을 맺으면서 또 하나의 질서있는 체제를 이루게 된다. 이러한 전체 체제 속에서 서로 다른 요소들에 대한 일반적 기대를 사회적 역할이라고 한다.

사회이동(social mobility)이란 한 개인이나 집단이 어떤 사회적 위치로부터 다른 사회적 위치로 이동하는 것을 뜻한다.

예컨대, 노동자나 사무직종에 종사하는 부모를 가진 자녀가 의사, 변호사, 또는 여타 전문직종이나 회사중역이 되는 경우가 그 좋은 예이다. 다시 말해서 하류계층에서 중류계층 혹은 상류계층으로 옮겨 가는 것과 같은 계층 간의 이동을 사회이동이라고 한다(김병성, 1994, p.139).

사회이동의 기준은 주로 부모가 속해 있던 계층이 된다. 사회이동의 관련요소로는 개인의 특성, 직업과 수입, 가정배경 등을 들 수 있다. 개인적 특성으로 지능지수, 학업성취, 사교성, 특기 등은 사회적인 상승이동을 촉진할 수 있다.

직업은 그 유형과 전문성의 수준에 따라 사회적 권위와 가치가 다르다. 그러므로 직업은 상승이동의 훌륭한 지표가 되고 통로가 될 수 있다. 직업적 지위와 그에 따른 수입은 교육수준과도 관계가 깊다. 재산이나 수입은 그 자체만으로 상승이동이 되는 것이 아니라 그것을 바탕으로 교육적 기회를 더 얻게 되는 것 등으로 간접적인 영향이 큰 것이다. 가정배경으로는 부모의 사회경제적 지위, 형제자매의 수, 가정의 지배형태, 결혼 시기 등이 자녀의 사회이동에 영향을 주고 있다(윤정일, 1995).

사회계층의 이동은 단순히 소득, 수입에 따른 상승적 이동이 아니다. 계층이동을 했다면 그 계층에 걸맞는 행동특성을 습득하지 않으면 안된다. 근래에 우리나라의 경제발전에 부응하여 갑자기 부자가 된 사례가 주위에 많이 있다. 부동산 투기 현상에 따라 어떤 가난한 농부가 일약 억만 장자가 되었다고 하더라도 그 사람의 행동양식 즉, 언어, 생활태도, 사고방식의 변화가 없이는 계층이동의 증표가 되지 못하는 것이다.

따라서 어떤 사람의 사회이동, 특히 상승이동은 새로운 집단의 사람과 새로이 사귀게 되고, 새로운 지위에 알맞은 부분문화를 배워 몸에 익혀야 비로소 사회이동의 증표가 되는 것이다.

사회이동은 사회적 위치체제 속에서 하나의 사회적 위치로부터 다른 사회적 위치로 이동하는 현상이기 때문에 수준을 중심으로 나눌 때 동일한 수준에서 이동하는 수평적 이동과 다른 수준으로 이동하는 수직적 이동의 둘로 대변할 수 있다.

개인 및 집단의 절대적 또는 상대적 위치가 상하로 변하는 것을 소위 수직적 이동(vertical mobility)라고 하고, 사회적 위치가 동일한 수준에서 횡적으로 이동하는 것을 수평적 이동(horizontal mobility)이라고 한다.

수직적 이동에는 수입이 많아지거나 직업적 서열이 높아지거나 또는 좋은 가문의 자녀와 결혼하여 사회적 신분이 보다 위로 올라가는 이동을 상승이동(upward mobility)이라 하고, 반대로 부모 때보다 낮은 사회적 계층으로 떨어지는 현상을 하강이동(downward mobility)이라고 한다.

한편 수평적 이동은 한 회사의 과장이 유관한 회상의 과장으로 전보 또는 이동하는 경우에 해당한다. 지리적으로 수평이동은 가능하다. 도시학교의 교사가 지방학교의 교사로 전보되는 경우이다(김병성, 1994, p.140).

이상과 같은 사회이동, 즉 상승이동을 하는 데에는 교육뿐만 아니라 직업, 수입, 가정적 여건, 개인적 능력 등이 영향을 미치고 있다. 이들은 상승이동의 통로라고도 하는데, 이에 관하여 좀 더 구체적으로 언급하고자 한다.

첫째로, 상승이동에는 학교교육(formal education)이 매우 중요시되고 있다. 오늘날 흔히 말하고 있는 학력사회, 학력병, 교육인플레이션 등의 단어들은 교육이 상승이동의 중요한 하나의 통로라는 사고방식이 만들어낸 것들이라 볼 수 있을 것이다. 교육과 사회이동과의 관계는 절을 달리하여 상술된다.

둘째로, 직업은 상승이동의 훌륭한 하나의 통로가 되고 있다. 비록 학력은 낮더라도 직장에서 성실하게 오랫동안 근무하여 중견까지 상승하는 경우도 많이 있는 것이다. 특히 기술직이나 공무원의 경우에 이런 경우가 많다. 그러나 대개의 경우 이 직업이라는 것은 앞에서 논급한 교육과 밀착되어 있다. 즉 학교교육을 많이 받지 않고서는 특별한 경우(예컨대 재벌회장의 아들)를 제외하고는 좋은 직업을 얻을 수 없고 또 승진할 수도 없는 것이다.

셋째로, 부나 수입은 상승이동의 통로로서 막강한 위력을 발휘할 수 있다. 재산이나 수입은 그 자체만으로 상승되는 것이 아니라 그것을 활용하여 고등교육을 시키는 등 간접적인 영향을 미치는 것이다.

넷째로, 가정적 여건으로는 부모의 사회경제적 지위, 거주지 등이 있다.

마지막으로 개인적 능력으로서는 개인의 지능, 성실성, 노래 · 운동 특기, 사교성 등이 있는데, 이것들은 대개 개방사회나 대중사회에서 가능한 것이다.

하강이동(downward mobility)이란 한 마디로 더 낮은 사회계급으로 이동하는 것을 말한다. 변동이 심한 산업사회에서는 구조적으로 또는 비구조적으로 하강이동을 하는 경우가 생기게 된다.

다음으로, 또 하나의 사회이동의 형태가 있는데, 그것은 시간주기에 따라 나누는 세대간이동과 세대내이동이다(김영우, 1999, pp.275~276).

세대간이동은 한 세대에서 다음 세대에의 수직적인 지위의 변화를 뜻하는 것으로 대체로 부모의 사회적 지위와 자식의 사회적 지위간의 비교에 의한다. 그리고 세대내이동은 한 개인의 일생을 통해서 그가 경험하게 되는 수직적 이동을 의미하는데, 이러한 세대간이동에 영향을 미치는 요소로는 직업구조, 교육의 기회, 출생률의 차이, 경제규모의 확장(고용기회), 사회혁명(사회전체의 지위교체) 등을 들 수 있다.

사회계층이동에 있어서 부모의 교육정도, 부모의 직업, 자식의 학교성적, 자식의 학력, 자식의 맨 처음 직업, 자식의 현재 직업 등에 따른 사회계층이동 모형을 제

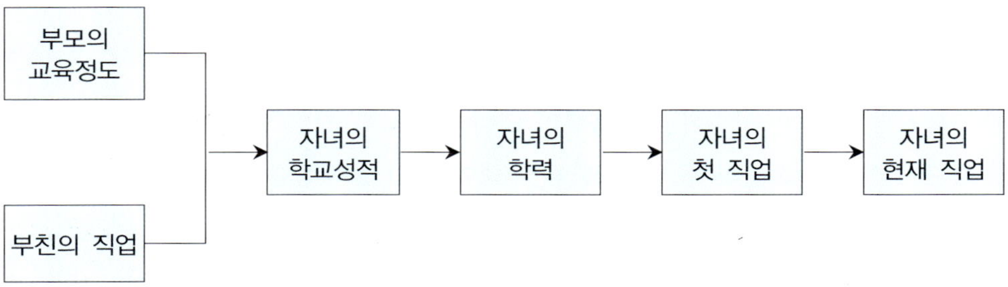

[그림 4-1] 사회계층이동 모형

시하면 [그림 4-1]과 같다(권이종, 1998, pp.138~139).

또 사회이동은 구조적 이동(structural mobility)과 순환이동(circulation mobility)으로 나누어지기도 한다.

구조적 이동은 상업구조의 변화로 파생되는 사회이동이다. 예컨대, 사회가 공업화되면서 농업에 대한 요구가 감소되고, 관리직이 늘어남에 따라 농부가 점차 관리직으로 직종이동을 하는 경우이다. 우리나라와 같이 급격히 산업화가 진행되는 사회에서 부모와 다른 직업을 자녀들이 갖게 되는 것은 흔한 예가 된다. 순환이동은 한 사회에서 실제로 일어나는 사회이동 중에서 구조적 이동을 뺀 나머지의 이동을 지칭한다. 즉 구조적인 원인으로 나타나지 않은 그 이외의 사회이동을 순환이동이라고 한다. 순환이동은 구조적인 변화 없이도 일어나는 사회이동으로 한 사회에 있어서 사회이동의 기회를 판가름해 주는 지수가 되기도 한다.

사회이동은 부모가 속해 있던 사회계층이 기준이 되며 수입 · 직업 · 교육과 밀접한 관계가 있다. 부모의 지위보다 자녀가 이룩한 사회적 지위가 높은 경우에 사회이동이 일어난 것이다. 사회이동의 관련요소는 크게 개인적 특성, 직업과 수입, 가정요인의 세 가지 영역으로 구분할 수 있다(김병성, 1994).

① 개인적 특성

개인의 지능지수, 학업성취, 사교성, 특기 등은 사회적인 상승이동을 촉진하게 된다. 조사연구에 의하면 상승이동을 한 사람들은 그렇지 못한 사람에 비하여 지능, 학업성적, 사교성이 높았다. 따라서 고등학교 시절의 학생의 지능, 학업성적 그리고 사교성 측정으로 장래의 사회이동 가능성을 예측하는 경우가 허다하다.

때로는 개인적인 특기가 사회이동의 원인이 되기도 한다. 유명한 배우, 가수, 야구선수, 흑인 축구선수 등은 그들의 특기가 상승이동의 원인이 됨을 우리는 잘 알 수 있다. 또 경우에 따라서는 사교성의 기술이 상승이동의 원인이 된다. 이는 개인의 친절성, 지도성, 인기와 같은 것을 말한다.

② 직업과 수입

오늘날 세계적으로 약 2만 종류의 직업형태가 있다고 한다. 이러한 직업들은 그 지위, 서열로 구분할 때 단순 노동직으로부터 최고의 전문직으로 구분될 수 있다. 각 직업유형과 전문성의 수준에 따라 사회적 권위와 가치가 다르다. 따라서 직업은 상승이동의 훌륭한 지표가 되고 또 통로가 될 수 있다. 또 직업적 지위는 수입과도 밀접히 연관된다. 직업적 지위와 그에 따른 수입은 교육수준과도 깊은 관계가 있다. 물론 학교교육을 많이 받지 않고서도 경력으로 연유된 직업기술도 있지만, 대개의 경우 직업과 수입은 교육수준과 상관관계가 높게 나타나고 있다. 재산이나 수입은 그 자체만으로 상승이동되는 것이 아니라 그것을 바탕으로 교육적 기회를 더 얻게 되는 것으로 간접적인 영향이 큰 것이다.

③ 가정요인

상승이동을 하는 사람들의 가정배경 요인을 연구한 결과를 참고해 보면, 가정에서의 형제자매의 수, 부모의 자녀훈육 등과도 밀접히 연관된다. 또 결혼 시기나 부모의 사회경제적 지위(SES : social economic status)와도 관련된다는 점이다.

선행연구(Lipset & Bendix, 1959)에 의하면, 외아들과 형제자매가 하나만 있을 경우가 상승이동을 할 가능성이 가장 크다고 하였다. 자녀수가 많은 경우 그 모든 자녀들이 상승이동을 할 수 있는 확률은 감소된다. 그 이유는 부모의 자산을 여러 자녀들에게 할당함으로써 그들이 사회에서 경쟁하는 힘을 약화시키거나 또는 고등교육까지 뒷받침하기가 어렵기 때문이다.

그러나 사회적인 지위가 개인의 기술, 지식, 노력, 교육 등에 따라 결정되는 개방사회(open society)는 폐쇄사회(close society)와는 달리 개인적 능력과 업적에 따라 사회이동이 좌우되므로, 자녀의 수보다는 부모의 사회경제적 지위나 재산정도 자체가 더 깊은 관계를 가질 것으로 간주된다.

가정의 지배형태가 자녀의 사회이동에 주는 영향은 어머니가 아버지보다 지배적이고 영향력이 더 깊다는 것이다. 또 학력에 있어서도 어머니가 더 높은 학력이 자녀 상승이동에 보다 효과적이라는 견해가 제시되고 있다.

이에 대한 명백한 근거는 찾기 어려우나 지금까지의 주장을 모아 보면 자녀교육의 주도권과 가정에서의 시간소비가 어머니편이 많고 어머니의 교육 영향력이 아버지보다 더 크다는 점이다.

이것은 아버지가 강압적인 지시나 명령을 하지 않고, 자녀들의 자유로운 의사표현과 자유분위기를 조장하면 자녀들은 자기 자신의 과업과 문제를 책임감 있게 능동적으로 처리하며, 사회이동에서도 상승이동의 가능성이 높다는 것이다.

또 결혼에 있어서도 조혼보다는 늦은 결혼이 사회적 상승이동에 도움이 된다는 것이다. 경험적 연구(Havighurst & Neugarton, 1968 : 51)에 의하면 20세기 이전에 결혼한 여자들과 24세까지 결혼한 여자들을 비교해 본 결과 늦게 결혼한 여자들이 지능과 학업성적이 높고 사회적 상승이동을 더 많이 하였다. 이러한 연구결과는 유럽의 경우에서도 일반적으로 일치하고 있다.

늦은 결혼은 직장이 있거나 학업을 계속하는 경우가 많을 것이므로 상승이동의 가능성이 높다는 것이다. 남자의 경우도 성공한 후에 결혼을 하려는 사람은 결혼이 늦어지는 예가 많다. 즉, 장래의 행복을 위하여 오늘의 욕망을 억제하는 행동으로 결혼을 연기시킨다(김병성, 1994).

이외에도 사회이동을 야기시키는 중요한 사회적 요인을 나열하면, 직업구조의 변화, 거주지역의 이동, 정치적 안정도 및 사회 구성원의 성취동기 등을 들 수 있다.

계층상승이동은 지역사회의 크기에 따라서 어린 시절에 어디서 성장하였느냐에 따라 대도시 출신의 자녀들은 교육의 기회가 많고 사회의 체제가 다양하여 시골출신보다 상승이동의 기회가 많으며, 하류계층출신 자녀의 경우 계층상승이동이 도시에서 많이 이루어질 수 있다. 또한 상승이동의 정도는 그 사회의 산업화 및 도시화와도 밀접한 관계가 있다.

또한, 사회계층이동은 정치적인 안정성과도 밀접한 관계가 있다. 정치적인 불안이나 외채가 많은 국가, 실업자가 많은 사회에서는 사람들이 능력을 발휘하기가 어렵기 때문에 상승이동이 어렵다. 이러한 사회에서는 관권, 금권 등 비합리적인 수단에 의하여 사회적 지위를 찾아내는 경우가 많기 때문에 합리적인 사회이동은 기대할 수 없다. 그러나 정치적으로 안정된 사회에서는 성실하고 정직하게 일하는 사람이 좋은 승진 기회를 가져올 수 있고 이에 따른 사회적 계층이동이 가능하다.

마지막으로 '학교교육은 사회이동에 어떤 영향을 미치며, 또 얼마만큼 기여하고 있는가?' 라는 관점에서 볼 때 산업사회에서 학교교육이 사회이동에 매우 중요한 역할을 담당하고 있으며, 사회이동의 관권이 되고 있음을 논의하기 위해서는 우선 학교교육체제의 구조와 그 속에 작용하고 있는 이데올로기에 대한 연구가 필요하다.

터너(Terner)는 학교교육은 선발제도를 통하여 사회이동을 가능하게 함을 간파하고 교육이 사회적 상승이동의 중요한 양식이라는 전제하에 사회이동을 경쟁적 이동(contest mobility)과 후원적 이동(sponsored mobility)으로 구분하였다(윤정일, 1995).

- 경쟁적 이동 : 공정한 경기에서처럼 경쟁의 참가자는 다양한 전술을 자유로이 사용하며 기존의 엘리트가 가진 기득권을 배제하고 순전히 개인의 자질과 노력에 의해 결정되는 이동을 말한다. 예를 들면 입학시험에서 경쟁적으로 일류학교 합격의 영예를 지니는 것과 같이 엘리트의 지위를 쟁취하여 상승이동을 하는 것을 의미한다.
- 후원적 이동 : 경쟁방식을 피하고 통제된 선발과정이 이를 대신한다. 업적을 평가할 자격을 구비하고 있는 엘리트나 기관이 있어서 그들이 필요한 능력의 소유자를 조기에 선발하여 장차의 엘리트로서의 준비교육을 시킴으로써 후원적으로 엘리트 지위에로 상승시킨다. 즉, 기득권을 가진 엘리트의 기준에 맞는지의 여부에 따라 사회적 이동이 결정되는 것이다.

오늘날의 사회는 전문지식이 요구되든 기술이 요구되든, 거의 모든 생활영역에서 보다 많고(more), 보다 좋고(better), 보다 높은(higher) 자격이 요구되고 있고 또 경쟁이 보다 첨예화되고 있다. 그러므로 학교교육은 사회이동에 바람직한 기여를 하지 않으면 안 된다. 여기서 그 대안을 몇 가지 제시해 본다(김영우, 1999).

① 의무교육연한을 연장하여야 한다. 이를 위하여 국가의 과감한 교육투자가 필요하다.

② 교육이 학교의 차원을 벗어나 더 넓고 더 높은 차원인 평생교육체제로 전환되어야 한다.

③ 교육에 대한 과감한 투자가 필요하다. 예컨대 장애자를 위한 특별프로그램 운영이나 장학제도의 확충 등이 필요하다.

④ 교육내용이나 방법을 개선하여야 한다. 교육공학의 도입, 능력별 학급편성, 입시 위주의 주입식 교육지양 등이 고려되어야 한다.

⑤ 교육은 교양(인문)교육과 직업(진로)교육이 균형을 이루어야 한다. 현재의 우리나라 대학교육은 이 균형을 이루지 못한 가운데에서 이루어지고 있다는 비판이 많다.

학습과제

1. 교육의 사회적 기능에 대하여 설명하시오.
2. 교육사회학의 연구과제 3개를 쓰시오.
3. 기능주의와 갈등이론 중 한 가지를 택하여 사회계층을 보는 본인의 시각을 밝히고 그 근거를 설명하시오.
4. 학교의 사회적 풍토에 관해 논술하시오.
5. 교육사회학은 교육철학, 교육과정, 교육내용 중 어느 영역에 가장 큰 영향을 미치는지 선택하고 그 이유를 밝히시오.

참고문헌

권이종 외(1998), 신교육학탐구, 서울 : 교육과학사.
김병성(1994), 교육과 사회, 서울 : 학지사.
김신일(1998), 교육사회학, 서울 : 교육과학사.
김영우 외(1999), 교육사회, 서울 : 동문사.
박상호 · 김경희(1995), 교육학개론, 서울 : 집문당.
윤정일 외(1995), 교육학의 이해, 서울 : 학지사.
이종각(1997), 교육사회학신강.
이규환(1984), 교육학개론, 서울 : 배영사.
조경원 외(1990), 교육의 이해, 서울 : 이화여대출판부.
차경수(1984), 교육학개론, 서울 : 학연사.

제5장

교육심리

제1절　교육심리학의 배경

제2절　발달심리와 교육

제3절　학습심리와 교육

제4절　성격심리와 교육

제1절 교육심리학의 배경

1. 교육심리학의 정의

1) 심리학의 의미

심리학이란 용어를 어원부터 살펴보면 영어로는 'psychology', 불어로는 'psychologie', 독일어로는 'psychologie'라 한다. 이것은 그리이스의 Psyche(心)와 Logos(理)와의 합성어로서 마음의 이법과 이치를 밝히려는 학문이다. 고대 그리이스의 철학자들은 심리학을 심령과 정신과정을 연구하는 학문(study of mind and mental process)으로서 정의하고 있다(수원대학교 교재편집위원회 1998, p.117; 신용일, 1993, p.16).

마음을 그리이스 황금기의 철학자 소피스트 학자(sophists)들 중 과학적으로 취급한 최초의 학자는 아리스토텔레스(Aristoteles)이다. 그는 말하기를 "마음은 신체생활의 원인이며 본원(本源)으로서 그에 관한 학문도 마음의 본질과 속성을 연구하는 것"이라 하였다(신용일, 1993, p16). 심리학의 연구대상은 희랍시대부터 현대에 이르기까지 대체로 다섯가지로 분석되어 왔는데 이에 따라 구분하기도 한다.

희랍의 철학자들은 심리학은 심령(心靈 : soul)을 연구하는 것이라 하고 형체나 색은 없지만 우리도 그 존재를 느낄 수 있는 마음을 대상으로 한다고 하였다. 그 후 제임스(W. James)나 분트(W. Wundt)는 심리학은 의식을 연구하는 것이라고 규정하고 우리가 보고 듣고 느끼는, 우리 의식에 떠오르는 것들을 연구대상으로 하였다. 이런 입장에서의 연구는 대부분의 의식이 내관적 분석(內觀的 分析)에 의해 행해졌으므로 내관주의 심리학(introspective psychology)이라 분류하여 말한다.

정신분석학자인 프로이드(S. Freud)는 우리의 정신생활과정은 무의식적인 것이 본질이고 의식적인 것은 정신적 실체의 일부분에 불과하다고 하였다. 따라서 심리학은 의식적인 사고, 감정 외에 무의식적인 욕망 같은 것도 포함시켜서 정신이라는 것을 대상으로 하여야 할 것이고, 의식이란 것만으로 한정할 필요는 없다고 하였다. 이런 입장을 정신분석적 심리학(psychoanalytic psychology)이라고 말한다.

한편, 베르다이머(M. Wertheimer)는 심리학은 전체적인 구조와 그것의 내부적인 여러 세력의 구조를 취급하여야 한다고 주장하여 공간적인 형태의 시각적인 지각에 관하여 연구하였다. 이런 입장을 "형태심리학"(gestalt psychology)이라 말한다.

현대심리학이 대상으로 하고 있는 것은 의식만도 아니고 무의식만도 아닌 정신현상 자체인데, 이 정신이 외부로 표현된 것을 행동이라 하므로 행동(behavior)이 연구대상이 되는 것이다. 행동이라는 것은 외부에 표현된 움직임만을 가리키는 것이 아니라 그 행동 속에 숨어 있는 동기, 그 행동이 일어나는 원인 그것이 의식적이든 무의식적이든 간에 행동 자체와 그 근원을 합해서 말하는 것이다. 오늘날 심리학은 이런 의미에서 보다 취급하는 범위가 넓고 실제적이며 다면적이라 볼 수 있다.

끝으로 현대적인 감각에서 내려진 심리학의 정의를 언급한 내용들을 보면, 우드워드(Woodworth)는 '심리학은 개체의 행동을 환경과의 상호작용에서 과학적으로 연구하는 것이다'라고 정의하였다. 로버트(Robert)는 "심리학은 행동과학이다. 넓은 의미에 있어서 심리학은 유기체가 살고 있는 환경에 대하여 유기체가 반응하며 적응하는 방법을 체계적으로 연구하는 것이다"라고 정의하였다.

힐가드(Hilgard)는 "심리학은 인간행동과 동물행동을 연구하는 과학으로서 정의할 수 있다"라고 하였다. 교육학 사전에 의하면 심리학을 '환경의 변화에 대한 인간 유기체의 적응에 관한 학문'으로 정의된다. 이상에서 적어본 여러 정의들은 표현은 다소 다르나, 그 중심개념은 "심리학은 유기체행동의 과학(the science of behavior)"이라는 정의로 요약될 수 있다.

결국, 심리학은 우리들로 하여금 의식에 떠오르는 것들과 무의식적인 욕망, 시각적인 지각 및 환경변화에 대한 유기체의 반응과 외부적인 행동까지도 다면적으로 연구하여 설명하는 학문이다.

2) 교육과 심리학

심리학을 통한 인간행동의 다면적 탐구와 인간관계를 통한 인간행동의 설명은 교육이란 용어와 만났을 때 우리에게 탐구방법과 연구방법론에 따라 다른 시사점을 주며 많은 지식의 체계화를 요구한다. 즉 교육(education)과 심리학(psychology)이 하나의 독립된 학문으로 성립되기 위하여는 한 미성숙한 인간을 바람직하게 성숙시키고자 할 때 개개인의 교육활동의 성공 실패 원인과 배경은 무엇인가에 대한 다면적 심리학적 지식을 체계적으로 다음과 같이 제공하여야 한다.

(1) 발달심리학적 측면의 지식

교육을 논함에 있어서 가장 먼저 관심을 가져야 할 영역은 학습자이다. 특히 교육의 시기를 논할 때, 학습자가 어느 성장 및 발달단계에 있는가에 대한 지식을 논하기 때문에 교육에는 발달심리학적 측면을 지닐 수밖에 없다. 즉 어떠한 과제를 언제, 어떻게 가르치는 것이 좋은가의 문제를 논함은 인간의 발달적 측면을 논하고 있는 발달심리학의 지식이 절대 필요하다.

(2) 사회심리학적 측면의 지식

사회심리학은 개인과 집단의 관계로 인한 행동에 관심을 가지고 환경이 개인에게 어떠한 영향을 어떻게 미치는가에 대해 체계적인 지식을 제공한다. 즉, 개인의 태도, 신념의 형성과 변화, 사회가 개인의 행동에 미치는 효과, 소집단간의 행동과 의사소통의 형태 등에 대해서도 관심을 지닌다.

(3) 학습심리학적 측면의 지식

개개인에 적합한 학습조건은 무엇인가, 학습속도를 저해하는 요인과 증진시키는 요인과 조건들은 무엇인가, 학습의 전이를 촉진시키기 위한 방법은 무엇인가 등에 관련된 일련의 지식과 정보를 제공하여 교육실천에 원용될 때 그 효과는 극대화될 수 있기 때문이다.

(4) 인성심리학적 측면의 지식

인성심리학은 인간개개인의 서로다른 성격 이해에 관심을 가지고, 역동적 발달적 측면에서의 성격이 전체구조와 성격에 영향을 주는 제요인 및 성격 개조에 관한 기초 지식을 제공한다.

(5) 심리측정의 지식 필요

교육은 가치 지향적 활동으로서 교육활동의 결과에 대한 평가를 요하며, 평가는 타당성과 신뢰성, 객관성을 구비해야만 한다. 심리측정이론은 교육목적의 달성도를 상당히 객관적이고 신뢰롭게 측정할 수 있도록 하는 도구와 지식을 제공한다(수원대학교 교재편집위원회, 1998).

3) 교육심리학의 의미

넓은 뜻에서 교육심리학(educational psychology)이란 심리학적 지식, 즉 심리학적 개념, 법칙, 가설, 이론과 방법을 응용하여 교육문제를 연구하는 학문, 즉 교육문제를 교육대상자, 교육환경, 교육내용, 지도, 평가, 교수활동 등에서 발견하고 해결하려는 학문이라고 할 수 있다.

그런데 심리학이란 유기체 그 중에서도 특히 인간의 행동과 마음의 작용에 관한 것으로 인간의 정신활동이나 행동의 원인을 분석하고, 현재 심리 현상이 어떠한지 자세히 기술하거나 현재의 상태를 볼 때 앞으로 어떠할 것이라고 예언하여 설명하려는 학문이다.

넓은 의미로 볼 때 교육심리학은 심리학적 연구 결과 얻어진 다면적 지식을 이용하여 교육현상을 이해하고 교육문제의 원인, 배경을 분석하여 교육의 미래까지 설명하려는 노력을 집대성한 학문이라고 할 수 있다.

교육심리학이란 결국 심리학적 연구방법을 교육현상에 응용한 것으로, 교육활동과 과정을 심리적 측면에서 연구하여 교육실천에 필요한 지식과 기술을 제공함으로써 효과적으로 교육을 운영시키는 학문이다.

교육심리학의 정의는 어떤 입장에서 심리학적 연구방법을 교육현상에 응용하느냐에 따라 응용과학, 행동과학, 보조과학 등으로 구분되기도 한다(신용일, 1993).

먼저 트로우(Trow)는 말하기를 "교육심리학이란 교수와 학습을 취급하는 심리학의 일분과(一分科)이다"라고 하였고, 거스리(J.W. Guthrie)는 "교육심리학이란 학교에 있어서 아동에게 적용되는 심리학이다"라고 하였으며 조르단(Jordan)은 "교육심리학이란 교육에 적용되는 개인심리학 내지 사회심리학이라 하였다. 크로우(Coow)는 "교육심리학은 어린이가 출생해서 성장할 때까지 교육적인 발달이 진전함에 따라 개인의 학습경험을 기술하고 설명하여 주는 과학적인 심리학"이라고 하였다. 이상은 교육심리학을 일반심리학에 대한 특수부문 심리학의 한 분과로 보며 응용심리학의 하나로 보려는 입장들이다.

다음에 구드(Good)는 말하기를 "교육심리학이란 교육의 심리학적 문제의 연구와 함께 교육에 있어 심리적 원인의 실제적 적용이다"라고 하였고, 스테판(J. M. Stephens)는 "교육심리학이란 교육적인 성장과 발달을 체계적으로 연구하는 것이다"라고 하였으며, 스키너(Skinner)는 "교육심리학이란 교육적인 사태에 대해서 반응을 보여주고 인간의 경험과 행동만을 다루는 것이다"라고 하였다. 즉 교육심리학이란 교육적 사태(educational situation)에 있어서의 인간의 행동을 연구하는 행동과학이라고 보았던 것이다.

또한 맥도널드(Mcdonald)는 "교육심리학이란 심리학과 교육학의 양방에 관계하고 있는 하나의 한계과학"이라 했고 "교육심리학이란 교육철학의 발달과 교육의 실제의 발전에 공헌하는 학문"이라고 했다. 이상의 견해는 교육심리학을 교육을 위한 한 보조과학으로서 보는 입장에서 이루어진 정의들이다.

이상에서 정리하여 보면 교육심리학은 교육의 효과를 극대화하기 위하여 교육과정에 수반되는 심리학적 제문제의 연구 및 교육실천의 효과를 지배하고 있는 교육사상의 심리학적 법칙을 밝혀서 그 효과의 원인과 결과를 지식과 기술을 동원하여 설명하고, 예측할 수 있게 하고, 교육운영의 합리화를 꾀하는 학문이라고 할 수 있다.

다시 말하면 교육목적을 달성하기 위하여 달성방향에 필요한 중점을 두고 교육에 관련된 여러 가지 사실과 현상을 심리학적 개념, 법칙, 가설, 이론, 방법을 응용하여 명확히 연구하는 경험과학이며 기술이라고 할 수 있다.

2. 교육심리학의 발달

1) 교육심리학의 출발

원래 현대 교육학은 19세기 독일에서 출발하였다고 보여진다. 독일 사람 헤르바르트(J. E. Herbart)는 윤리학과 심리학을 교육의 기초학과라고 주장하였는데, 교육의 목적을 윤리학에서 구하고 교육의 방법은 심리학에서 구하여 연구하였다. 그는 아동심성의 발달법칙에 기초를 두고 교육하도록 주장하여 교육심리학의 개척자로 불리어지고 있다.

그러나 그 당시 연구 수준은 철학으로부터 완전히 독립하지 못한 초기 심리학

상태였다. 따라서 교육에 대한 심리학적 원리나 경험적이고 실증적인 객관적 증거가 없어 심리학적 접근은 한계에 도달하게 되었다.

그후 심리학적인 교육방법의 이론은 실험심리학의 발전에 영향을 주어, 독일 학자 분트(Wilhelm Wundt)는 처음으로 실험실에서 인간 의식을 연구하기 위하여 심리학을 과학적으로 접근하는 노력을 하였고, 그의 제자 모이만(Meuman)은 유명한 저서 〈실험교육 입문강의(1912)〉를 내는 등 실험심리학 방법을 교육에 적용하여 교육의 과학적 연구에 크게 도움을 주었다. 이들은 특히 심리학의 연구대상에 따르자면 내관적 심리학을 적용하였다.

한편 미국 사람 홀(G. Hall), 카텔(J. Cattell), 저드(C. Judd) 등이 유학하여 배우고 돌아와 미국의 심리학의 발달에 많은 공헌을 하였다(신용일,1993; 윤정일, 1995, p.95).

2) 교육심리학의 발전

이들이 미국에 돌아와 미국의 심리학 부흥에 많은 공헌을 했지만, 제임스(W. James), 듀이(J. Dewey), 앤젤(J. R. Angell)과 같은 기능주의자, 그리고 러시아의 파블로프(J. Pavlov)의 영향을 받은 왓슨(J. Watson)과 같은 행동주의자들 또한 심리학의 발달에 영향을 주었다.

그러나 교육심리학을 독자적인 학문 분야로 발전시킨 사람은 쏜다이크(E.Thorndike)라고 할 수 있다. 그는 W. James의 지도를 받고 다시 미 콜롬비아대학 연구실에서 Cattell의 영향을 받아 인간성의 탐구에 대하여 통계적 방법을 사용하게 되었다. 그리하여 그는 실증적 연구와 함께 교육심리학의 종합적인 연구를 하여 현대 교육심리학을 성립시켰다. 그는 실험을 통해 학습에 있어서 여러 가지 법칙을 발견하였으며, 이러한 연구 결과를 다양한 교수자료 및 수업 설계에 응용하여 이를 토대로 교사교육을 실시하였다(신용일, 1993. p.30).

한편 1910년대에 독일에서 부흥했던 공간형태의 지각에 관한 형태심리학이 R. M. Ogden에 의해서 미국의 교육심리학계에 도입되어 스키너(B. F. Skinner)에 의해 새로운 방향의 행동과학 중심의 교육심리학이 개척되었다. 그는 행동주의의 강화원리에 근거하여 프로그램 학습자료와 개별적 교수기계 티칭머신(teaching machine)을 발명하여 교육을 공학화하려고 하였다. 또 학습자 수준에 따른 학습진도 및 양의 간계적 조절, 학습결과(피이드백)제시, 학습법칙에 따라 문제행동을 제거하고 바람직한 행동으로 바꾸는 행동수정의 원리를 제안하였다.

그 외에도 가네(R. M. Gagné), 브리그스(L. J. Briggs), 블룸(B. S. Bloom), 글레이저(R. Glaser) 등도 교육심리학의 발달에 많은 공헌을 하였는데, 주로 교수체제설계(Instructional design) 및 교수학습이론 개발 및 설계 분야에 두드러진 업적을 남겼다.

1970년대에 들어와 심리학은 행동주의로부터 인지이론(Cognitive theory)이나 인간주의(humanism)로 바뀌게 되자 교육심리학도 자연히 그 영향을 받게 되었다. 행동주의는 인간을 포함한 유기체가 보이는 겉으로 나타난 반응에 초점을 두는 것에 반해 인지이론은 인간의 두뇌 속에서 일어나는 정보처리 과정에 초점을 둔다. 이러한 접근은 스위스의 피아제(Jean Piaget) 등에 의해 시작되었는데 미국의 브루너(J.s. Bruner) 등이 더욱 발전시켰다. 최근에는 앤더슨(J. Anderson) 등의 정보처리 이론가들이 교과 내용지식의 획득과 관련하여 연구하고 있다(윤정일, 1995, p.96).

한편 인간주의는 심리학이 과학적 접근이라는 미명 아래 너무 자연과학적 접근 방법을 추종한다고 비판하고 인간에 대한 주관적 · 실존적 접근을 강조하였다. 머슬로(A. H. Maslow), 로저스(Carl Rogers), 콤스(Arthur Combs) 등은 이를 교육에 적용하여 학생 중심의 인간교육을 실시할 것을 주장하였다. 따라서 인간주의에서는 전통적으로 교육에서 강조되어 온 지적 측면 외에 인간의 감정 등 정의적 측면도 강조된다. 이리하여 최근의 교육심리학은 인간의 지적 · 정의적 측면의 교육에 대한 심리학적 접근에 중요성을 두며 구성주의 중심의 교육심리학으로 발전되었다.

구성주의의 접근은 20세기 초에 독일에서 나중에는 미국에서 Gestalt 학파로 불리는 심리학자들이 수행한 지각 연구가 하나의 출발점이었다. Gestalt 패턴 또는 형태라는 의미의 독일어로서, 사람들이 감각 정보를 패턴이나 관계로 조직하려는 경향성이다. 인간의 대뇌는 주어지는 정보를 관련이 없는 별개의 조각들로 지각하지 않고, "객관적 실체를 정신적 사상으로 변환시켜 의미있는 전체로 조직한다"(Schunk, 1991, p.192)

바트레트(F.C.Bartlett)(1932)도 초기의 구성주의 이론가이다. 기억의 구성적인 성격에 관하며 기억은 단순한 재생 이상의 것이라는 사실을 부각시키며, 서로 다른 지식과 학습에 대한 견해로 발전되고 있다.

상징처리 관점과 구성주의 관점의 첫 번째 근본적인 차이는 상징처리 이론가들은 이 세상이 알 수 있는 것이라고 본다는 점이다. '저 바깥에' 객관적 실체가 있고 인간은 그것을 비교적 완전하게 이해할 수 있다고 보는 것이다. 인간의 지식 체계에는 세상이 작용하는 방식에 대한 잘못된 생각들이 많이 포함되어 있다.

예를 들어, 어린아이들은 때로 뺄셈을 할 때 "문제에서 어떤 수가 위에 있든지 상관없이 큰 수에서 작은 수를 빼야 한다"고 얘기한다.

반면에, 더 급진적인 '인지적 구성주의 관점들(cognitive constructivist perspectives)은 이 세상이 알 수 있는 것이라고 가정하지 않는다. 모든 지식은 선행 지식뿐 아니라 문화적 및 사회적 맥락에 따라 구성된다고 제안한다. 지구가 평평하다는 콜럼버스 이전 시대의 사실과 같이 한 곳에서의 진실이던 것이 다른 시점과 장소에서는 거짓이 되어버린다고 지적한다.

지식에 대한 구성주의 이론가들의 시각은 세상에 대한 정확하고 '진실된' 표상에는 관심이 없고, 오직 '유용한 구성'에만 관심이 있다.

정보처리 이론과 현대의 많은 구성주의 관점들의 두 번째 차이는 정보처리 이론가들은 이 세상에 의미를 부여하고자 하는 정보처리자 개개인에 초점을 두는 경향이 있다는 것이다.

'사회적 구성주의 접근들'(social constructivist approaches)은 학습이 본질적으로 사회적인 것이며 특정한 문화적 배경 내에서 이루어진다는 견해이다. 실제 세계에서의 학습은 학교에서의 공부와는 다르다. 초보자가 독립적으로 일할 수 있게 될 때까지 전문자의 지도아래 공장에서, 가족의 식사 시간에, 고등학교 강당에서, 거리의 갱단에서, 사무실에서, 놀이터에서 이루어진다. 즉 학습은 사회적 상황에서 이루어지기 때문에 집단의 규준과 그 집단에 속한 성향이 고려되어야 한다(Derry, 1992).

구성주의 관점에서의 대부분의 연구들은 교수법에 주로 역점을 두어왔다. 결국, 구성주의는 우리가 경험하는 세계는 존재하지만 그 의미는 개인에 의해서 구성되기 때문에 구성된 실체의 모습이나 의미는 개인에 따라 매우 다양하며 객관적 실체는 존재하지 않는다고 주장한다.

구성주의적 입장에서 교육의 목적은 학습자에게 주관적 경험에 근거하여 세상에 대해 어떻게 이해할 것인지 스스로 해석하게 되는 데 있기 때문에 학습자가 현실과 유사한 환경에서 지식을 활용하고 해석하도록 하는 데 관심과 초점을 맞추고 있다.

3. 교육심리학의 연구방법

1) 실험법(experiment)

교육심리학자들은 교육심리학에 있어 가능한 대답을 검증하기 위하여 연구를 실시하는 데, 여러 연구 결과를 교육이나 학습 그리고 발달 등에 관하여 견해를 제시하는 방법으로는 실험연구, 참여관찰, 면담에 대한 반응 및 조사 결과, 심리 특성과 행동 검과 결과, 실제 사례 연구들을 주로 포함한다(신용일, 1993 ; 윤정일, 1995).

실험법이란 관찰하려는 장면이나 조건을 연구목적에 따라 인위적으로 조작해서 그와 같이 주어진 실험조건 아래서 발생하는 행동반응 등을 보다 정확하고 엄밀하게 관찰하려는 것이다. 즉 실험자가 통제하는 독립변인(independent variable)의 조건이 종속변인(dependent variable)의 반응에 영향을 주는지를 관찰하여 두 변인 사이의 관계를 설명하고자 할 때, 다시말해 두 변인 사이의 인과관계를 밝히고자 할 때 주로 사용되는 방법으로 법칙발견의 수단으로서 매우 중요한 방법이라고 할 수 있다.

이와 같이 실험법에서의 조건은 가능한 한 엄밀한 통제를 필요로 하지만 교육심리학에 있어서는 그 연구영역이 교육이란 복잡한 기능을 가지고 있는 것이며 그 대상이 항상 발달하여 가는 학생이므로 자연과학에서와 같은 엄밀성을 구하기는 힘들다. 오늘날 교육심리학 실험의 장도 단순한 실험실이 아닌 학교, 학급으로서 그 대상은 현실생활을 하고 있는 학생의 행동이므로 실험처럼 특정한 조건만의 통제가 용이하지는 못하다.

2) 관찰법(observation)

관찰법이란 학생의 행동을 사실 그대로 두고 관찰하는 방법으로 관찰의 목적은 학생의 마음과 행동을 이해하는 데 있으며 교육적인 어떤 판단을 내리는 데 필요한 자료를 수집하는 데 있다. 연구자는 확인하고 있는 그대로 기록한 내용을 토대로 분석한다.

관찰법을 그 방식에 따라 몇 가지 방식으로 분류가 되는데, 연구자 자신이 연구대상의 행동을 스스로 보고 기록한 직접관찰과 나타난 자료나 증거를 가지고 분석하는 간접관찰이 있다. 또한 연구자 자신이 연구대상들 속에 섞여서 같이 생활하면서 그들의 행동을 관찰하는 참여관찰과 연구대상과 일정한 거리를 두고 떨어져서 관찰하는 비참여 관찰이 있다. 그리고 어떤 인위적 조작을 가하지 않고, 있는 그대로의 자연스러운 상황에서의 행동을 관찰하는 자연적 관찰과 어떤 조처를 취한 후에 변화하는 행동을 관찰하는 인위적 관찰이 있다.

관찰을 할 때는 연구자 자신의 주관이나 선입견이 작용하지 않도록 해야 하며 관찰의 초점을 명확히 해야 하고, 현재 관찰된 사실만 가지고 성급한 판단을 해서는 안 된다. 또한 사전에 치밀한 계획을 세운 다음 관찰을 하도록 해야 한다.

3) 조사법(survey)

조사법은 인구조사에서 흔히 사용하는데, 어떤 사실이 존재하는가를 파악하여 사실대로 기술하고 해석하는 연구이다. 그러나 조사연구에는 그와 같이 객관적 사실의 존재를 알아보기 위한 실태조사뿐 아니라 어떤 사실에 대한 주관적 사실을 알아보기 위한 의견조사나 태도조사도 있다.

그런데 조사연구를 할 때는 흔히 연구대상이 너무 많아 전체를 대상으로 연구하기 어려운 경우가 많다. 이때는 그 중 일부를 표본으로 뽑아 연구하는 경우가 많다. 그리고 자료를 수집하는 방법도 질문지를 만들어 가지고 직접 나누어 주고 의견을 묻는 방법도 있지만 우편을 통해 의견을 수렴하는 방법도 있다. 또한 연구자나 연구 보조원이 연구대상을 직접 만나거나 전화를 통해 면접을 함으로써 자료를 수집하기도 한다.

4) 검사법(testing)

검사법은 인간의 능력 · 지식 · 기능 그리고 심리적 특성 등에 관한 정도를 표시할 목적으로, 어떤 조건하에 미리 제작된 문제나 작업을 가하여 피험자의 행동과 그 성과를 일정한 관점에서 일정한 표준에 비추어 질적으로나 양적으로 기술하는 조직적 절차의 한 방법이라고 할 수 있다. 검사법은 심리적 특성이나 행동이 비교적 분명하게 변별되고 또한 그 검사 결과가 추량화될 수 있다. 이런 점에서 검사는 연구의 도구로서 광범한 가치가 있는 것이다.

정신기능의 객관적 측정에서부터 시작된 이 검사법은 크게 발달하여 지능뿐 아니라 학력 · 인성 · 흥미 · 적성 등으로 확대되어 많은 수의 표준화가 우리나라에서도 이루어져 널리 이용되고 있으며 특히 자기이해를 돕는 수단으로서 중요시되고 있다.

5) 사례법(case study)

사례법이란 특정한 개인에 관한 여러 가지 종류의 필요한 항목을 조사해서 그 개인이 가지고 있는 문제와 원인을 진단하고 그에 따라 적절한 치료방법을 발견하려는 방법이다.

이 방법은 사실상 오래 전부터 법률이나 의학의 분야에서 사용된 방법이다. 교육심리학에 있어서도 학생의 성격이나 행동문제를 교육적으로 해결 · 치료하려고 하는 임상적 방법으로 많이 사용하고 있는 것이다. 따라서 이 방법은 개인의 어떤 사례(case)를 계속적으로 연구하기 위하여 태어나서부터 지금까지의 성장과정을 계통적으로 임상적으로 연구하여야 하는 것이다.

말하자면 양친의 가계, 가족의 경력, 생활환경, 가족과의 인간관계, 성장발달의 양상, 학업성적, 교우관계, 질병 등 특정 학생에 관한 모든 사항에 대하여 조직적이고 진단적이며 실천적인 연구를 하여야 하는 것이다. 이러한 연구를 하기 위해서는 연구자의 깊은 교육심리적 소양도 있어야 하겠거니와 관찰법을 비롯한 각 연구법을 유효 · 적절히 사용하여 자료를 수집하고 그 자료들을 방향성 있게 상호 관련지어서 종합적인 진단과 치료방법을 강구하도록 하여야 할 것이다.

제2절 발달심리와 교육

1. 인간발달과 교육

1) 발달의 의미

인간이 출생하여 변화되어 가는 것을 나타낼 때 흔히 성장(growth), 성숙(maturity), 발달(development)이라고 표현한다. 그리고 이 세 가지 용어는 일상적으로 혼용되고 있음을 볼 수 있다. 그러나 엄격히 구분하자면 의미상 분명한 차이를 갖고 있다.

① 성 장

신체적 · 생리적 측면에서의 양적인 증대 혹은 변화를 뜻한다. 특별한 경험이나 자극 없이도 일정한 시기에 이르면 자연스럽게 일어나는 변화로서 흔히 '자라난다'라고 말하는 것과 같은 의미이다.

② 성 숙

신체적 · 생리적 측면의 양적인 변화를 기초로 나타나는 질적인 변화, 즉 기능이나 행동상의 변화를 뜻한다. 성숙도 성장과 마찬가지로 특정한 학습이나 훈련 없이도 나타나는 자연스러운 변화로서 유전적 요인에 의해 이루어진다.

③ 발 달

신체적 · 심리적 측면에서의 양적 증대와 질적 변화 모두를 뜻한다. 발달은 경험이나 학습 등 환경적 요인에 의한 변화까지도 포함하는 개념이다.

발달 용어에 대하여 맥그로(M. McGraw)는 "유기체의 에너지와 환경 속의 에너지가 끊임없이 변천하고 교류한 결과로 산출되는 과정"이라고 정의하였으며, 코프카(Kurt Koffka)는 유기체와 유기체의 기관이 양적으로 증대하고 구조적으로 정밀화되며 기능상 유능화되는 것이라고 소개하였다. 즉, 발달은 유기체로서의 인간의 생명이 지속되는 동안, 즉 수정되는 순간부터 사망에 이르는 전생애 동안 계속적으로 일어나는 변화의 과정이다(조경원외 4인, 1990, p.103).

2) 발달의 원리

인간 발달의 과정은 그를 둘러싼 환경과의 상호작용에 의하여 여러 발달단계가 생겨나며 이들에 관한 지식을 기초로 하여 기본원리를 다음과 같이 상세히 살펴볼 수 있다(수원대학교 교재편집위원회, 1998; 조경원 외 4인, 1990).

① 발달은 유전과 환경과의 상호작용에 의하여 이루어진다.

인간은 부모로부터 전해 받은 유전적 요인과 외부로부터의 환경적인 요인의 영향에 의해 발달된다. 이는 상호 독립적이 아니라 상호 보완적으로 발달에 영향을 미친다.

② 발달은 분화와 통합의 과정이다.

인간은 각 기관이나 기능의 발달에 처음에는 미분화되어 전체적인 반응만을 보이다가 점차로 부분적이고 특수한 반응으로 분화되어 가며, 그와 동시에 부분적 기관이나 기능들이 서로 통합되어 새로운 체제를 형성해 간다.

미성숙된 구조로부터 특정한 구조와 기능을 가진 새로운 기관이 발생하는 과정을 발생학에서 "분화"라 한다(예 : 물건을 잡는 동작).

③ 발달에는 일정한 순서가 있다.

발달의 속도는 개개인마다 다르나 그 순서는 일정하여 단계적으로 이루어진다. 따라서 현재의 발달단계는 이전 단계의 발달에 이루어진 결과이며 동시에 다음 단계의 기초가 되는 전단계가 된다.

- 두 - 미의 방향(cephalo-caudal direction) : 머리가 하체보다 먼저 발달된다. 영아의 겨우 몸체에 비해 머리부분의 발달이 현저한 것을 볼 수 있다.
- 근처 - 원처의 방향 : 중추에서 말초의 방향으로 발달된다. 즉 신체의 중심부가 먼저 발달된다. 신체의 중심에 가까운 팔의 움직임이 먼저 발달되고 점차로 손목, 손가락의 움직임이 발달됨을 볼 수 있다.
- 전체 - 특수운동의 방향 : 큰 근육에서 작은 근육으로 발달하는 것으로 세분화된 운동을 할 수 있기 전에 몸 전체를 움직이는 전체적 운동을 한다. 영아는 물체를 잡을 때 팔과 손만을 이용해서 잡는 것이 아니라 몸 전체를 움직여야만 잡을 수 있다.

④ 발달에는 개인차가 있다.

유전적 요인이나 환경적 요인이 각 개인마다 다르게 작용하므로 개인별로 발달의 양상이 다르다. 어떤 사람은 키가 160cm이나 어떤 사람은 170cm이며, 어떤 사람은 10대에 성장이 완료되는데 비해 어떤 사람은 20대 후반까지 천천히 성장하는 경우도 있다. 또한 유전인자가 동일한 일란성 쌍생아의 경우에도 발달의 속도나 수준이 다른 것은 발달상에 개인차가 많다는 것을 보여준다. 이러한 개인차는 지속적인 과정으로 나타나며 발달이 진행되면서 더욱 현저한 차이를 나타내게 된다.

⑤ 발달은 연속성과 상호관련성을 갖는다.

발달의 연속성이란 발달이 점진적으로 이루어지는 연속적인 과정이며, 갑자기 일어나는 비약적인 변화는 아니라는 의미이다. 발달의 상호관련성이란 신체적 · 지적 · 사회적 · 정서적 영역의 발달이 서로 독립적으로 이루어지는 것이 아니라 서로 밀접하게 연관되어 진행된다는 의미이다. 즉 신체적으로 잘 발달된 아동이 지적 발달도 앞서며 지적으로 우수한 아동이 긍정적이고 적극적인 성격을 가짐으로써 정서적으로도 잘 발달되는 경향을 보인다. 또한 대인 접촉의 결핍이 사회성 발달의 장애 요인일 뿐 아니라 언어와 사고 발달 등 지적 영역의 발달에도 지장을 초래할 수 있다.

⑥ 발달에는 결정적 시기가 있다.

인간의 발달이 어느 시기에나 똑같은 가능성을 가지고 진행되는 것이 아니라 가장 쉽게 이루어지는 최적의 시기가 있다. 또한 그 최적의 시기에 발달 기회가 박탈된 경우 그 손실이 치명적이고 지속적임을 뜻한다. 예를 들어 어린아기가 애착(attachment)을 형성해야 하는 시기에 제대로 애착이 이루어지지 못할 경우 성장 후의 원만한 대인 관계 형성이 어렵다는 것이다.

⑦ 발달은 영역별로 그 속도를 달리한다.

정신적 · 신체적 발달의 각 측면들은 서로 다른 발달 속도에 의해 진보하며 성숙의 시기도 다르다. 즉, 신체의 부위별로, 정신적인 기능별로 발달의 속도가 다르다는 것이다. 또한 한 가지 측면의 발달도 단계에 따라 그 속도가 일정치 않다. 어느 시기에 몹시 빠른 속도로 발달하다가 다음에는 매우 서서히 발달하는 시기가 오는 등 발달에는 주기가 있어서 속도의 변화에 따른 융통성이 있는 것이다. 예를 들어 신체적 영역의 발달은 유아기와 사춘기에 빠른 속도로 이루어지나 다음 시기에는 서서히 진전된다. 또한 어휘의 수는 2세 이후의 유아기에 급속히 증가된다.

3) 발달의 단계

발달은 연속적인 과정이므로 단계를 구분한다는 것이 간단한 일은 아니다. 그러나 발달은 또한 일정한 속도로 이루어지는 과정이 아니어서 특정한 시기에 어떤 특성이 비교적 현저하게 나타남으로써 다른 시기와는 구별된다. 따라서 그러한 특성을 기준으로 하여 인간의 일생에 걸친 발달과정을 단계로 구분할 수 있는데 이것을 발달단계(developmental stage)라고 한다.

① 태아기

수정에서부터 출생까지의 약 40주간

태교의 중요성은 예로부터 강조되어 왔다. 최근 어머니의 정신적, 신체적 건강이 어린이의 건강과 정서에 중요한 영향을 끼친다는 것이 의학적으로 증명되고 있다.

② 신생아기

출생에서 1개월까지(의학적으로는 생후 약 2주간)

하루 생활의 대부분을 자면서 보낸다. 특히 이시기는 안정적 환경의 조성이 요구된다.

③ 영아기

생후 1개월부터 2세 경, 보행, 이유가 가능할 때까지

발달 속도가 가장 빠른 시기로서 영양 섭취와 함께 정서적, 사회적, 심리적, 지적 발달을 위해 주의를 기울여야 할 시기이다. 이 시기의 양육방법이 앞으로의 성격발달에 중요한 영향을 끼치기도 한다.

④ 유아기

2세부터 5세까지

언어 발달이 급속하게 이루어지며 자기 중심적 특성이 큰 시기이며, 제 1반항기가 나타나는 시기로 신체운동 및 의식의 발달이 두드러지는 시기이다. 이 시기에는 아동의 지적 발달이 현저히 발달하여 독립된 행동과 주장을 하려고 하므로 자주 부모에게 반항하려는 경향을 보인다.

⑤ 아동기

6세부터 12세까지, 초등학교 생활의 시기(학령기)

신체의 발달이 완만하게 진행하며 운동기능도 비교적 정상적으로 발달하여 달리기, 줄넘기, 씨름, 수영, 나무에 오르기 등이 심하고, 여자의 경우는 인형놀이, 소꿉장난 등에 열중한다. 또한 강한 지적 의욕이 생기고 호기심, 흥미가 다양해지며 사회적 행동이 현저하게 발달하여 친구와의 강한 도당집단을 만든다. 정서는 유아기에 비하여 안정되어 가지만 성인에 비하여 현저하게 일시적이고 강렬하다.

⑥ 청년기

12세부터 22세까지, 중고등학교, 대학생활의 시기

제2의 탄생기라고도 한다. 신체적으로는 성인의 수준에 달하며 성적 성숙이 기초가 되어 이성에의 관심이 강하여진다. 자아의식이 발달하고 자존심, 자기주장, 독립성이 강하여진다. 또한 개성이 선명해져 자칫 부적응의 원인이 되기도 한다.

⑦ 장년기

23세부터 64세까지, 결혼 및 사회생활의 시기

사회의 구성원으로서 독립된 생활을 하는 시기이다. 가정을 이루고 책임있는 사회구성원으로 활동하는 시기이다.

⑧ 노년기

65세 이후

은퇴하여 삶을 정리하고 건강에 적응해야 할 시기이다.

4) 발달과업

인간은 그가 살고 있는 사회환경 속에서 성공적으로 적응하고 생존하기 위해 각 연령단계에 따라 기능, 성취수준, 사회 · 문화적 적응 등의 발달 특징이 있다. 이것을 발달과업이라고 한다. 여기에 대표적인 학자로는 헤비거스트(R. J. Havighurst)를 들 수 있다. 그는 발달과업을 "발달은 각 시기에서 이 과업(task)을 획득하면 그 시기에 잘 적응할 수 있고 획득하지 못하면 적응이 되지 않아 다음 시기의 행동발달에 지장을 초래하게 되는 행동형태"라고 정의한다.

〈표 5-1〉 헤비거스트의 시기별 발달과업

시기	나이	발달과업
유아기(乳兒期)와 유아기(幼兒期)	0~6세	① 걸음걸이 배우기 ② 고체 음식물 먹기를 배우기 ③ 말 배우기 ④ 노폐물 배설의 통제를 배우기 ⑤ 성별을 알고 성예절을 배우기 ⑥ 생리적 안정을 유지할 수 있기 ⑦ 사회·물리적 현실에 대한 단순한 개념의 형성 ⑧ 부모형제나 타인과의 정서적 관계를 형성하는 것 배우기 ⑨ 선악판단을 하고 양심을 발달시키기
아동기	6~12세	① 보통의 유희에 필요한 신체적 기능을 배우기 ② 성장하는 유기체로서의 자기 자신에 대한 건전한 태도를 형성하기 ③ 같은 연령수준의 친구 사귀기 ④ 적절한 성역할을 배우기 ⑤ 읽기·쓰기, 셈하기의 기본기술을 배우기 ⑥ 일상생활에 필요한 개념을 발달시키기 ⑦ 양심·도덕·기치척도의 발달 ⑧ 사회집단, 제도에 대한 태도의 발달
청년기	13~18세	① 자기 체격을 인정과 자기의 성역할을 받아들이기 ② 남녀동년배의 친구와 새로운 관계를 갖기 ③ 부모나 다른 성인으로의 정서적 독립을 이룩하기 ④ 경제적 독립의 필요성을 절실히 느끼기 ⑤ 직업을 선정하고 그 준비를 하기 ⑥ 시민생활에 필요한 지적 기능과 개념의 형성 ⑦ 사회적으로 책임 있는 행동을 원하고 이를 실천하기 ⑧ 결혼과 가정생활을 준비하기 ⑨ 적절한 과학적 세계관에 맞추어 가치체계를 형성
성인초기	19~30세	① 배우자를 선정하기 ② 배우자와 같이 생활하는 방법을 배우기 ③ 한 가정을 꾸미기 ④ 자녀를 양육하기 ⑤ 가정의 관리 ⑥ 직업생활의 시작 ⑦ 시민의 의무를 완수하기 ⑧ 마음에 드는 사회집단 찾기
중년기	31~60세	① 성인으로서의 시민적·사회적 의무 다하기 ② 경제적 표준생활을 꾸미고 유지하기 ③ 청소년을 도와서 책임 있고 행복한 어른이 되게 선도하기 ④ 어른으로서 여가이용 활동을 발전시키기 ⑤ 배우자와의 인간적 관계를 유지하기 ⑥ 생리적 변화를 인정하고 이에 적응해 가기 ⑦ 연로한 부모에 대한 적응
노년기	60세 이후	① 신체적으로 힘과 건강이 쇠퇴하는 것에 적응하기 ② 은퇴와 수입감소에 적응하기 ③ 배우자의 사망에 적응하기 ④ 동년배와의 교우관계를 다시 수립하기 ⑤ 사회적·시민적 의무에 호응하기 ⑥ 만족할 만한 신체적 생활 조건을 수립하기

헤비거스트의 발달과업의 특징을 항목별로 제시하면 〈표 5.1〉과 같다(박상호, 1995, p.123).

2. 발달이론

1) 인지발달이론

아동의 인지발달은 스위스의 심리학자 피아제(Jean Piaget)에 의해서 대표되고 있다. 피아제의 인간에 대한 이해는 종래 행동주의 학파의 입장, 즉 인간은 자극을 주면 반응하는 하나의 수동적 반응체로 보는 입장에서 벗어나 인간은 자극을 찾아 스스로 행동하는 능동적 행동체로 봄으로써, 인간이해의 새로운 지각을 제시했다.

이와 함께 인간의 지능이나 지식을 보는 관점도 과거의 입장, 즉 인간의 지능이나 지식의 기초가 선천적으로 주어지거나 혹은 후천적 경험의 반복에 의해 누적된다는 입장과는 달리 그는 인간의 지적 능력은 개인과 환경과의 끊임없는 상호작용에 의하여 쇄신되고, 재구성되는 과정으로 보았다.

개인과 환경과의 상호작용에서 가장 중요한 것은 유기체 자체의 활동이다. 이러한 입장에서 피아제는 아동이 출생 후 점차 환경과 상호 작용하면서 그의 인지적 구조를 변형시키고, 정교화시키는 과정을 설명하는 발달인식론(deveopmental epistemology)의 이론적 체계를 형성하였다(조경원외 4인, 1990).

피아제에 의하면 인간은 그들의 사고과정을 심리학적 구조로 조직화(organigation)하는 경향을 가지고 태어난다. 즉, 끊임없이 자신의 주변환경과 능동적 접촉을 갖는 생물학적인 유기체인 것이다. 인간은 환경과의 상호작용을 통해 외부대상, 자아 그리고 자아와 외부대상간의 관계에 대한 지식을 얻게 된다. 이렇게 유기체가 환경과 접촉함으로써 반복되는 행동과 경험에 의한 인지구조 혹은 셰마(cognitive structure, sheme)의 형성과정은 동화(assimilation), 조절(accomodation), 그리고 평형의 개념으로 설명된다.

이 도식은 사고의 기본단위로서 우리가 세상에서 사물과 사건에 대해 정신적으로 표상하거나 '생각해 보도록'하는 조직화적 행동 또는 사고의 체계이다. 즉 빨대를 통해서 행동의 도덕을 보이는 도식이나 장미를 장미로 인식하는 도식을 예로 들 수 있다. 동화는 인간이 새로운 대상, 사건, 사물을 인지할 때 자신에게 존재하는 도식이나 기존 인지구조에 맞추어 인식하는 것이다.

예를 들어, 많은 어린이들이 처음 스컹크를 보고, 그것을 새끼고양이라고 부르는 경우다. 이에 반해 조절이란 기존 인지구조를 어떤 새로운 상황과 형태나 종류로 수정하고 첨가함으로써 전환시키는 것이다. 즉 새로운 환경적 사상이 개인에게 던져 주는 여러 가지 요청에 자신을 맞추어 나가는 적응과정이다.

동화와 조절이 균형을 이루게 되면, 유기체는 평형(equilibrium)상태를 유지하게 된다. 그러나 이 평형이란 항상 일시적인 상태이다. 즉 우리의 행동은 동화와 조절이 균형상태를 이룰 때가 가장 안정된 것이 되지만, 이 균형상태는 어린이가 새로운 환경적 자극에 적응하려는 노력에 의해 다시 불균형 상태를 초래하게 된다. 그러므로 인간의 지적 발달은 동화와 조절에 의해 인지적 균형을 이루어 가는 과정이며, 이는 새로운 지적 구조를 조직해 가는 원천이 된다(박상호, 김경희 1995).

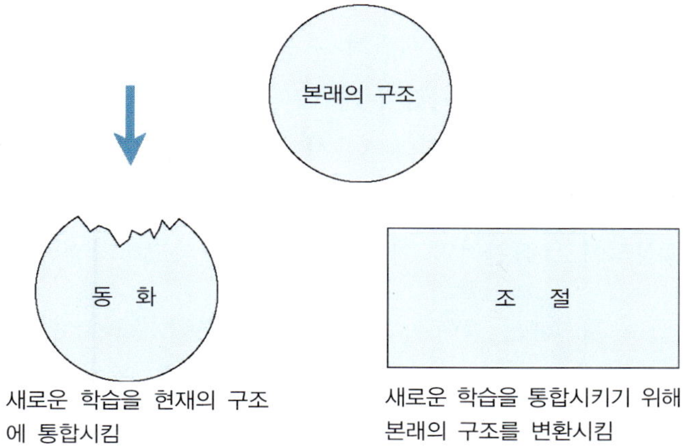

[그림 5-1] 동화와 조절

※ 출처 : 이갑순(1998)에서 인용

(1) 피아제의 인지발달 단계

피아제는 인간의 지적 발달을 다음과 같은 4단계로 크게 구분하고 있으며, 각 단계에서 나타내는 인지구조의 특징은 다음과 같다(김아영 외 5인, 1998; 조경원 외 4인).

① 유아기 : 감각운동기(sensorimotor period : 0~2세)

이 시기 초기의 영아는 타고난 단순한 반사작용을 하게 되나, 점차 주변의 물체를 식별하고, 목표를 향해 움직이고, 근육운동의 조절이 가능하게 된다. 이 시기 영아는 주로 동작을 통해 주변세계에 순응해 가며, 이것을 피아제는 '실제적 지능(pratical intelligence)'이라고 불렀다. 영아가 몸짓과 울음, 그리고 운동을 통해 사람 및 사물과 상호 작용할 수 있는 것은 이런 지능 때문이다. 따라서 이 시기에는 풍부하고 다양한 감각운동적 경험이 영아의 지능을 발달시키는 원천이 된다.

② 아동초기에서 학령초기 : 전조작기(preoperational period : 2~7세)

감각 운동기를 지나면서 유아들은 점차 새로 습득한 언어나 언어 이외의 다양한 상징을 사용하여 개념을 발달시킨다. 그러나 이직 개념의 형성은 충실하지 못하여 한 개념을 한 대상을 지칭하는 말로만 이해하고, 그 부류에 속하는 여러 대상을 포괄한다는 추상성을 이해하지 못한다. 또한 유추와 판단은 외형이나 가시적인 조건에 의존할 뿐, 내적 조건이나 객관적 기준에 의한 사고는 불가능하다. 따라서 이 시기 유아들에게는, 논리와 지각이 대립된 채 결론을 내려야 할 경우에는 늘 지각이 우위에 서는 사고를 하게 된다. 이 시기를 전조작기라고 부르는 이유도 이 시기 어린이들은 분류, 보존, 가역성, 계열, 유추, 관계를 개념이 완전히 형성되지 못한 채 자기 중심적이고 직관적인 판단에 의존하여 사고하기 때문이다.

③ 초등학교 후기에서 중학교 시기 : 구체적 조작기(concrete operational period : 7~11세)

아동이 전조작 단계가 지나면서 대략 초등학교 입학 연령이 되면, 전조작기에 할 수 없었던 여러 가지 정신적 조작작용이 나타나게 된다. 이 시기 어린이들은 구체적 문제 해결을 위한 논리·조작적 사고를 할 수 있게 되는 것이다. 또한 아동은 자기중심적 언어나 사고에서 점차 탈피하여 가역적 사고가 가능해지며 한 대상에 의해 두가지 이상의 요인을 고려하여 사고할 수 있게 된다.

가역적 사고(reversible thinking)란 끝에서부터 처음으로 생각을 거꾸로 하는 것을 말한다. 가역성은 Piaget식 논리적 조작의 특성으로, 일련의 단계를 통해 생각하고 그 단계를 정신적으로 되돌려서 출발점으로 돌아가는 능력으로 가역적 사고라고도 한다. 이에 대한 이해가 생기면 학생은 변화된 것을 머리속에서 상쇄시킬

수 있다(김아영, 1998, p.65)

④ 중·고등학교 : 형식적조작기(formal operational period : 11세~성인)

이 시기의 아동은 완전한 논리적 사고가 가능해지기 시작하며, 추상적 개념과 상징물을 대상으로 하는 인지적 조작이 가능해진다. 또한 문제 해결을 할 때 아동들은 가설을 설정할 수 있고, 이를 연역적으로 추리하며, 실증적으로 검증하는 등의 과학적 사고를 하게 된다.

각각의 행동 특성을 구별되는 이러한 발달단계는 개인에 따라 그 속도나 시기 등에서 차이가 날 수 있다. 그러나 분명한 사실은 누구나 이 발달과정(단계)을 순서대로 거친다는 것이다.

2) 도덕성 발달이론

피아제 이론을 도덕성 분야에 적용하여 다시 체계화한 사람이 콜버그(Kohlberg)이다. 콜버그는 도덕적 추론의 단계 또는 옳고 그름에 대한 판단의 구체적 순서를 제시했고, 그 진행 상태를 연구하는 영역을 이끌었다. 여기에서 도덕이란 사회집단이 가지고 있는 행동규범을 말하며 도덕성이란 본래 가지고 있는 주관적·자율적인 도덕의식을 말하며 특히 '도덕성 발달'에서의 도덕성이란 사회집단의 도덕적 규범에 일치시키는 인성을 의미한다.

콜버그는 서로 다른 문화적 배경을 가진 연령이 다른 아동과 청소년들에게 '도덕적 행위의 동기'와 '인간 생명의 가치' 등 도덕성의 문제를 담고 있는 '도덕적 딜레마'를 들려주고, 그런 상태에서 '어떻게 하겠는가?', '왜 그렇게 해야 하는가?"를 물었다. 그의 이런 질문들에 대한 응답은 여섯 가지 판단체계로 분류될 수 있는데, 이것이 바로 콜버그의 도덕성 발달 6단계를 이루는 것이며 문화적 배경과는 관계없이 연령에 따른 도덕적 발달단계는 그 순서에 있어서 공통적이다(한국교원대학교 교육과학연구소 편저, 1993 ; 박상호, 김경희, 1995).

(1) 제1수준(인습이전)

이 수준에서는 도덕적 규칙이나 선악의 개념은 알고 있으나 이 개념을 행위의 쾌락적 결과 또는 도덕적 규칙을 강요하는 사람의 힘이나 권력에 관련하여 해석한다.

① 제1단계(벌과 복종에 의한 도덕성)

물리적 · 신체적인 벌을 피하기 위하여 권위와 규율에 복종하는 단계로, 자기 중심적 욕구를 추구한다.

② 제2단계(욕구충족을 위한 수단으로서 도덕성)

상과 칭찬을 받기 위해 동조하는 시기로, 인생의 가치를 자신이나 타인의 욕구충족에 두고 있다.

(2) 제2수준(인습수준)

이 수준에서는 개인이 가정이나 집단이나 국가의 기대에 따르는 것을 그러한 행위의 즉각적인 결과와는 관계없이 그 자체로서 가치를 가진다고 생각한다.

① 제3단계(대인관계의 조화를 위한 도덕성)

이 단계에서는 '사회적 조화'가 중심이 된다. 타인으로부터 승인을 구하고 비난을 피하기 위하여 행동하며, 인생의 가치를 가족과 타인에 대한 애정과 조화에 둔다.

② 제4단계(법과 질서를 준수하는 도덕성)

개인은 질서나 법을 알게 되고 또 딜레마 상황을 해결해 줄 수 있는 어떤 관례를 알게 된다. 도덕적 딜레마를 해결하기 위해서는 사회적 인습이나 다수의 의견 등으로 그 문제에 대한 행위를 결정하는 것보다는 오히려 형법이나 민법 등 법률이 보다 안전하고 포괄적인 체제가 된다는 것을 안다.

(3) 제3수준(인습이후)

이 수준에서는 도덕적 가치나 원리가, 그 가치를 표방하는 개인이나 집단의 권위와는 관계없이 그 자체로서 타당성을 가지는 것이라고 생각한다.

① 제5단계(사회계약 정신으로서의 도덕성)

사회 · 복지적인 면에서 공명정대한 제3자의 입장을 취하며 인생이 사회복지와 보편적인 인간의 권리와의 관계에서 평가된다. 이 시기의 특징은 법적인 관점을 중요하게 생각하지만 동시에 법이란 사회적인 유용성에 대한 합리적인 고려로 합의에 도달할 때 바뀔 수도 있다고 생각하는 것이 중요시된다.

② 제6단계(보편적 도덕원리에 대한 확신으로서의 도덕성)

이 단계에서는 올바른 행위란 스스로 선택한 도덕원리에 따른 양심의 결단을 말한다. 인간을 보편적인 인간의 가치를 갖는 신성한 것으로 믿으며 자책감을 피하려는 개인적인 양심의 원리에 입각한 도덕성을 갖는다.

3) 인성발달론

에릭슨(E. Erikson)은 미술공부를 하다 비엔나에서 프로이드를 만나고 그의 밑에서 정신분석이론을 공부한 사람이다. 그의 모든 경험이 정신분석학적 원리에 사회적 · 문화적 영향을 입어 자신의 발달이론을 제안했다.

그의 견해로는 자아단계는 어떤 형태로 존재하긴 하지만 각각 그 발달의 결정적인 시기가 있으며 성격발달이란 일련의 전화기(轉換期)이며 이 전환기들은 부정적인 면과 바람직한 면의 양분법으로 설명된다(박상호, 김경희, 1995, p.130 ; 김아영 외 5인, 1998, p.101).

에릭슨의 인성발달 단계는 다음가 같다.

① 기본 신뢰감 대 기본 불신감(출생 후 12~18개월)

신뢰란 부모가 유아의 기본적 욕구를 충족시켜 줄 때 그 경험의 일관성, 계속성, 통일성에 의해 생겨난다. 그 반대로 만일 보호가 부적절하고 일관성이 없고 부정적이면 불신감을 일으키고 주변환경에 두려움을 갖고 대할 것이다.

② 자율성 대 수치심 의심(18개월~3세)

부모로부터 신뢰감을 얻게 되면 어린이는 곧 이어 자신의 행동에 대한 자율성을 얻으려고 시도한다. 이 때 지나치게 간섭하고 통제하게 되면 스스로의 자율성과 자신의 능력에 대해 회의를 가지게 된다.

③ 주도성 대 죄책감(3~6세)

활동에 참여할 수 있는 자유를 주고 질문에 대해 부모가 대답을 충실히 하여 주면 주도성이 나타난다. 반면에 활동을 제한하고 질문에 일관성 없이 귀찮은 것으로 여기면 아동들은 자신의 행동에 대해 죄의식이 형성된다.

④ 근면성 대 열등감(6~12세)

일을 하고 물건을 만들도록 허락하고, 일의 성취에 대해서 칭찬을 해 주면 근면성이 나타난다. 반면에 활동을 제한하고 일의 결과에 대해 비판만 한다면 열등감이 생기게 된다.

⑤ 자아정체감 대 역할혼란(12~18세, 청소년기)

서로 다른 상황에서나 서로 다른 사람들에 대한 반응에 있어서 자신의 성격의 동일성과 계속성을 인정받음으로써 정체감이 생겨난다. 그러나 성역할과 직업선택에서 안정성을 확립할 수 없으면 역할혼미에 빠진다.

⑥ 친밀감 대 고립감(성인초기)

이 시기에는 배우자 선택 등 타인과의 관계에서 친밀감을 이룩하는 일이 중요한 과업인데 청년기에 정체감을 형성하지 못하여 친밀감을 형성하지 못하면 고립하여 자신에게만 몰두하게 된다.

⑦ 생산성 대 침체성(성인중기)

직업적 성취, 학문적 · 예술적 업적을 통하여 생산성을 발휘하는 데 어떤 이유로 해서 생산성을 발휘하지 못하게 되면 침체성이 형성된다.

⑧ 자아통합성 대 절망감(성인후기)

통합이란 자기 자신과 또한 자신의 생활의 의미를 찾고 보람을 느끼게 되는 것을 말하며 반면에 신체적 노쇠와 은퇴 및 배우자나 친구의 사망 등으로 인하여 인생에 대한 무력감을 느끼고 지나온 생애를 되돌아 보며 자신의 생이 무의미한 것이었다고 느끼게 되면 절망 또는 좌절에 빠지게 된다.

4) 정신분석이론

프로이드(Sigmund Freud)의 정신분석학이 많은 비판을 받고 있는 것은 사실이지만, 20세기 서구문명에 커다란 충격을 준 것으로 평가되고 있다.

프로이드의 초기 성격구조이론의 중심이 되었던 개념은 무의식적인 정신과정이다. 그러나 1920년대에 그는 인간의 성격의 구조가 원초적 충동(id), 자아(ego), 초자아(superego)로 구성되어 있다고 보았다(윤정일, 1995, p100).

프로이드의 성격발달이론의 특징 가운데 하나는 개인의 성격이란 유아기의 여러 가지의 경험들에 의하여 형성되며, 그것도 출생 후 5년 사이에 기본골격이 형성되고 그 후에는 마무리 단계에 지나지 않는다는 견해이다. 다른 하나는 성적 에너지가 출생시에 나타나며 이것은 일련의 심리 성욕단계를 거쳐서 발달해 간다는 것이다. 그리하여 프로이드는 다섯 가지 보편적인 심리 성욕단계를 가정하고 이 단계들을 거쳐가면서 성격이 발달해 간다고 하였다(박상호, 김경희, 1995).

(1) 프로이드의 심리 성욕단계

① 구강기(oral stage)

대체로 생후 1년 사이로 빨고, 삼키고, 뱉는 것, 그리고 깨무는 것과 같은 활동과 그 기능을 하는 부위인 구강이 성격의 발달에 중요한 의미를 갖는 시기이다.

② 항문기(anal stage)

2~3세 사이에는 성적 에너지의 초점이 구강에서 항문으로 옮겨간다. 이 시기에는 대변의 배출과 보유가 만족의 원천이 된다. 이 시기의 아이들은 대소변 가리기의 시작과 함께 원욕의 욕구인 즉각적인 대변에서 오는 기쁨과 부모에 의해서 부과되는 사회적 제지, 즉 배출욕구 간의 조절을 배워야 한다.

③ 남근기(phallic stage)

4~5세 사이에서 어린아이들의 성적 에너지의 초점은 성감대인 생식기로 옮아간다. 이 시기의 발달과제는 남아에 있어서는 오이디푸스 콤플렉스를, 여아에 있어서는 일렉트라 콤플렉스를 해결하는 것이다. 오이디푸스 콤플렉스란 무의식적이긴 하지만 남아는 양친 중에서 반대의 성인 어머니를 자신의 성적 만족의 대상으로 삼고자 하는 것이고, 여아는 본래의 애정대상인 어머니를 새로운 애정 대상인 아버지로 바꾸게 된다.

④ 잠복기(latent stage)

6, 7세에서부터 12, 13세경까지 리비도는 억압 또는 승화되어 지적 관심, 운동, 그리고 친구간의 우정 등으로 나타난다. 이 시기는 성적본능이 수면상태에 있으므로 사실상 프로이트의 심리 · 성적 발달단계로서의 의미를 갖지 못하는 단계이다.

⑤ 생식기(genital stage)

잠복기를 거쳐서 13세 이후 20세에 이르면 성적 충동과 공격적 충동이 다시 나타나다. 이와 같이 새로이 나타나는 성적 에너지는 사춘기 초기에는 동성의 사람에게로 향한다. 그러나 차츰 연령이 증가함에 따라 이성으로 옮겨 가게 된다(박상호, 김경희, 1995).

(2) 발달단계 이론

지금까지 나열된 발달단계이론들의 단계별, 연령별, 주요 특징별, 각기 이론의 차이점을 종합하여 제시하면 〈표 5-2〉와 같다.

〈표 5-2〉 발달단계이론의 비교

단계	연령범위	주요특징	인지발달 (Piaget)	심리적 발달 (Freud)	인성 발달 (Erikson)	도덕발달 (Kohlberg)
출생전기	임신~분만	신체발달	–	–	–	–
유아기	분만~18개월	체위이동, 기본언어 획득, 사회적 애착	감각 운동기	항문기	신뢰감 대 불신감	전도덕기
아동전기	18개월~9년	언어능력발달, 성차발달, 집단유희 취학준비완료	전조작기	남근기	자율성 대 수치심	제1단계 제2단계
아동후기	9세~13세	인지과정이 성인수준으로 발달, 협동놀이	구체적 조작기	잠복기	근면성 대 열등성	제3단계
청년기	13세~20세	사춘기로 시작 성숙에서 끝남. 최고 수준의 인지획득, 부모로부터 독립, 이성관계 형성	형식적 조작기	생식기	정체감 대 역할혼미	제4단계
성년기	20세~45세	직업선택과 가족형성			친밀성 대 고립감	제5단계
장년기	45세~65세	직위가 갖아 높아짐. 자기평가, 자녀출가로 인한 공허감 위기, 은퇴			생산성 대 침체감	제6단계
노년기	65세~	가족과 업적을 즐김, 의존성, 홀아비, 과부, 건강악화			통합성 대 좌절감	

※ 출처 : 박상호, 김경희, 1995, p.135

제3절 학습심리와 교육

넓은 의미에서 학습(learning)은 경험이 개인의 지식이나 행동에 비교적 지속적인 변화를 야기시킬 때 일어난다. 그 변화는 고의적이거나 비의도적일 수도 있고, 좋은 것일 수도 나쁜 것일 수도 있다. 그러나 학습으로 칭해지려면, 이 변화는 경험에 의해서 – 한 개인과 그의 환경과의 상호작용에 의해서 야기되어야 한다(김아영외 5인, 1998, p.208).

힐가드(Ernest R. Hilgard)는 학습이란 새로운 행동이 일어나거나 행동에 변화가 오는 과정이라고 정의했으며, 모간(A. H. Morgan)에 의하면 학습이란 경험이나 연습의 결과 생기는 비교적 영속적인 행동의 변화로 규정되고 있다.

개념 표현에 약간의 차이는 있으나, 이러한 정의에서 중요한 점은 학습이란 인간의 발생학적 유전에 의해서는 예고되지 않으나, 후천적 경험에 의해 이루어지는 지속적인 인간 행동의 변화라는 점이다. 따라서 학습은 인간 경험의 결과 생기는 행동의 변화이며, 성숙, 성장, 발달 등의 개념과 구별된다.

이와 같이 인간이 환경과의 관계 속에서 일으키는 행동 변화의 법칙이나 원리들을 설명하기 위한 과학적 연구는 끊임없이 이루어져 왔다. 이들 연구는 학습의 원인이 무엇이며, 인간 행동의 변화에 직접적 영향을 주는 용인들이 무엇인지에 대한 견해의 차이에 따라 몇 가지 입장으로 대별되고 있다. 학습에 관한 많은 연구는 실험심리학자들에 의하여 이루어졌으며, 스키너(Burrhus F. Skinner)에 의해 강화이론이 개발되었고, 형태주의 심리학자들에 의한 장의이론, 문제 해결 방법에 관심을 가진 피아제와 브루너의 인지이론 등을 꼽을 수 있다.

1. 학습이론

1) 자극 – 반응이론

자극 – 반응이론은 외적 환경의 변화에 대한 학습자의 반응을 주요 연구대상으로 삼으며, 학습은 학습자의 반응과 이를 강화시켜주는 자극과의 체계적 연결 속에서 이루어진다고 보는 입장이다. 이와 같이 학습을 관찰할 수 있는 자극과 반응의 연결로 보는 입장에도 여러 갈래들이 있으나, 전체를 하나로 묶어 '자극-반응 이론'이라 통칭하고 있다. 이러한 계열의 학자로는 와트슨을 비롯하여 손다이크, 스키너 등을 꼽을 수 있다.

(1) 고전적 조건 반사

자극-반응이론의 가장 단순한 원리인 고전적 조건반사에 대한 연구는 파플로프(Ivan P. Pavlov)와 와트슨에 의해 이루어졌다([그림 5-2] 참조). 조건반사설은 본래 생리실험에서 얻은 이론이며, 그 자체가 심리학적 이론은 아니다. 그러나 후에 행동주의 심리학의 이론적 기초가 되었다. 파블로프는 개의 타액 분비에 관한 생리 실험에서 조건반사가 성립되는 것을 발견하였다.

그는 종소리를 내고 개의 반응을 기록하기 시작했다. 여기에서 종소리는 침분비를 발생시키지 않기 때문에 '중성자극(neutral stimulus)'이었다. 그런 후 개에게 음식을 주었는데, 반응으로 침이 분비되었다. 그 음식을 '무조건 자극(unconditoned stimulus)'이라 하는데, 이것은 음식과 침분비 간에 자연적인 연결을 만들기 위해 선험적인 훈련이나 조건화가 필요하지 않았기 때문이다. 그리고 침분비는 조건화가 필요없이 자동적으로 일어났기 때문에 '무조건 반응(unconditoned response)'이라 한다).

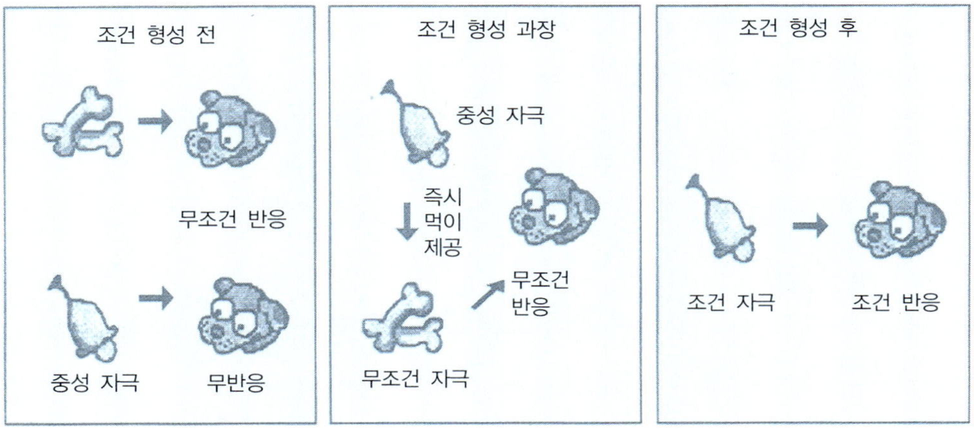

[그림 5-2] Pavlov의 실험

이러한 세 개의 요소들 - 음식, 침분비, 종소리 - 을 이용하여, 파블로프는 개가 종소리를 들은 후 침을 분비하도록 조건화시킬 수 있음을 증명하였다. 그는 종소리를 울린 후에 재빨리 음식을 주었다. 이런 절차를 몇 번 반복한 후에 개는 소리만으로도 음식이 주어지기 전에 침을 분비하기 시작했다. 이렇게 해서 소리는 스스로 침분비를 야기할 수 있는 '조건자극(conditioned stimulus)'이 되었고, 소리 후에 침을 분비하는 반응은 '조건반응(conditoned response)'이 되었다.

결국 고전적 조건반사란 일정한 자극에 의해 선천적으로 유발되는 반사행동을 처음에는 그것과 아무런 상관이 없는 중성자극과 연결시킴으로써 이 중성자극이 후에 선천적인 반사행동을 유발하게 되는 것을 말한다(조경원외 4인, 1990;김아영외 5인, 1998).

이와 같은 파블로프의 연구가 그 당시 심리학계에 상당한 영향을 주었으며, 손다이크 역시 동물 실험을 통하여 자극과 반응의 결합되는 과정을 설명하였는데, 학습자가 다양한 반응을 해보면서 그 중에서 문제를 성공적으로 해결한 반응을 학습한다는 것을 증명하였다. 따라서 그의 이론을 '시행착오설'이라고도 한다.

굶주린 고양이를 문제상자 속에 넣고 그 밖에 고기 덩어리를 두고서 고양이가 어떻게 상자 밖으로 나와 고기를 가지고 가는 데 성공하는가를 관찰하였다. 그런데 문제상자(puzzle box)의 장치는 줄을 당기거나 발판을 밟는 장치가 되어 있어 그것을 이용해야만 문이 열리도록 되어 있다.

굶주린 고양이는 밖으로 나오기 위해서 어떤 것을 물어뜯고, 밀고, 할퀴고, 뛰는 등 어려 무작위한 동작을 한다. 그러다가 우연히 문을 여는 장치에 대해 정확한 동작을 하게 되어 문을 여는 데 성공하고, 실험을 거듭할수록 무작위 동작은 감소되며 소요시간도 감소되는 현상을 보여준다(신용일, 1993).

이 실험에서 손다이크는 학습이란 통찰이나 이해와는 관련이 없는 단지 신경계통 내의 결합을 각인하는 과정으로 보고, 준비의 법칙, 연습의 법칙, 효과의 법칙 등과 같은 주요 학습의 법칙을 구성하였다.

이상과 같은 고전적 조건 형성의 원리는 와트슨에 의하여 유아에게 적용되었다. 처음에 흰쥐에 대하여 아무런 공포 반응을 보이지 않는 아이에게 흰쥐를 대할 때마다 금속판을 울리게 함으로써 그 아이를 놀라게 했다. 이러한 경험을 수 차례 반복한 후에는 흰쥐만 보여주어도 유아는 놀라 울면서 피하려 했다. 이는 곧 중성 자극인 흰쥐에 대해 놀라는 반응(금속 소리)이 결부됨으로써 조건 형성이 된 것을 의미한다.

이상의 파블로프, 손다이크, 와트슨의 실험들은 유기체의 외부 환경을 적절히 조절함으로써 조건화된 자극과 무조건 자극간의 연합을 가져올 수 있고, 따라서 조건화된 자극만으로도 무조건 자극에 대한 반사행동을 유발할 수 있음을 보여준다. 따라서 학습은 하나의 자극을 다른 자극과 대치시켜 줌으로써 조건반응을 형성시켜 주는 과정인 것이다. 와트슨의 견해에 따르면 아동의 성장에 따라 나타나는 수많은 정서적 반응도 고전적 조건 형성과정을 통하여 습득된다고 했다(조경원 외 4인, 1990, p.138).

그러나 고전적 조건반사 이론은 비교적 단순한 형식의 학습이나 훈련, 습관 형성 등에는 쉽게 적용될 수 있으나, 높은 수준의 사고과정이나 통찰을 요구하는 학습에 대한 적용은 무리가 있음을 비판받고 있다.

(2) 조작적 조건화

스키너(Skinner)는 주로 자신이 고안한 Skinner box를 사용하여 실험을 하였다. Skinner box는 방음장치가 된 상자로서 한쪽 벽에 표적을 장치해 놓았는데, 이 표적은 반응을 자동적으로 기록하는 장치와 먹이통과 연결되어 있다. 비둘기가 표적을 쪼면 먹이통의 알맹이로 된 먹이가 그 밑의 먹이 그릇에 자동적으로 떨어지게 되어 있다. 비둘기를 이 상자 속에 넣으면 비둘기는 새로운 환경을 탐색하면서 여러 가지 행동을 하게 된다. 비둘기가 여러 가지 탐색 활동을 하다가 우연히 표적을 쪼게 되면 먹이통에 자동적으로 먹이가 나와 그 반응을 보상해 준다. 이 절차가 반복됨에 따라 비둘기는 표적 때리는 반응을 학습하게 된다.

이 실험에서 비둘기는 표적을 쪼는 행동이 먹이로 보상되었을 때는 빈번히 표적을 쪼는 행동을 보이고, 반면 보상받지 못했을 때는 점차 행동이 소멸되었음을 알 수 있다. 스키너는 비둘기가 이러한 행동을 환경에 스스로 작용하여 어떤 결과를 생성해낸다고 해서 조작(operant)이라 하고 이러한 절차로 학습되는 과정을 조작적 조건화(operant conditioning)라고 하였다(신용일, 1993).

이 실험은 앞서 살펴본 고전적 조선형성의 실험과 비슷하지만 몇 가지 중요한 차이점이 있다. 고전적 조건형성에서는 자극이 반응을 추출(elicit)하지만 조작적 조건형성에서는 반응이 방출(emit)된다. 그리고 고전적 조건형성에서는 반응의 확률이 선행조건에 의해서 좌우되지만 조작적 조건형성에서는 반응의 결과에 의해서 결정된다(신용일, 1993).

다시 말하면 비둘기가 표적을 쪼는 반응을 외부 자극에 의해 촉발되는 단순한 반사적 행동이 아니라 비둘기가 스스로 한 행동(표적을 쫌)에 대한 긍정적 결과(먹이 나옴)가 행동의 빈도를 증가시킨 것이다. 여기에서 먹이와 같은 보상이 특정 반응(표적을 쫌) 뒤에 주어짐으로써 반응 빈도를 높이는 절차 혹은 과정이 되는 것을 강화(reinforcement)라 한다. 또한 이 대 일정한 행동의 강화를 위해 수반된 자극(먹이)을 '강화물'(reinforcer)이라 한다(조경원외 4인, 1990, p.139).

따라서 스키너의 조작적 조건화란 외부적 자극이 일정 반응을 유도하는 체계라기보다는, 반대로 유기체가 요구하는 반응을 일으킬 때 그 반응에 대한 보상이 주어지고 이러한 보상은 다시 반응을 더욱 강화시키는 작용을 하게 되는 체계이다. 이와 같이 스키너의 조작적 조건 형성은 특정행동이 환경에 작용하여 결과를 창출해 내기 때문에 이를 조작적 행동이라 한다.

이상에서 살펴본 고전적 조건화나 조작적 조건화는 두 입장간의 차이는 있으나, 결국 인간의 행동은 주변 환경에서 외부적으로 주어지는 강화작용에 의해 학습 또는 수정될 수 있다고 보는 입장이다.

2) 인지이론

인지적 관점은 심리학계에서 가장 오래된 관점인 동시에 가장 최근에 제시된 관점이다. 이 관점이 오래된 이유는 지식의 본질, 이성의 가치, 마음의 내용 등에 관한 논의가 이루어진 것이 고대 그리스 철학자들 때부터이기 때문이다(Hernshaw, 1987). 그러던 것이 18세기 후반부터는 인지 연구에 대한 관심이 사라지고 행동주의가 풍미했다. 그러나 2차 세계대전 동안 복잡한 인간 기능에 대한 연구와 컴퓨터 혁명이 이루어지고, 언어의 발달에 대한 연구가 획기적인 진전을 이룩한 데 힘입어 인지에 대한 연구가 부활하였다(김아영 외 5인, 1998).

인지론자들은 학습을 반응(행동)의 변화가 아닌 인지구조의 변화로 봄으로써 학습에서 행동적인 면보다는 개념적인 면을 더 강조한다. 학습과정은 자극과 반응의 기계적인 결합이나 조건 형성에 의해서 이루어지는 것이 아니라 인간이 환경을 능동적으로 지각, 이해하고 탐구하는 정신적 과정을 통해서 이루어진다.

(1) 통찰설

금세기 초의 독일의 쾰러(W. Kőhler) 등 형태(Gestalt) 심리학자들은 동물실험을 통해 학습이 행동주의자들이 주장하는 것처럼 자극과 반응의 점진적 연합에 의해 이루어지는 것이 아니라 어느 순간에 문제상황 속의 사물들간의 관계를 구조, 즉 형태를 파악함으로써 갑자기 이루어진다는 사실을 발견하였다(윤정일, 1995).'그는 실험에서 침팬지를 우리 속에 가두고 바나나를 밖에 놓아 두었다. 그 우리 속에 2개의 막대기를 넣어두었는데 그 막대기는 길이가 짧아 하나의 막대기로는 바나나에 닿을 수 없는 것이었다. 그러나 2개를 연결하면 도달할 수 있는 거리에 바나나를 놓았다.

이 실험에서 쾰러는 침팬지가 어떻게 그 바나나를 갖다 먹는지 관찰하였다. 이

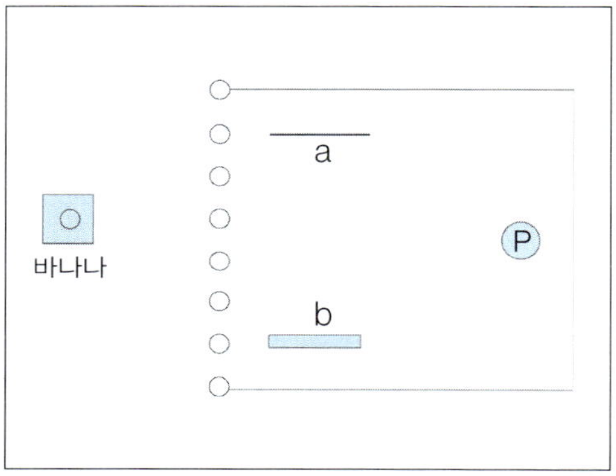

[그림 5-3] 우회로 실험

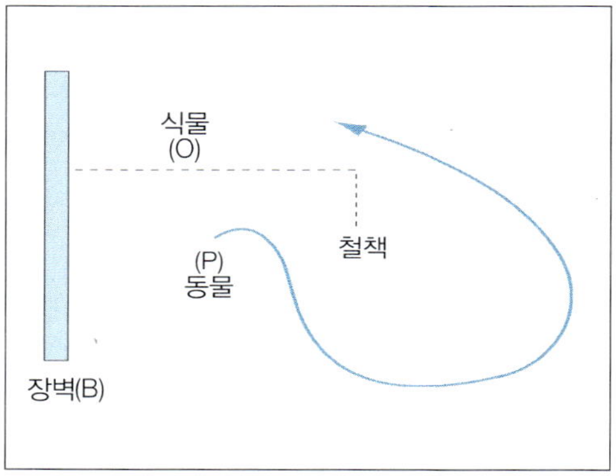

[그림 5-4] 도구사용의 실험

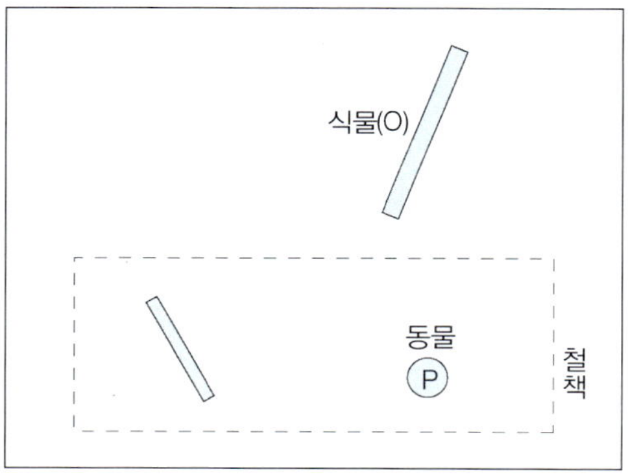

[그림 5-5] 도구제작의 실험

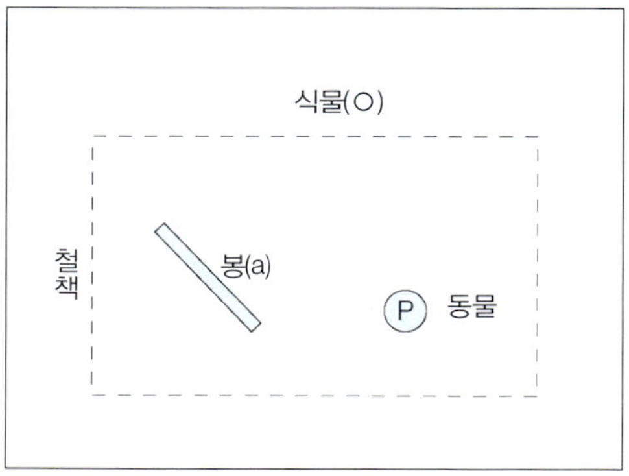

[그림 5-6] 도중목표를 경유하는 우회로 실험

※출처 : 신용일(1993, p.182~183)에서 인용

러한 문제 상황에서는 시행착오의 방법으로는 문제가 해결될 수 없다. 그 문제를 해결할 수 있는 방법을 생각한 침팬지는 우리 속의 2개의 막대기들이 갖고 있는 연관성, 그리고 연결된 막대기와 바나나와의 관계, 이러한 것을 포착하고 침팬지는 갑자기 문제를 해결할 수 있는 지각의 변화를 일으키게 된다. 이것을 쾰러는 문제해결에 필요한 것을 지각하게 된 지능적인 행동이라고 하였다.

우리는 여기서 침팬지의 문제해결이 시행착오적인 행동의 연습이나 반복에 의해서 점진적으로 습득되기보다는 문제상황에 직면했을 때 그것을 해결하는데 필요한 지각의 변화에 의한 것임을 볼 수 있다(조경원외 5인, 1990, p.142).

이와 같이 쾰러를 비롯한 형태심리학자들은 유기체는 통찰력에 의해 문제의 핵심을 이해하고, 해결할 수 있는 방법을 발견하게 되므로 학습은 통찰을 통해 이루어진다고 보았다. 다시 말하면 학습은 곧 문제해결의 한 과정으로 보았고, 문제 해결은 과거의 경험을 토대로 사고하고, 창조하며, 관련된 사건을 종합하는 과정에 의하여 이루어지는 것이다. 이것은 결국 학습은 인지조직(cognitive organization)의 과정임을 의미하는 것이다(이화여자대학교 교육공학과, 1997).

그는 통찰에 의한 학습의 주요한 현상에 대해, 문제의 해결은 단순한 과거의 경험의 집적(集積)이 아니고, 그의 경험적 사실을 재구성하는 구조전환의 과정이라고 하였으며, 통찰은 탐색적인 과정을 통해서 이룩되는 일이 많으나 이 탐색은 단순한 우연만을 위주로 하는 시행착오와는 다르다고 하였다. 또한 통찰은 실험장면에 의하여 좌우되는데 장면 전체가 잘 내다 보이면 그 해결은 용이하며, 이러한 학습의 종류와 개체의 차이에 따라 차별이 있다고 하였다(신용일, 1993).

(2) 장(場)이론

장심리학자들은 학습 현상을 지각과 밀접한 관계를 맺고 있는 것으로 생각한다. 따라서 이들은 학습을 학습자의 지각적 및 심리학적 세계, 즉 그의 장의 재조직에 비춰 정의한다. 장심리학 이론을 본격적으로 발전시킨 사람은 독일 태생 레빈(Kurt Lewin)이다. 물리학적 개념을 심리학에 도입한 그는 모든 사물을 '장의 힘'안에 존재하며, 장의 힘에 의해 움직이고 변화되며 정의된다고 보았다.

앞에서 살펴본 통찰설과 마찬가지로, 장이론에서도 인간이 어느 주어진 시간에 자신이 직면한 문제 상황과 자신을 지각하는 방법에 관한 문제를 주요 연구과제로 삼고 있다. 레빈에 의하면, 주어진 시간에 개개 인간은 자신의 내적 긴장에 의해 이끌려지며, 이러한 긴장이 그로 하여금 환경 속에서 어떠한 목표를 찾게 하는 원인이 된다고 본다. 즉 인간의 행동은 주어진 순간에 그 자신의 심리적 장 안에서 작동하는 힘의 효과인 셈이다. 다시 말하면 이간이 어느 특정한 순간에 어떤 행동이나 심리학적 현상을 일으키는지 여부는 개체와 심리학적 환경을 포함하는 심리학적 생활공간의 구조에 따라 결정된다. 심리학적 생활공간이란 인간이 자신과 자신이 속한 환경에 대해 무엇이 현실적인 것인지를 지각하는 것이다.

레빈은 인간의 행동은 자기가 추구하려는 목표, 회피하려는 입장, 자기의 움직임(실제가 아닌 심리적인)을 제한하는 장애물들을 포함해서 생활공간의 지배적인, 그리고 그 밖의 다른 요인들간의 상호작용의 결과로 일어나는 것이라고 보았다.

이때 자신이 지각하는 생활공간의 구조를 레빈은 곧 인지구조로 보았고, 이러한 인지구조의 변화는 곧 '학습'이나 '통찰력'에 의해 일어나는 것이라 했다. 즉 이를 더 세부적으로 구조화하는 과정을 통해 그들의 인식이 분화 재조직 혹은 재구성되고 인지적 구조의 변화가 초래된다. 이러한 과정이 학습인 것이다.

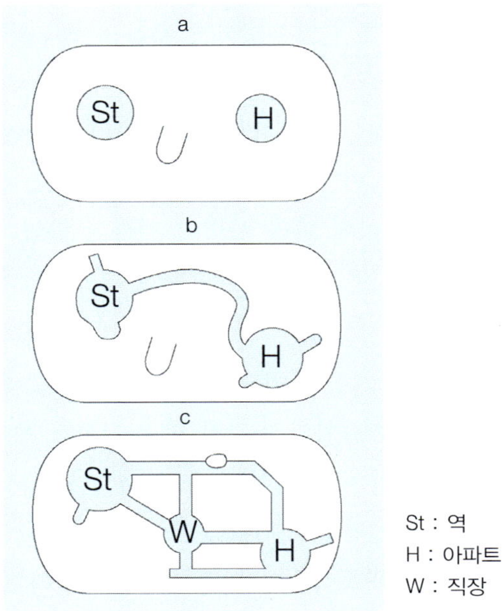

[그림 5-7] 미구조화

※출처 : 신용일 (1993, p.186)에서 인용

다시 말해, 학습이란 학습자의 상호작용적 경험을 통하여 그들의 통찰력 또는 생활공간의 인지구조가 미래에 더욱 도움이 될 수 있도록 변화되는 역동적 과정으로 정의될 수 있는 것이다.

3) 구성주의 이론

구성주의는 인간이 어떻게 지식을 구성하느냐에 일차적인 관심을 갖는다. 지식을 구성하는 것은 어떠한 일이나 사건들을 해석하는 데 사용하는 인간의 사전 경험, 정신구조, 신념 등의 기능에 의해서이다(강인애, 1997).

구성주의의 인식론적 전제는 다음과 같다.

- 지식은 경험으로부터 구성된다.
- 지식은 마음 속에 존재한다.
- 지식은 역동적이다.
- 사고와 인식은 분리될 수 없다.
- 학습은 지식 체계에 대한 개인적인 해석이다.
- 학습은 주관적 경험을 근거한 개인적 의미를 만드는 적극적인 과정이다.
- 학습은 다양한 관점으로부터 절충된 의미를 찾는 것이다.
- 학습은 현실적인 상황·맥락 속에서 일어나야 한다.

구성주의에서의 학습의 개념을 살펴보면 지식은 전수되는 것이 아니라 개인의 사회적 경험에 의거해서 개인적으로 구성된다. 지식은 학습자의 지속적인 상호작용으로 창조되는 산물이며, 개인 학습상황에서 만나는 인지적 충돌이나 갈등은 오히려 자극이 되며, 학습할 내용의 구조와 본질을 결정하는 주요 요인이 된다. 결국, 학습자가 받는 자극이나 자신만의 학습목표는 학습을 추진하는 원동력이 된다.

구성주의 관점에서 지식은 사회적인 관계 속에서 협상되고 평가되므로 사회적 환경과 타인과의 상호작용이 매우 중요하므로 학습자가 능동적으로 참여할 수 있는 활동을 제공하도록 설계되어야 한다. 이러한 학습환경에서는 학습자 입장에서 중요하고 의미있는 과제 및 문제를 제시할 수 있어야 한다. 이때 학습자가 학습과정에서 통제권을 갖게 되므로 다양한 대안이나 관점을 허용하는 실제적인 과제 또는 학습환경을 제공하여야 한다.

예를 들어 협력학습환경을 조성할 때 학습자가 자신이 구성한 지식 또는 의미를 명료화하거나 표현하는 기회를 제공하고, 학습자의 사고를 지원하고 확장시킬 수 있는 학습환경 또는 도구를 제공한다. 구성주의 교육이론은 구성주의 심리학 이론을 응용한 것이다. 이는 크게 피아제의 인지발달 이론에 근거한 것들과 비고스키의 사회발달 이론에 근거한 것들로 나눌 수 있다(황윤한, 1999).

피아제의 인지발달이론에 의한 구성주의 교육의 원리는 다음 네 가지로 요약할 수 있다.

- 아동들은 인지발달 단계에 따라 실재(reality)에 관한 해석을 달리한다.
- 학습자가 참여할 수 있고, 동화와 조절의 적응 과정이 일어나는 활동과 상황에 의해 인지 발달이 촉진된다.
- 학습자료와 학습활동들은 아동의 신체 또는 정신활동에 적절한 것이어야 한다.
- 학습자들이 적극적으로 참여할 수 있고, 도전적인 학습방법을 사용하여야 한다.

지식구성의 사회적 측면을 강조한 비고스키는 아동들이 인지적 과제를 성공적으로 수행하는 경우 교사나 동료, 사회공동체의 역할을 강조하였다. 혼자서는 해결할 수 없지만 성인이나 동료학습을 통하여 쉽게 이해할 수 있는 경우가 있는데 이는 아동의 능력내에 있는 근접발달 영역(ZPD) 내에서 학습될 때 가능하다고 한다. 교사가 아동들에게 학습 초기단계에 많은 지지를 주다 차차 그 수준을 단계적으로 감소시켜 독립적으로 학습하게 하는 비계설정의 도움도 필요하다.

사회 공동체에 일상적인 상호작용과 다양한 참여를 통하여 사회 문화적 행동양식을 습득하고 동화하는 것이 아동의 인지발달에 지대한 영향을 끼친다고 하였다.

이상에서 소개한 사회발달이론의 원리는 두 가지로 요약할 수 있다.

- 인지적 발달은 특정한 나이에 있어서 특정한 범위에 제한되어 있다.
- 사회적 교류를 통하여 완전한 인지적 발달이 이루어진다.

이를 반영한 비고스키식의 교실에서는 다음과 같은 네 가지 교육원칙이 지켜져야 한다.

- 학습과 발달은 사회적이고 협동적인 활동이다.
- 근접발달 영역은 교육과정 및 학습계획을 세우는 지침으로 사용되어야 한다.
- 학교 학습은 학생들이 실생활에서 발달시키는 지식 및 학습과 밀접한 관계를 가진, 학생들에게 의미있는 생활 내에서 일어나야 한다.
- 학교 밖에서의 생활 경험도 학교 내에서의 생활 경험과 연계되어야 한다.

구성주의에 적용될 수 있는 효과적인 교수는 상황학습과 인지적 도제법인데 다중적인 관점에서 학습결과를 종합하고 평가할 수 있다.

인지적 도제이론(Cognitive Apprenticeship Theory)은 전통적인 도제제도를 본뜬 이론이라 할 수 있다.

전통적인 도제제도에서는 전문가가 초심자에게 먼저 시범을 보여준다. 이 초심자는 전문가가 하는 일을 보고 따라 배우게 된다. 바로 이런 원리를 인지적인 영역에 적용시킨 것이 인지적 도제이론이다.

즉, 교사의 사고활동 과정을 교사와 학생 모두가 직접 눈으로 볼 수 있게 만드는 것이 인지적 도제이론의 목적이다. 그런 후에 교사는 전통적인 도제교육방법(modeling, coaching, scaffolding, 그리고 fading)을 효율적으로 학생들의 학습에 적용하는 것이다.

인지적 도제이론이 가장 잘 적용되는 곳이 국어 및 수학 영역이다. 예를 들어 국어과에서 독해문제를 다룰 때 학생들로 하여금 소리내어 내용을 요약하게 하고, 혼동을 초래하는 부분을 확실히 설명하게 하며, 읽은 내용에 대해 질문을 만들거나 예상을 하게 한다.

이때 교사는 먼저 이러한 과정의 지침을 제시하며, 나중에 교사의 역할을 학생들에게 넘긴다. 그리고 나서 교사는 학생들을 지도(coach)하거나 학생들의 노력을 보조(scaffold)해주고, 학생들이 점차적으로 자신들의 독해에 익숙해지면 스스로 해결하도록 놓아준다(fading).

그밖에 영어 독해라든지, 작문, 수학적 문제 해결과 같은 복합적이고 인지적인 기능을 요하는 것들은 인지적 도제이론에 근거하여 수업했을 때 많은 도움을 받을 수 있다. 이는 학생들로 하여금 주어진 자료를 이해하는데 도움을 줄뿐만 아니라 학생들이 직면한 새로운 상황에서 그들의 갖고 있는 비활성화된 지식(inert knowledge)과 기능을 적용할 수 있도록 해주기 때문이다.

상황수업이론(Anchored Instruction)은 반데르빌트대학교의 인지공학연구팀(Cognition & Technology Group at Vanderbilt; CTGV, 1993)의 브랜스포드와 스타인(John Bransford & B.S. Stein)에 의해 개발된 현대 기술 문명의 이점을 살린 하나의 수업의 틀이라고 할 수 있다(주영주 · 이광희, 2002).

상황수업은 호환성 비디오 디스크의 발달과 더불어 성장했는데 교사와 학생들로 하여금 복합적이고 실제적인 문제들을 설정하고 해결하는 것을 북돋우는 것이라 할 수 있다.

상황수업이론의 원리는 두 가지로 압축된다.

- 교수 - 학습 활동은 사례나 문제 상황과 같은 상황을 중심으로 설계되어야 한다.
- 교육과정 자료는 학습자에 의해 탐구될 수 있어야 한다. 호환성 비디오 디스크 프로그램의 경우 비디오 자료들이 이어지는 모든 교수 - 학습을 위한 하나의 거대한 상황(macro-contexts)으로 주어진다.

이 비디오 자료들은 일반적인 비디오와는 달리 학생들로 하여금 새로운 지식을 구성할 수 있도록 고안된다. 따라서 단순한 어떤 강의 형식이 아니라 하나의 이야기로 주어진다.

또한, 그 이야기를 학생들이 비디오를 통해 탐험할 수 있도록 하는 것이다. 최근의 발달된 호환적인 비디오 디스크의 기술은 이를 가능하게 만들고 있다.

상황수업은 참여학습(situated learning)과 밀접한 관련이 있고, 어떤 면에서는 문제 해결 학습의 한 형태라고 할 수 있다. 주로 초등학교의 읽기 · 쓰기 · 수학의 수업에 많이 활용되고 있는데, 예를 들어 호환적 비디오 디스크 프로그램을 통하여 학생들이 모험(탐험)을 하면서 문제를 풀 때마다 수학적인 개념들을 하나하나 익혀가는 것이다.

또 다른 예를 들면 빅토리아 시대의 생활을 이해하기 위해서 영화에 나오는 내용들의 인과관계, 인물들의 동기, 배경의 실제성 등을 점검하도록 되어있다. 이 영화는 역사적인 이야기 특히 역사적인 시대를 이해하기 위한 하나의 상황 배경으로 주어진다.

그러나 구성주의의 한계는 학습을 어떻게 평가할 것인가 하는 문제에 놓여있다. 또 다른 문제점은 학습자만이 자신이 무엇을 구성했는지 알 수 있다는 점이다. 즉, 주관적인 판단에 의존하는 주관주의의 문제이다.

다음은 이상에서 논의한 행동주의 · 인지주의 · 구성주의의 개념, 역할, 지식 구성, 교수설계와의 관계를 정리한 표이다.

〈표 5-3〉 행동주의 · 인지주의 · 구성주의 비교

학습이론 비교 항목	행동주의	인지주의	구성주의
대표적 교수-학습 이론	스키너 이론	브루너 이론, 오스벨 이론	피아제 이론 비고스키 이론
이론연구의 강조	교수	교수 – 학습	학습
학습의 정의	바람직한 행동의 변화	인지구조의 변화	주관적 경험적 해석에 의한 개인적 의미 창출, 지식의 내부 표상
학습자 역할	환경에 수동적 인간	적극적 인간	적극적 인간
교수자 역할	정보 제시자	정보와 인지 구조의 변화 연결 촉진자	학습환경 조성자
학습의 영향 요인	자극과 반응의 체계적 배열	정신적 활동 정보처리활동	상황적 맥락(지적, 물리적, 사회적) 인간학습활동과 지식의 역동적 상호작용
지식의 구성	학습의 연합작용	조직된 정신구조와 절차	학습과제의 맥락화
효과적 학습형태	기억, 변별, 획득, 적용	문제해결, 정보처리, 추론	상황학습, 복잡하고 비구조화된 학습
교수설계와의 관계	• 관찰측정 가능한 행동목표 및 준거지향 평가 • 학습자 출발점행동 분석 • 보상(강화) 즉각적 피드백	• 학습자의 적극적 참여 • 인지과제 분석 • 정보의 구조화, 계열화 • 학습결과의 효과적전이 위한 환경 창출	• 일반적 학습지침제시 • 학습상황 및 적용 분석 • 일반적 학습내용영역 제시, 학습과제의 맥락화 • 다양한 관점 제시, 사회적 협상 • 탈목표 평가, 학습자의 학습과정 평가

2. 학습의 조건과 과정

1) 동 기

동기(motivation)는 행동을 유발, 방향제시, 그리고 유지시키는 내적 상태로서 일반적으로 정의된다(Pintrich, Marx, & Boyle, 1993). 다시 말하면 동기란 유기체가 요구에 따라 행동을 일으키고 유인물이 있을 때 그것을 찾아 자신의 요구를 충족시키는 과정 전체를 뜻하는 것이다. 따라서 동기라고 하는 용어는 요구(need), 충동(drive), 유인(incentive) 등과 관련된 여러 뜻을 포함하고 있다(신용일, 1993, p.203).

(1) 내재적 동기와 외재적 동기

동기화가 되면, 즉 목적을 향해 활기차게 움질일 때 어떻게 느낄지 사람들은 안다. 또한 비록 어떤 과제에 매력은 못 느낄지라도 열심히 일하는 것이 어떤 것이라는 것을 사람들은 안다.

몇몇 심리학자들은 개인적 특성이라는 측면에서 동기를 설명해 왔다. 어떤 사람들은 성취하고자 하는 강한 욕구를, 시험에 대한 두려움을 혹은 예술에 대한 지속된 흥미를 갖고 있고, 그들은 그에 따라 행동한다. 그들은 성취하기 위해, 시험을 피하기 위해, 혹은 미술관에서 많은 시간을 보내기 위해 노력한다. 또 다른 심리학자들은 동기를 일시적 상황인 상태로서 보고자 한다.

예를 들어, 만약 우리가 어떤 책을 읽고 있는 것이 내일의 시험을 위해서라면 우리는 상황에 의해 동기화된 것이다. 물론, 어떤 주어진 시간에 우리가 경험하는 동기는 항상 특성과 상태의 결합이다. 우리가 공부를 하는 것은 학습에 가치를 두기 때문일 수도 있고 혹은 교수가 자주 예고 없이 퀴즈를 내기 때문일 수도 있다.

이와 같이 동기에 대한 어떤 설명은 욕구, 흥미, 호기심, 즐거움 등 내적이고 개인적 요인에 의존하고 있다. 반면에 또 다른 설명들은 외적이고 환경적 요인, 즉 보상, 사회적 압력, 처벌 등을 지적한다. 이렇게 흥미나 호기심과 같은 요인들에서 유래된 동기를 '내재적 동기(intrinsic motivation)'라고 하는데, 이것은 개인적 흥미를 추구하고 능력을 발휘하고, 그 과정에서 도전할 만한 것을 찾고 그것을 정복하는 자연스러운 경향성을 말한다(Deci & Ryan, 1985). 사람들이 내재적으로 동기화되었을 때는 활동 그 자체가 보상으로 작용을 하기 때문에 그 활동을 하도록 하기 위해 어떤 유인물도 처벌도 필요로 하지 않는다. 내재적으로 동기화된 사람은 과제 자체나 그것이 가져다주는 성취감을 즐긴다(김아영 외 5인, 1998).

반면에 성적이나 보상을 받기 위해, 처벌을 피하기 위해, 선생님을 만족시키기 위해, 혹은 과제 그 자체와 별 관계가 없는 다른 이유 때문에 무엇인가를 할 때는 '외재적 동기(extrinsic motivation)'를 경험한다. 외재적으로 동기화된 사람은 활동 그 자체에 대해서는 흥미가 없고, 그것이 가져다 줄 것에만 관심이 있다.

어떤 행동이 내재적으로 혹은 외재적으로 동기화되었는지를 관찰에 의해서만 구분하는 것은 불가능하다. 두 종류의 동기화간의 본질적인 차이는 활동에 대한 학생의 이유이다. 즉 어떤 활동을 하는 '원인의 소재(locus of causality)', 다시 말해서 원인의 위치가 그 활동을 하는 사람의 내부에 있는가 혹은 외부에 있는가이다. 수영하기나 그림 그리기에 대해 연습하는 학생들은 개인적 흥미에 기반해서 그 활동을 자유롭게 선택하여 읽고, 발차기를 하거나 그림을 그릴지 모른다(원인의 내적 소재/내재적 동기). 혹은 외부의 어떤 사람이나 무엇인가가 그 학생들에게 영향을 주었기 때문에 그 활동을 할 수도 있다(원인의 외적 소재/외재적 동기).

학교에서는 내재적 동기와 외재적 동기 모두가 중요하다. 많은 활동들이 학생들에게 흥미로울 수 있다. 가르치는 것은 학생들의 호기심을 자극하거나 혹은 학습을 하는 과정에서 스스로를 보다 유능하다고 느끼게 하는 등으로 내재적 동기를 유발해낼 수 있다. 하지만 그것은 항상 그렇게 작용하지는 않는다. 만약 교사들이 그들의 학생들을 적극적으로 활동하도록 하기 위해 항상 내재적 동기에만 의존하려고 한다면 그들은 실망할 것이다. 유인물과 외부의 지원이 필요한 상황도 때로는 있다. 교사들은 외재적 동기를 조장하고 장려해주어야 한다(Brophy, 1988).

(2) 동기에 관한 네 가지 일반적 접근

일반적으로 학습 동기에는 행동주의적, 인본주의적, 인지적, 사회학습적 접근하는 4가지 방법이 있다.

① 행동주의적(behavioristic) 접근

행동주의자들은 보상이나 유인가 등과 같은 개념으로 동기를 설명한다. '보상(reward)'은 어떤 특정한 행동의 결과에 따라 주어지는 매력적인 사물이나 사건을 말한다.

행동주의자의 관점에 따르면, 학생의 동기에 대한 이해는 교실에서 제시되는 유인체계(incentive)와 보상에 대한 주의깊은 분석으로부터 시작된다.

만약 우리가 어떤 행동에 대해 지속적으로 강화받는다면, 어떤 특정 방식으로 행동하는 습관이나 경향성을 발전시킬지도 모른다. 예를 들어 만약 한 학생이 야구를 잘하는 것은 대해 애정, 돈, 칭찬이나 위신 등으로 계속해서 보상받지만 공부하는 것에 대해 별로 인정을 받지 못했다면, 그 학생은 기하 공부를 하는 대신 자신의 속구를 보다 완벽하게 던지는 데에 더욱 열심일 것이다. 학습 결과에 대해 점수를 주고, 잘했다고 별을 그려 주거나 잘못된 행동에 대해 벌점을 주는 것은 유인물, 보상이나 처벌 등의 외적 수단에 의해 학생들을 동기화시키는 시도이다. 물론 개개인의 사례에서는 많은 다른 요소들이 한 사람이 어떻게 행동하는가에 영향을 미칠 것이다.

② 인본주의적(humanistic) 접근

동기에 대한 인본주의적 해석은 동기의 내재적 근원을 '자아실현'을 위한(Maslow, 1970), 생득적 '실현 경향성'을 위한(Rogers & Freiberg, 1994), 혹은 '자기결단'을 위한(Deci, Vallerand, Pelletier, & Ryan, 1991) 개인의 욕구라고 주장한다. 이런 이론들에 공통적인 것은 자신의 잠재력을 실현시키기 위한 생득적 욕구에 의해 사람들이 지속적으로 동기화된다고 믿는 것이다. 그래서 인본주의의 관점에서 보면, 학생을 동기화시킨다는 것은 그들의 내적 자원, 즉 유능감, 자존감, 자율성과 자아실현 등을 격려해 줌을 의미한다.

③ 인지적(cognitive) 접근

인지이론가들은 단순히 과거에 그 행동이 보상되었는가 혹은 처벌되었는가에 의해서가 아니라 우리의 사고에 의해 행동이 결정된다고 믿는다(Schunk, 1991a; Stipek, 1993). 행동은 계획(Miller, Galanter, & Pribram, 1960), 목표(Locke & Latham, 1990), 도식(Ortony, Clore, & Collins, 1988), 기대(Vroom, 1964), 귀인(Weiner, 1992) 등에 의해 시작되고 조절된다. 인지적 접근의 중심 가정 중의 하나는 사람들이 외부의 사건이나 배고픔과 같은 신체적 조건에 반응하는 것이 아니라 그런 사건들에 대한 자신의 해석에 반응한다는 것이다.

인지이론에서는 인간을 자신과 관계있는 문제를 풀고 정보를 찾는 적극적이고 호기심 많은 존재로 본다. 사람들은 그 일을 즐기고 그 일에 대해 알고 싶기 때문에 열심히 노력한다. 따라서 인지이론가들은 내재적 동기를 강조한다.

④ 사회 학습적(social learning) 접근

동기에 대한 사회 학습 이론들은 행동주의적 접근과 인지론적 접근이 통합된 것들이다. 사회 학습 이론들은 행동의 효과나 결과에 관한 행동주의자의 간심과 개인적 신념과 기대의 영향에 대한 인지 이론가의 흥미 모두를 수용한다. 동기에 대한 많은 영향력 있는 사회 학습적 설명들은 '기대 × 가치(expectancy × value)' 이론으로 특징지을 수 있다. 이것은 동기란 두 가지 주요 요인들, 즉 목표에 도달하려는 개인의 기대와 그 목표가 자신에게 주는 가치의 산출물임을 의미한다. 동기는 이 두 요소의 산출물이라 할 수 있다.

왜냐하면 만약 둘 중 하나가 없다면, 목표를 향해 일할 동기가 없어지기 때문이다. 예를 들어, 만약 내가 농구팀에 들어갈 좋은 기회가 있다면(높은 기대), 그리고 팀에 들어가는 것이 나에게 매우 중요하다면(높은 가치), 내 동기는 강함에 틀림없다. 그러나 만약 둘 중의 한 요소가 없다면 나의 동기도 마찬가지로 없을 것이다.

〈표 5-4〉 동기에 대한 네 가지 견해

	행동주의	인본주의	인지주의	사회 학습 이론
동기의 근원	외재적 강화	내재적 강화	내재적 강화	외재적, 내재적 강화
중요한 영향들	강화물, 보상, 유인가, 처벌물	자존심, 자기 충족감, 자기 결단	신념, 성공과 실패에 대한 귀인, 기대	목표의 가치, 목표 도달에 대한 기대
주요 이론가들	Skinner	Maslow, Deci	Weiner, Covington	Bandura

※ 출처 : 김아영, 1998, p.375

동기에 대한 행동주의, 인본주의 인지, 그리고 사회 학습적 접근이 〈표 5-4〉에 요약되어 있다.

(3) 학습동기

교사들은 학생들이 학습동기를 갖기 원한다. Jere Brophy는 학생들의 '학습동기(motivation to learn)'를 "학습활동을 의미 있고 가치있는 것으로 보고 학습활동으로부터 의도된 학습의 이익을 얻고자 하는 학생의 경향성이다. 학습동기는 일반적 특성과 특수 상황적인 상태의 두 가지로 구성될 수 있다"고 묘사한다. 학습동기는 적절한 학습목표 설정, 상과 벌, 사회적인 인정, 경쟁, 결과에 대한 지식 등으로 유발할 수 있다(신용일, 1993)

① 적절한 학습목표의 설정

- 교육목표를 명백히 규정하고 또 학생들이 누구나 그것을 이해할 수 있도록 한다.
- 교육목표를 현실성과 실현가능성을 기초로 설정한다.
- 교육목표를 그것 자체의 달성과정에서 보상을 받을 수 있도록 설정한다.
- 교육목표를 설정할 때 학생들이 능동적으로 참여하도록 한다.

② 상과 벌

어떤 바람직한 행동에 대해서는 보상을 주어 권장하고 그렇지 못할 때는 벌을 주어 징계하는 방식은 역사적으로 가장 광범하게 적용된 외적 동기유발 방법이다. 벌을 줄 때는 다음 사항에 유의하여야 한다.

- 벌을 줄 때, 이전부터 선생과 학생간에 대인관계가 좋아야 한다.
- 벌을 받는 학생이 자기가 저지른 잘못된 행동이 어떤 것인가를 알 수 있어야 한다.
- 벌을 받게 되는 행동 이외의 행동까지 위협받지 않도록 유의해야 한다.
- 학생이 벌을 받으려는 각오가 서 있어야 한다.
- 잘못된 행동이 일어난 직후에 벌을 주어야 한다.

③ 사회적인 인정

사회적인 인정은 개인의 사회화(socialization)를 가능하게 하는 강력한 유인가의 기능을 갖게 된다. 따라서 교사는 학습장면에서 이 사회적인 인정감을 적절하게 배분시킴으로써 학습효과를 보다 올릴 수도 있다. 그러나 여기에는 몇 가지 유의해야 할 사항이 있다.

- 만약 교사가 학문적인 권위가 없고 또 학습장면에 매력이 없다면 이 유인가는 그 기능을 충분히 발휘하기 못한다. 따라서 교사는 이 유인가를 사용하기 전에 자신의 직업적인 전문성과 집단의 사기를 고양시킬 필요가 있다.
- 이 유인가는 지나치게 과용되어서는 안된다. 왜냐하면 이것은 자칫 학생들에게 사회적인 의존심을 조장시켜 자아실현을 저해할 가능성이 있기 때문이다.
- 이 유인가는 가급적이면 공평하게 배분되어야 한다. 만약 그것이 일부 학생에게 편중되면 집단 내의 분열과 부적응을 유발시킬 우려가 있다.

④ 경 쟁

경쟁이란 함께 나눌 수 없는 어떤 대상을 얻기 위해서 개인이나 집단이 상호간에 분투하는 사회적 과정으로서 일선 교사들이 성적, 상품 혹은 사회적인 인정을 미끼로 학습동기를 유발시키는 데 흔히 이 방법을 적용하고 있다. 다음에 경쟁적 방법을 적용할 수 없는 학습장면을 구분해 본다.

㉠ 비효과적인 경우

- 경쟁이 너무 지나쳐서 정서적인 장애를 가져올 우려가 있을 때
- 성공의 기쁨이 소수인에게 제한될 때
- 승리에만 부심한 나머지 집단의 협동심이 와해될 우려가 있을 때
- 다른 학습이나 활동의 내재적 가치가 무시될 때
- 경쟁에서 지는 것이 전인격적인 패배를 의미해서 부모·동료·선생 등의 불인정을 받을 우려가 있을 때

㉡ 효과적인 경우

- 학생들이 경쟁의 방법에 대한 충분한 훈련을 받았다고 생각할 때
- 모든 학생이 그들의 노력에 합당한 보상을 받고자 할 때
- 경쟁에서의 패배를 일시적 후퇴로 생각할 수 있을 때
- 공평하게 능력상의 안배를 한 두 집단이 경쟁할 때
- 모든 학생이 각기 특수한 영역에서 성공감을 가질 수 있을 정도로 경쟁적 활동이 다양하고 충분할 때

⑤ 결과에 대한 지식

개인은 누구나 자기가 수행할 행동이나 과업의 결과에 대한 왕성한 호기심을 갖는다. 개인은 각자 나름의 사적인 철학·신념 및 목적을 가지고 있고, 또 순간의 행동이 이들 이상에 부합되기를 기대하는 것이다. 심리적인 기제는 가끔 서로 상충되는 때가 있어 개인적인 갈등의 원인이 되기도 하지만 그 기제야 어떻든 간에 교사는 이 호기심을 이용하여 학습장면에서 학습동기를 유발시킬 수 있다. 결과에 대한 지식과 결부하여 교사는 다음과 같은 몇 가지 유의하는 것이 좋다.

- 학생들이 학습활동에서 얻은 결과를 반사시켜 주는 기회를 자주 준다.
- 가급적이면 학생들에게 안정감을 갖도록 노력할 필요가 있다.
- 교육평가를 할 때 학생들 상호간의 비교보다는 학생 개개인의 성장정도에 중점을 둘 필요가 있다.

2) 기 억

행동은 현재만으로 규정되는 것이 아니라 어제의 것이 오늘의 행동에 영향을 주고 때로는 10년 전의 경험이 현재의 행동에 영향을 미친다. 이와 같이 과거 경험의 잔재효과를 기억이라고 한다. 다시 말하면 과거에 학습한 것이 기억에 의하여 파지되어 현재의 행동에 영향을 준다.

기억은 경험에 의하여 얻은 내용들을 저장·보존하는 현상을 말한다. 즉, 기억은 과거의 경험이 대뇌에 흔적(trace)을 남기고 있다가 어떠한 형태로든지 현재와 미래의 새로운 행동에 영향을 주는 작용을 말한다(신용일, 1993, p.240).

기억에는 2형태 3단계가 있다. 먼저 기억에는 의식적 노력에 의해 몇 초 동안 유지되는 단기기억 또는 작동기억과 무의식적·수동적으로 몇 분에서 수십년까지 기억이 지속되는 장기기억이 있다. 그리고 기억의 3단계란 단기기억이나 장기기억 모두에 해당하는 기호화 또는 부호화(encoding), 파지(retention) 또는 저장(storage), 그리고 인출(retrieval) 또는 재생(recall)의 세 과정을 말한다. 부호화는 외부에서 감각기관을 통해 들어오는 물리적 자극을 기억이 수긍하는 기호로 바꾸는 것이고, 파지란 부호화된 정보를 기억 속에 가지고 있는 것을 말하며, 인출을 그러한 정보를 사용하기 위해 끄집어 내는 것을 말한다.

그런데 단기기억은 부호화를 시각적 · 음향적으로 하고 장기기억은 의미로 한다. 그리고 파지에 있어서도 단기기억은 5내지 9단위, 즉 평균 7단위 정도 하는데 비해 장기기억은 거의 무제한적이다. 또한 인출에 있어서도 단기기억은 거의 실수가 없지만 장기기억은 실수의 경향이 있어 망각의 원인이 되기도 한다.

교육에 있어서 의미도 모르고 무조건 외우는 암기(memorizing)식 교육은 크게 문제가 된다. 그러나 학습한 내용을 학생이 기억(memory)하지 못하는 것도 문제이다. 이 때 말하는 기억은 의미의 이해를 통한 장기기억을 말한다. 따라서 교육에서는 학생의 기억을 돕기 위한 기억력 증진 방향도 중요하다. 다음에 몇 가지를 제시한다.

먼저 부호화의 깊이다. 즉, 자료를 의미단위로 묶어 열심히 부호화할수록 의미가 확장이 되어 기억이 더 잘된다. 둘째, 맥락의 이용이다. 학습이 일어난 상황, 장소, 문맥을 통하여 학습하면 인출이나 회상에 큰 도움이 된다. 셋째, 조직화의 이용이다. 이는 새로 들어온 정보를 기존의 것과 상하좌우의 연결관계를 지어 기억하는 것을 말한다. 넷째, 심상(imagery)의 이용이다. 이는 기억 내용을 사물의 영상과 관련하여 기억하는 것이다. 마지막으로 인출의 연습이다. 학습한 것을 바로 뒤에 질문을 만들어 대답해 가면서 연습하는 것이 효과적이다.

3) 망 각

이전의 학습경험에서 보는 흔적으로서의 파지는 그것을 사용하는 시간이 경과될 때 점차적으로 약화하여 소실되어 가는 경향이 있다. 이와 같이 기억흔적이 현재의 과정과 결부되지 않아 생각해낼 수 없는 상태를 망각이라 한다. 즉, 망각(forgetting)은 기억한 것 중 일부 또는 전부를 잊어버리는 것을 말한다(신용일, 1993, p.239).

망각의 원인으로는 우선 학습한 정보를 사용하지 않아 시간이 지남에 따라 남아 있는 기억의 흔적이 사라지는 경우가 있다. 이를 막기 위해서는 배운 것을 연습함으로써 기억력을 살리는 것이 좋다. 둘째, 기억용량이 차 있는 데 새로운 것이 들어와 오래된 것이 나감으로써 오래된 것을 잊는 경우가 있다. 이런 경우 반복연습에 의해 막을 수 있다. 셋째, 새 정보와 옛정보가 서로 맞부딪쳐 인출을 방해함으로써 망각이 되는 경우가 있다. 이런 경우 인출의 단서를 좋게 할수록 기억이 더 좋아진다(윤정일, 1995).

정신분석학자의 주장에 의하면 망각이란 억압의 결과로서 생긴다고 하였다. 즉 재생하는 것이 불쾌하면 그것을 피하려고 하는 경향이 있어 무의식적으로 그것을 억압하고 망각한다는 것이다.

예컨대 파지와 망각은 동일과정에 의한 것으로서 파지는 학습된 행동의 지속에 관계되는 용어이고, 망각은 지속과정의 소실에 관계되는 용어이다.

기억과 망각의 이론에는 소멸설과 간섭설 등이 있다. 먼저 소멸설(decay theory)은 특히 장기기억과정에 있어서의 망각현상은 시간의 경과에 따라 대뇌피질부의 기억중추에 남아 있는 기억흔적이 점차로 소멸되어가기 때문이라고 주장하는 이론이고, 간섭설(interference theory)은 대뇌피질부에 장기 기억된 것이 그후의 새로운 학습 또는 기억에 의해 방해받고 밀려나 그 새로운 학습이나 기억이 그 자리를 대신 차지하기 때문이라고 주장하는 이론으로, 역행적 제지, 전진적 제지작용에 의한 설명을 뒷받침하는 이론이다(신용일, 1993; 수원대학교 교재편집위원회, 1998).

4) 전 이

일상생활에서 과거의 학습경험이 새로운 습관의 형성이나 지식과 기능을 습득하는데 도움이 되어 새로운 학습이 용이하게 된다든지 또는 과거의 경험이 오히려 새로운 학습에 방해를 하여서 곤란을 주는 경우가 있다. 이와 같이 이전의 학습이 새로운 학습을 촉진시킨다든가 혹은 방해한다든가 하는 사실을 학습의 전이(transfer)라고 한다. 따라서 전이의 결과에 따라 두 종류로 구분할 수 있는데, 먼저 적극적 전이(positive transfer)는 이전에 행한 학습이 다음의 학습을 수행하는데 혹은 획득하는 데 용이하도록 도움을 주는 경우이다. 즉, 덧셈을 학습한 것이 다음에 행하는 곱셈을 학습하는 데 도움을 주는 경우로서 이해를 도와주는 것이다.

소극적 전이(negative transfer)는 이전의 학습이 다음의 학습을 수행하는 데 있어 혹은 획득하는데 있어 금지하거나 지체하게 되는 경우를 말한다. 말하자면 한 외국어의 어미변화 학습이 곧이어 행해진 다른 외국어의 어미변화 학습에 혼동을 일으키게 하는 경우이다.

구체적 전이(specific transfer)는 한 상황에서 배운 원리, 사실, 기술들이 아주 비슷한 다른 상황에 적용될 때 일어난다. 구두점 원리를 입사 지원서를 쓰는데 적용한다거나 알파벳에 관한 지식을 사전에서 단어를 찾는데 사용하는 것이 그 예이다. 일반적 전이(general transfer)는 비슷하지 않은 다른 상황에서 배운 원리와 태도들을 새로운 문제에 적용하는 것이다. 이것은 문제 해결에 사용되는 발견법들을 일상 생활의 문제들을 해결하는 데 사용하는 것과 같은 것이다.

Salomon과 Perkins는 자동적 전이(low-road transfer)와 의식적 전이(high-road transfer)라는 두 종류의 전이를 기술하고 있다. 자동적 전이는 고도로 숙달된 기술이 자발적이고 자동적으로 전이되는 것으로 이런 종류의 전이에서는 깊은 생각을 할 필요가 전혀 없다. 예를 들어 친구의 차가 자신의 차와 차종이 다르다 해도 아무런 어려움을 느끼지 않고 그 차를 운전할 수 있다. 우리의 운전기술은 이미 충분히 숙달되어 있기 때문이다. 이러한 전이의 핵심 조건들로는 충분한 연습, 다양한 상황과 조건, 과잉 학습으로 자동성의 획득을 들 수 있다.

반면에 의식적 전이는 한 상황에서 학습한 추상화된 지식을 다른 상황에 의식적으로 적용하는 것이다. 이러한 전이를 위한 핵심조건으로는 많은 상황에 적용될 수 있는 원리, 주요개념, 절차를 추출해내는 데 관심을 가져야 하며, 이러한 예로는 수학의 절차를 학교 신문의 기사를 배치하는 데 적용하는 것을 들 수 있다(김아영, 1998).

5) 사 고

사고(thinking)는 문제가 발생했을 때 이를 해결하기 위해 동원되는 과정을 말한다. 따라서 사고력을 문제해결력이라고도 한다. 그런데 사고력에는 누구나 공통적으로 부딪치는 문제에 관련된 일반적 문제해결력과 특정 지식 분야의 문제에 관련된 특수영역적 문제해결력이 있다. 일반적 문제해결력에는 특별한 전문가나 초보자가 따로 없는 데 비해 특수영역적 문제해결력에는 지식의 영역에 따라 전문가와 초보자 사이에 큰 차이가 있다. 특정 분야, 예를 들면 수학, 과학, 음악 등 그 분야의 전문가들은 오랜 경험에 의해 초보자와는 비교가 되지 않을 만큼의 지식의 조직화가 잘 되어 있어 그 분야의 문제해결력에 큰 차이가 있다(윤정일, 1995).

어떤 심리학자들은 사고란 학습전략 및 전술과 같이 일반적인 전략들을 효과적으로 사용하는 것이라고 주장한다. 또 다른 심리학자들은 사고를 문제 해결 및 창의성과 관련지어 생각한다. 그리고 증거를 평가하거나 판단을 내리는 것처럼 비판적인 사고의 기술에 대해 이야기한다.

그러나 가장 단순하고도 실제적인 정의는 "훌륭한 사고란 목표를 이루어내는 사고"라는 것이다(Baron, 1985).

제4절 성격심리와 교육

1. 성격의 의미

'personality'는 우리말로 인격, 성격, 인성, 사람 됨됨이라는 말로 옮길 수 있다. 훌륭한 인격자라는 말로서 우리는 인격을 가치적 개념으로 사용하는 것에 비해 까다로운 성격이란 말로써 행동특성이 어떠하다는 것을 나타내는 기술적인 성질을 나타내는 말이 된다. 다시 말하면 성격이란 개인의 특질을 나타내는 기술적 개념이며 인격이란 당위성 내지는 가치평가가 함축된 가치적 개념이라고 구별할 수가 있다.

G. W. Allport는 "성격(character)은 평가된 인성이며 인성은 가치평가를 제거한 성격이다"라고 하여 도덕적으로 평가된 인성적 특성을 성격이라고 하였고 "성격이란 환경에 대한 그의 독특한 적응을 결정지어 주는 한 개인의 심리적 · 신체적 가중적인 조직"이라 하였다. 또한 그는 성격이란 환경에 대한 그 개인의 전형적인 또는 일관된 적응으로서 정의될 수 있다."라고도 하였다. H. C. Warren은 "성격은 각 발달단계에 있어서 볼 수 있는 인간의 정신구조이다"라고 하였다.

Cattell은 주어진 사태에서 개인의 행동을 예언할 수 있게 해주는 것이며 어떤 개인의 지능이나 신체적 역량과 기능 등도 성격의 일부이지만, 성격이란 용어는 그 개인의 충동, 정조, 흥미와 함께 그의 정서적 · 사회적 특질에 주로 관계되는 용어로 보았다.

Eysenck는 성격을 두 가치 차원인 내향성(introversion), 외향성(extroversion)과

안정성(stability), 불안정성(inestability)으로 나누고, 외향적인 사람은 사교적이며 파티를 좋아하고 경향이 있고 친구들이 많고 충동적으로 행동한다는 것이다. 내향적인 사람은 조용하며 내성적이고, 겁이 많으며 자기 통제적이고 조심스럽다는 것이다. 그리고 타인과 구별되는 개체의 인식 · 감정 · 의지 및 신체적 모든 특징의 통합된 체제를 성격이라 했다.

McClelland는 제반 구체적인 행동에서 어떤 사람의 행동에 대한 가장 적합한 개념화가 성격이라고 제안하였다.

Mischel은 성격이란 단어에 대한 대부분의 정의는 몇 가지의 공통된 주제들이 있다. 성격은 언제나 어떤 개인을 특징지어 주는 행동 · 사고 · 감정이 구별되는 행동양식을 제시하며, 그 개인의 생활환경에 대한 개인의 적응에 영향을 미치는 이들 행동 · 사고 · 감정의 형태라는 것이다.

이와 같은 몇 학자의 의견을 종합해 보면 성격(personality)이란 다른 사람에게 주는 그 사람의 전체적인 인상이며, 개인의 행동을 규정하는 일반적 경향이라고 말할 수 있다(신용일, 1993, pp.125~297).

2. 성격이론

1) 유형론

개인의 성격이나 기질을 일정한 유형으로 구분하고 정리하여 그 특성을 증명함으로써 인간특질의 이해를 도우려는 일련의 연구노력을 총괄한 것이 유형론의 입장이며, Hippokrates는 체액설을 주장하고 체액의 성질에 따라 사람의 기질을 다혈질, 횡담간질, 흑담간질, 점액질의 네 가지 유형으로 분류하였으며, Kannt는 경혈질, 온혈질, 중혈질, 냉혈질로 그리고 Wundt는 자극에 따른 반응의 속도와 강도에 따라 다혈질, 담간질, 우울질, 점액지로 분류하였다.

Kretchmer는 내인성이라 생각되는 분열성 기질과 우울성 기질이 그 사람의 성격과 밀접한 관계가 있음을 믿었으며, Sheldon은 인간의 행동은 생물학적 인자가 결정적인 역할을 할 것이며, 그러한 성질은 체액을 측정함으로써 예측 가능할 것이라는 전제하에서 수천 명의 남자 대학생들을 관찰하여 체격을 세가지로 분류하였다(한국교원대학교 교육과학연구소 편저, 1993).

2) 특성론

몇 개의 제한된 특징에 비추어 개인을 일정한 유형으로 분류하고자 하는 입장과는 달리 개인을 각기 성격특성을 가진 것으로 가정하고서 성격의 보다 공통적인 여러 가지 특성을 발견하고 그러한 특성을 가진 정도에 비추어 개인의 성격을 이해하고자 하는 입장을 말한다. Cattell은 우성인성의 특성을 나타내는 말 중 동의어를 한데 묶고 나머지 분량이 상이한 것들 간에 상관분석을 하여 상관계수가 .60 이상되는 것을 동일한 특성으로 보아 이것들을 표면특성이라 불렀다.

Alpport는 특성을 구조의 단위인 동시에 동기유발의 기능을 갖는 것으로 보았으며, 이런 특성을 공통특성과 개별특성으로 나누었다.

3) 성격발달이론

발달이론은 개인의 생활사를 강조하고 있으며, 발달이론은 일반적으로 프로이트의 정신분석학 이론과 신프로이트학파 이론이 있다.

Freud는 우리의 정신세계란 본질적으로 '의식', '무의식'의 두 부분으로 구성되어 있는 것으로 가정하고 무의식의 성질과 역할에 관한 자신의 견해를 하나의 정교한 성격이론에 조직해 넣었다. 신프로이드 학파로 Jung은 Freud가 리비도를 성적인 것에 한정시킨 데 반대하여 이를 일반적인 심적 에너지라고 규정하고 에너지의 작용방향에 따라 내향성과 외향성의 두 기제를 인정하였고, Adler는 인간을 움직이는 최대의 동기는 열등감이라 하여 Freud 의 범성욕설을 비판하는 입장에서 성격구조의 단일 요인을 주장하고 있다.

4) 자아이론

Symonds에 의하면 자아에는 다음 네 가지 측면이 있다. 첫째는 지각된 것으로써 자아이고, 둘째는 하나의 개념으로서의 자기이며, 셋째는 가치와 관심의 대상으로서 자기, 넷째는 이와 같은 관심에 대한 반응으로서의 자아를 중심으로 조직된 하나의 활동체인 자아이다.

3. 성격형성의 요인

인간은 출생시부터 외모나 동작에 있어 사람마다 차이를 보이고 있다. 이것을 부모로부터 타고난 선천적인 것으로의 성격형성 모습이요 바탕이라면, 그 어린아이가 환경과 더불어 어떠한 접촉을 하며 어떠한 과정을 거쳐 생활하느냐에 따라 후천적인 과정으로서의 인성형성이 이루어지게 마련이다.

오늘날에 있어서는 비교적 Personality의 형성은 오히려 유전보다는 인위적으로 조성가능한 환경, 특히 사회적 영향의 중요성을 강조하는 학자가 많지만 그 사회적 · 환경적 영향도 결국은 생리학적 유기체를 전제로 한데서 생각하는 것이며 결국은 이 유기체의 생물학적 기초의 상위에 따라서 사회적 조건에 대응하는 방법도 다른 것을 이해하여야 한다(신용일, 1993 ; 한국교원대학교 교육과학연구소, 1993).

1) 성격형성의 유전적 생리적 요인

성격은 생득적이고 생물학적인 심리학적 소질을 기반으로 하면서 후천적으로 사회 · 문화적 환경의 영향을 강하게 받아서 형성된다는 것이다.

2) 성격형성의 환경적 경험적 기초

개인의 행동은 유전과 환경의 함수관계로서 설명되어질 수 있으며 개인의 성격은 개인의 과거경험과 환경적 영향이 보다 더 큰 작용력을 미치는 것으로 밝혀지고 있다.

학습과제

1. '발달과업'의 개념을 파악하고, 성인 초기의 과업 중 10가지를 소개하시오.
2. 피아제의 인지발달 단계를 다섯 단계로 나누어 설명하시오.
3. 에릭슨의 사회심리적 발달단계에 따라 다음 용어를 나열하시오.
   [자율성, 자발성, 기본신뢰, 동일성, 근면성, 생식성, 통합성, 친일성]
4. 스키너의 강화인자 개념을 설명하시오.
5. 구성주의 학습이론에서 '학습을 일으키는 활동'을 소개하시오.

참고문헌

김아영 외 5인(공역)(1998). 교육심리학, 서울 : 학문사.

박상호, 김경희(1995), 교육학개론, 서울 : 집문당.

신용일(1993), 교육심리신강, 서울 : 동문서.

수원대학교 교재편집위원회(1998), 교육학개론, 경기 : 화진사.

이갑순(1998), 건강교육, 서울 : 현문사.

이화여자대학교 교육공학과(1996), 교육방법 및 교육공학, 서울 : 교육과학사.

윤정일, 신득렬, 이성호, 이용남, 허형(1995), 교육의 이해, 서울 : 학지사.

조경원, 이기숙, 오욱환, 이귀윤, 오은경(1990), 교육학의 이해, 서울 : 이화여자대학교 출판부.

한국교원대학교 교육과학 연구소 편저(1993), 교육학, 서울 : 양서원.

Baron, J.(1985). *Rationality and intelligence*. NY.: Cambridge University Press.

Brophy, J.E.(1988). "On motivating students". In D. Berliner & B., Rosenshine(Eds.), *Talks to teachers*. N.Y.: Random House. 201-245.

Derry, S.J.(1992). "Beyond symbolic processing: Expanding horizons for educational psychology". *Journal of Educational Psychology*. 84, 413-419.

Deci, E., & Ryan, R.M.(1985). *Intrinsic motivation and self-determination in human behavior*. N.Y.: Plenum.

Deci, F., Vallerand, R.J., Pelletier, L.G. & Ryan, R.M. (1991). "Motivation and education: the self-determination perspective". *Educational Psychologist*, 26, 325-346.

Hernshaw, L.S.(1987). *The Shaping of Modern Psychology: A Historical Introduction from Dawn to Present Day.* London: Routledge

Locke, E.A., & Latham, G.P.(1990). *A theory of goal setting and task performance.* Englewood Cliffs, N.J.: Prentice-Hall.

Maslow, A.H.(1970). *Motivation and personality*(2nd ed.). N.Y.: Harper and Row.

Miller, G.A., Galanter, B., & Pribram, K.H.(1960). *Plans and the structure of behavior.* N.Y.: Holt, Rinehart& Winston.

Ortony, A., Clore., Collins, A.(1988). *The Cognitive structure of emotions.* Cambridge: Cambridge University Press.

Rogers, C.R.& Freiberg, H.J.(1994). *Freedom to learn*(3rd ed.). Columbus, OH: Charles E. Merrill.

Shunk, D.H.(1991). *Learning theories: An Educational Perspective.* NY: Merrill.

Steipek, D.J.(1993). *Motivation to learn*(2nd ed.). Boston: Allyn and Bacon.

Vroom, V.(1964). *Work and motivation.* N.Y.: Wiley.

Weiner, B.(1992). *Human motivation: Metaphors, theories, and research.* Newbury Park, CA: Sage.

제6장

교육과정 및 평가

제1절 교육과정

1. 교육과정의 개념

교육과정이란 교육의 목적이 설정되었을 때 교육의 과정 속에서 그 목적(목표)을 달성하기 위하여 무엇을 선정해서 어떻게 조직하여 가르칠 것인가를 종합적으로 조작하는 교육의 전체적인 계획이라고 할 수 있다.

교육과정이란 용어를 일반 사람들이 사용할 때에는 학습자에게 가르칠 것에 대한 계획이나 실제 교육상황에서 학습자에게 가르쳐지는 것을 이른다.

1) 교육과정의 어원적 의미

교육과정은 라틴어 동사형, 쿠레레 currere, '뛴다'에 그 어원이 있으며, 영어로는 명사형, 커리큘럼 curriculum이라 하는데 대략 두 가지 뜻이 있다. 한 가지 뜻은 '경기장에서의 경주'로 일정한 결승점을 향하여 그어 놓은 '주로' 또는 '달리는 코스'(race course)를 의미한다. 교육의 영역에서는 학습자가 일정한 교육 결승점을 목표로 학습하며 달려나가는 진행 과정이라는 뜻으로 사용하게 되었다. 또 다른 뜻은 '경주 그 자체'를 의미하며, 교육에 적용하면 '학습내용'이라 할 수 있다.

2) 교육과정의 형태

일반적으로 교육과정의 유형을 정할 때에는 목적, 사회적 조건, 교육정책 등이 고려되나 그래도 기술적으로는 유형의 선택이 목적 달성에 도움이 될 것인지에 따라 판단을 내리게 된다. 교육과정의 중점을 문화 교양 수준에 둘 것인가, 사회에 둘 것인가, 학습자 인간에게 둘 것인가, 학문 구조에 둘 것인가에 따라 다음 〈표 6-1〉과 같이 네 가지 유형으로 구분된다.

〈표 6-1〉 교육과정의 네 가지 유형

	교과중심 교육과정	경험중심 교육과정	학문중심 교육과정	인간중심 교육과정
개념	학교의 지도하에 아동. 학생이 매우는 일체의 교과와 교재	학교의 지도하에 학생들이 가지는 모든 경험	지식(학문)의 구조	학생이 학교생활을 하는 동안에 가지는 모든 경험
대두배경		① Rousseau ② 심리적 계발주의(아동의 발달 순서와 흥미) ③ J.Dewey ④ 8년 연구	① 과학기술의 급속발전 ② 지식의 폭발적 증가 ③ 교육과정이론의 발전 ④ 1957년 sputnick발사 ⑤ woodhole회의	교육본질 : 자아실현 교육과정 : • 학문중심 • 교과중심 • 보완(정적 측면)
기본견해	① 교과는 그자신의 논리와 체계가 있어야 함. ② 학습은 체계적으로 하는 것이 좋다.	① 학습자의 흥미, 욕구가 교육과정의 근간 ② 학습자의 전인적 발달 중시 ③ 문제해결학습의 중시 ④ 교사와 학생간의 협동 강조	① 학문의 구조, 개념과 원리 중시 ② 어떤 교과라도 모든 단계의 학생에게 교수 ③ 직관적 사고 분석적 사고보다 중시 → 발견학습 ④ 내적 동기 유발중시 → 문제해결에서 옴	
특색	① 사전계획, 조직구성 ② 학생에게 일률적 교재제공 ③ 지식과 기능의 신장에 중점 ④ 주된 내용은 문화 유산의 전달 ⑤ 교사중심 교육과정 : 설명위주	① 사전에 계획불가 ② 자발적인 활동 ③ 생생하고 활기있는 학습 ④ 생활문제, 해결능력 부여 ⑤ 시민적 가치의 취득 ⑥ 개인차 중시	① 이성의 계발, 탐구력 개발 ② 지식의 구조 중시 ③ 발견학습 ④ 나선형 교육과정 ⑤ 조직방법 : 절충적 방법 (논리, 심리)	① 잠재적 교육과정중시 ② 학교환경이 인간화를 위한 노력 ③ 자아실현을 목표함. ④ 인간주의적 교사를 필요로 함.
장점	① 논리적이고 체계적으로 조직되어 학습하기 편리 ② 지식과 기능신장에 유리 ③ 평가가 용이 ④ 중앙집권적 통제용이	① 아동의 흥미유발, 자발적 행동 촉진 ② 고등정신 기능 배양(창조력, 사고력) ③ 실질적 생활문제 해결에 도움 ④ 민주사회 시민양성에 유리	① 기억 용이 ② 전이가 잘됨 ③ 고급지식과의 관련성이 높다. ④ 학문의 전체적 구조파악	① 교육의 본질을 인식시킴 ② 교육의 인간화 기여 ③ 교육환경의 인간화에 기여 ④ 전인교육의 이념추구
단점	① 학생의 흥미, 욕구 무시 ② 고등정신 기능배양에 난점 ③ 비현실적, 지식획득 ④ 분과주의에 다질 우려	① 학교교육의 기능이 무시될 우려 ② 행정의 통제 곤란 ③ 평가 곤란 ④ 교사의 능력부족으로 실패 확률이 높다.	① 학습이 힘들다. ② 지식의 구조는 실생활과 유리되어 있다. ③ 학습 부진아와 지진아에 대한 고려가 안된다. ④ 정의적 영역학습 곤란	① 논제가 정확치 않다. ② 교육의 본질에 대한 일방적 주장 ③ 현실적 적용의 한계
구분				° A.S.Neill, Summer Hill, 대안학교('하자하자') 기숙사 생활 ① 성선설에 입각한 아동관 ② 강요가 없는 자유로운 활동 보장 ③ 창의성이 풍부한 아동육성 ④ 행복한 시민양성 : 신경질적 학자보다 행복한 청소부 ⑤ 민주주의를 기반으로 하는 자치 학교

2. 교육과정 구성요소

교육과정의 구성요소 절차는 ① 교육목적의 설정 단계에서 시작하여, ② 교육목적 달성을 위한 교육내용을 선정하며, ③ 선정된 내용을 순서에 따라 교육내용으로 조직하고, ④ 조직된 교육내용이 실제로 학습생활이 가능하도록 구체적으로 학습단원을 구성 전개하게 된다. ⑤ 설정된 교육목표의 달성도 평가와 교육과정 자체의 평가 절차와 단계로 거치게 된다.

1) 교육목표 분류학

(1) Tyler의 목표모형

Tyler는 '무엇을 가르쳐야 하는가'에 대한 물음에 대하여 오직 그 목표를 설정하는 절차, 형식만을 언급하는 기술적인 교육목표 규정을 하고 있다. 교육의 목표는 반드시 평가 가능한 최종 상태로서의 학생의 수행 행동에 대한 진술형태로 제시되어야 한다.

(2) 블룸(Bloom)의 분류학적 접근

복잡성의 원칙에 따라 '지적 영역'을 분류했으며 내면화의 수준에 따라 '정의적 영역'을 분류하였으며 '운동심리적 영역'을 분류했다. 특정한 교과내용을 분류한 것이 아니라 의도된 학생들의 행동, 즉 어떤 단원의 학습에 참여한 결과로 일어난 개인의 행동, 사고, 감정이다.

① 분 류

- 지적 영역(cognitive domain) : a) 지식, b) 이해력, c) 적용력, d) 분석력 e) 합성(종합력), f) 평가의 여섯 항목이며, b~f은 지적 능력과 기능이라 하여 지식과 구별하고 있다.
- 정의적 영역(affective domain) : a) 감수, b) 반응, c) 가치화, d) 조직화, e) 인격화(성격화)의 다섯 항목이다.
- 심리운동적 영역(psycho-motor domain) : a) 지각, b) 태세, c) 안내된 반응, d) 기계화, e) 복합외형반응, f) 적응, g) 창조의 일곱항목과 관련된 능력이다.

② 장 점

- 교육과정, 특히 평가에 관여하고 있는 사람들간에 교육목표에 관한 의사소통을 원활하고 정확하게 하는 데 유용하고,
- 어떤 교육과정에 포함될 교육목표를 포괄적으로 열거하는 데 도움이 되며,
- 교육의 성과와 관련된 가설검증이나 검사자료의 분류 등에 유용하다.

③ 단 점

- 정의적 교육목표가 지적 교육목표와 구별되기 어렵고 지적 영역과 정의적 영역 안의 각 항목들이 난점을 가지고 있다.
- 세 영역을 한꺼번에 다루는 패러다임보다 포괄성이 부족하고,
- 정진작용에 대한 심리적 의미의 조작적 정의의 극대화를 극복하고,
- 경험영역에 의거 분류하는 형식교과의 적용의 어려움 등이 지적되고 있다.

(3) 메이거의 목표 진술

Mager에 의하면 의미있게 진술된 목표는 그 진술자의 의도를 잘 전달하는 목표이며, 그 목표의 대안적인 해석들을 최대한으로 배제하도록 진술하는 목표이다. 교육목표의 진술은 학습자나 목표를 달성했다는 증거를 나타내어 보이며 어떤 행동을 할 수 있는가를 구체적으로 명시하는 한 유용하게 된다.

① 특 징

- 타일러, 블룸의 이론 및 가정에서 출발하였으나 보다 조작주의적(operational)인 정의방법을 극대화시켰다는 것이 가장 큰 특징이다.
- 학습자의 종착행동을 조작화시켜 구체적 행동으로 나타내기 위하여 행위동사(action verbs)를 쓰기를 주장했으며,
- 행동이 발생하리라 기대되는 중요한 조건(condition)의 제시를 강조하고,
- 종착행동의 목표달성 여부를 알기 위한 준거(criterion)를 제시하도록 하였다.

② 장점

- 철저한 조작주의적 입장으로 교육목표 조작화의 극치를 이루었으며,
- 달성여부의 구체화로 형성평가에 보다 적절하게 사용하고,
- 교수절차를 방향잡고 평가의 목적을 위해서 총괄평가에도 적용한다.

③ 단 점

- 지나친 조작주의로 조작적 정의가 힘든 목표는 과소평가될 우려가 있고, 최저수행의 수락준거의 타당성이 미비하며,
- 예기치 않은 학습기회를 도외시할 가능성이 있다.

(4) 가네(Gagne) 과제분석 접근

학습내용을 학습위계의 원칙에 따라 위계화시켜서 학습내용을 인간활동의 특수영역에서 학습자가 나타내기를 기대하는 능력으로 정의하여 블룸, 타일러의 내용·행동구분과는 다른 입장을 취하고 있다. 가네에 있어서 교육과정은 단일한 행위에 의해 각 내용단위의 학습을 성취할 수 있도록 배열한 내용단위의 계열이며 따라서 과제수행을 위한 선수능력 확인절차를 계속 하향시킴으로써 목표(과제)에 따른 학습위계를 설정할 수 있으며 이것이 교육과정 분석인 것이다. 학습결과가 노리는 목표는 지적 기능, 인지전략, 언어기능, 운동기능, 태도 등 다섯 가지를 제시하였다.

① 장 점

과제분석의 원리에 의한 교수목표의 확인방법은 교사에게 왜, 무엇을, 어떻게 가르쳐야 할지를 시사하는 데 큰 영향을 줄 수 있어 교수-학습 진행중에 보다 적합하다 하겠다.

② 단 점

학습위계에 치우쳐 교수위계상 명확성의 차이로 범교과적 적용에 문제가 있으며 기본 가정인 선수기능 가설과 긍정적인 전이가설의 타당성이 의심되는 인과구조 모형을 제시하고 있다.

2) 교육내용의 선정

교육목적이 설정되면 설정된 교육목적이 달성될 수 있는 교재나 또는 경험과 활동내용을 선택하는 단계이다. 교육내용의 범위(scope)는 교육목표가 달성될 수 있는 교재나 경험 또는 활동내용으로 횡적인 관계이다. 무엇(what)을 가르칠 것인가와 관련한다.

선정기준은 다음과 같다.

① 교육목표와의 일관성(기회의 원칙) : 교육목표 달성에 직결되는 학습경험을 학생에게 실제로 기회를 제공해 주는 것이어야 한다.
② 전이가능성의 원리 : 전이정도가 높은 지식의 구조, 기본 개념, 일반원리를 중시한다.
③ 동기유발의 원리 : 교육목적이 지시하는 학습활동은 학습자의 내부적 요구와 목적의식이 직접적으로 일치하는 것이어야 한다.
④ 탐구학습의 강조 : 탐구학습 과제를 교육내용으로 선정
⑤ 지도가능성 검토 : 학교의 시설 · 설비와 학생의 능력(선수학습)을 검토하여 현실적으로 지도가 가능한가를 고려하여야 한다.
⑥ 다목적 달성의 원리 : 한 가지 학습경험 - 동시학습 - 으로 여러 가지 교육목적을 동시에 달성할 수 있는 경험을 선정해야 한다.
⑦ 경험의 비중복성 : 학교 밖에서도 체험할 수 있는 경험 등 비슷한 경험의 중복을 가능한 한 회피한다.
⑧ 지역성에 대한 고려 : 융통성이 많은 교육내용을 선정하여, 교사들이 그 지역사회에 알맞은 교육과정을 계획하도록 한다.

3) 교육내용의 조직

선정된 교육내용을 서로 어떻게 횡적으로 관련시키며 종적으로 체계를 잡느냐의 문제이다. 학습경험의 배열(sequence)은 학습활동이 가능하도록 일정한 방법에 따라서 교재를 배열해 놓는 순서, 계열, 종축을 말한다. 어느 때(when) 가르칠 것인가와 관련된다.

(1) 조직원리

① 계속성(continuity)

교육내용을 계속 반복할 수 있도록 조직함을 말한다. 나선형 동일 수준의 교육내용에 대한 반복적 학습을 뜻한다.

② 계열성(sequence)

교육내용을 나선형 교육과정이 되도록 조직하는 것을 말한다. 타일러식의 계열성의 개념을 적용한 바, 가르칠 내용을 논리적으로 또는 심리적으로 조직함을 뜻하며, 어떤 교육내용을 어떤 수준에 논리적 또는 심리적으로 배열할 것인가에 관심이 있었다. 계속성의 원리와 계열성의 원리는 학습경험의 종적 조직에서 매우 강조되는 원리이다.

③ 통합성(integration)

교육내용을 학생들의 경험 속에 의미있게 통합되도록 조직함을 말하는 바, 전통적 교육과정의 결함인 단편적 지식의 나열을 지양하고 교과 상호간의 관련을 중요시하여 강조하고, 교과 내에 있어서도 전후 내용간의 관련성을 중시하여 하나 하나의 교육내용이 학생의 경험 속에 통합되도록 조직한다는 것이다.

④ 균형성

여러 학습경험들 사이에 균형이 유지되어야 한다는 원리이다. 즉, 교육과정 조직에 있어서 일반교육과 특수교육이 각종 학교의 특수한 기능과 목적에 따라 만족할 만한 균형이 이루어지도록 짜여져야 한다는 것이다. 통합성의 원리와 균형성의 원리는 학습경험의 횡적 조직을 위한 기본이 되는 것이다.

⑤ 다양성

학생의 특수한 요구, 흥미, 능력이 충분히 반영될 수 있는 다양하고 융통성 있는 경험을 할 수 있도록 학습경험이 조직되어야 하는 것이다.

⑥ 건전성(보편성)

모든 학생이 건전한 민주시민으로서 가져야 할 공통된 가치관, 이해, 태도, 기능을 기를 수 있는 학습경험 조직이 이루어져야 한다.

(2) 조직방법

① 논리적 배열

전통적 배열방법으로 학습경험을 연속적으로 발전시켜 가는 방법으로 각 교과의 논리적 체계에 따라 교재를 배열하는 방법으로, 교육내용 상호간의 밀접한 연결을 지우면서 구체적인 데서 추상적인 것으로, 쉬운 것에서 어려운 것으로, 가까운 것으로부터 먼 것으로 학생들의 심리적 발달에 따르도록 하는 것이다(교과 중심, 학문 중심 교육과정에 적용에 적용).

② 심리적 배열

학습자의 심리적 특성을 토대로 하는 방법으로 학습자의 성숙, 성장 발달의 특징, 홍미와 필요, 학습의 곤란도, 학습의 성공이나 실패가 학습자에게 미치는 영향 등을 연구하여 조직한다(경험 중심 교육과정).

③ 절충적 배열

학습자의 심리적 특성을 최대한으로 살리며 한편으로는 교재의 논리적 순서와 그 발전이 보장되도록 배열하는 방법이다(학문 중심 교육과정에 적용).

4) 단원의 구성과 전개

(1) 단원의 개념

단원(unit)이란 '통일된 어떤 자원을 중심으로 한 교육내용의 일련의 조직'이며, 이는 통일성, 전체성, 단일성, 통합성이 보장되는 것이다.

(2) 단원의 유형

① 교과단원(subject matter unit)

논리적 지식체계를 중요시하는 교과중심 교육과정에서는 교과 또는 문화를 학습내용의 전체라고 보고 이것을 자원으로 해서 논리적, 체계적으로 그 내용을 분절하여 통일성 있게 학습의 최저 단위로 조직하는 것을 말한다.

② 경험단원

생활경험을 중시하는 경험중심 교육과정이나 중학교육과정에서는 학생들의 흥미나 필요 혹은 사회문제나 기능 등을 학습의 중심자원으로 하여 학습의 최저단위인 하나의 경험을 전체의 경험과 유기적으로 관련있게 전개하는 것을 학습자의 목적을 중심으로 심리적으로 조직한다.

③ 자료단원과 학습단원

- 자료단원(source unit) : 단원의 계획, 전개, 평가에 필요한 자료를 종합적, 체계적으로 조직한 것을 말한다.(참고자료, 학습자료)
- 학습단원(teaching unit) : 교사가 학생의 특성을 고려하여 그 학급에서 실제로 전개될 단원을 참고로 하여 학습단원을 구성, 학습단원은 교과단원의 성격을 띨 수도 있고 경험단원의 성격을 띨 수도 있다. 학습단원을 정리하여 사전에 지면에 적어놓은 것이 단원전개이다.

(3) 단원 전개

단원계획에 있어서는 사전계획과 공동계획으로 나누어 생각할 수 있다. 교과형에 있어서는 교사의 사전계획으로 전개되나 경험형에 있어서는 사전계획과 공동계획을 모두 필요로 한다. 단원목표의 설정, 학습과제의 분석, 전개계획, 평가계획의 절차를 밟는다.

(4) 사전계획

① 먼저 단원계획의 기초를 잡는다.
② 단원을 선정(자료단원)한다.
③ 단원전개를 위한 기본적인 방향을 설정한다.
④ 자료단원을 준비한다.

◉ 수업지도 과정

단계	주 제	내용 및 활동	유의점
도 입	주체적 참가 유도	동기유발 / 교수목표 제시 및 인지	
계 획	문제해결의 계획 수립	문제해결 계획(경험단원에서 중요)	
전 개	교수, 학습전개	역동적	
정 리	정리와 개관	종합정리 / 확인학습 실시 / 차시 예고	
평 가		형성 평가 / 교사 자신 평가 / 개선 · 보안	

3. 교육과정 체제 개발

1) 커리큘럼 개발 배경

그동안 많은 교육자들은 교육비용과 물적자원에 비해 인적자원의 중요함을 간과해 왔다. 현대의 산업사회에서 요구되는 새로운 지식과 기능, 급격한 기술의 발전은 인적 자원의 개발이 그 사회 조직의 성패를 좌우하는 관건이 되게 하였고, 이제 어느 기업이나 교육조직체를 막론하고 우수한 인적 자원의 확보가 중요한 관심사로 대두하게 되었다.

그러나 훌륭한 교육적 배경과 우수한 능력을 지닌 인적 자원을 확보했다 하더라도 급격한 시대적 변화와 특정 조직의 다양한 요구에 적응시켜 나가기 위해서는 이들을 대상으로 하는 계속적인 교육과 훈련이 계획되어야 한다. 그러므로 보다 효과적이고 효율적인 교육효과를 위해서는 체계적이고 조직적인 과정과 프로그램들이 개발 실시되어야 한다. 구체적으로 교육대상자의 특성을 파악하여 이들에게 어떤 교육과 훈련이 요구되는지를 분석하고, 이들의 요구를 어떻게 만족시켜 나갈 것인지의 교육과정을 결정하고, 이에 적절한 교재 내용과 그에 적합한 교수매체를 제작하는 등 체계적인 교육과 훈련 프로그램들을 개발하여 실행할 필요가 있다.

Pigors(1981)는 또 산업의 경우 교육훈련은 첫째, 신입사원들에게 회사의 방침이나 규칙 등에 관한 기본적인 지식을 주입시켜 줌으로써 가능한한 최단시일 내에 회사에 대한 친근감을 가지게 해주며 둘째, 종업원들이 담당할 직무에 대해 지도를 해줌으로써 단시일 내에 질과 양의 두 측면에서 표준과업량을 달성할 수 있게 하여 소득의 증대를 꾀할 수 있기 때문에 필요하다고 했다.

세째로는 기술을 증진시킴으로써 배치전환이나 승진을 위한 자격과 능력을 갖출 수 있게 해주며 넷째, 사고, 불량품 및 기계의 손모율을 감소시킬 수 있고 다섯째, 나날이 도입되는 새로운 기술이나 생산방법에 대해 종업원들이 신속하게 적응할 수 있게 해준다고 했다.

보다 구체적으로 신입사원을 대상으로 하는 교육훈련은 입직훈련이라고도 불리우는데 이는 오리엔테이션의 성격을 띈다. 입직훈련은 신입사원이 새로운 조직의 환경에 신속하게 적응케 하기 위해 이루어지는데 교육을 개발실시하였던 산업체 중 특히 가구제조업의 경우 영국의 National Training Awards를 수상한 자료에 의하면 가구 제작업의 경우 판매사원들의 기술을 향상시키기 위해 훈련 프로그램을 실시한 결과, 판매고가 40% 증가되었고 현장 교정작업은 40% 감소한 것으로 조사되었다. 또 고객의 불만 건수가 95% 떨어졌고 지역 판매 관리자의 동기유발 및 사기가 눈에 띄게 높아졌음을 알 수 있었다(National Training Awards Winners, 1988 Synopsis, The Training Agency를 인용한 신명훈을 재인용). 이와 같은 사례를 보더라도 산업현장에서의 교육훈련은 오늘의 필요에 의해 이루어지기 보다는 미래의 경영을 담당할 수 있는 능력을 갖추도록 하는데 그 목적이 있다고 생각하고 계획되어야 하겠다.

2) 커리큘럼 / 코스 개발

(1) 코스의 정의

교육에의 체제적 접근에 대해 생각할 때에는 코스가 무엇을 의미하는지를 먼저 정의해야 한다.

코스는 교육체제 개발시 다음과 같이 정의된다 :

- 직무 전반에 관련된 니즈에 부응하기 위하여 기획된 총체적인 교육과정에서의 한 단위
- 일련의 학습 목표들을 달성하기 위한 하나의 학습활동
- 다음과 같은 여러 가지 방법들 중의 하나로 전달될 수 있는 학습활동 – 교실 학습 (단순한 강의, 실험, 시뮬레이션, 프리젠테이션 등이 이용되기도 한다.)

- 상호작용 TV 학습(Interactive Television)
- 비디오 학습(Tutored Video Instruction)
- 컴퓨터 학습(Personal Computer with Videodisc)
- CBT 학습(Computer based Training)
- 자율 학습(Self Study)

(2) 코스 개발과 교육체계 개발의 차이

코스 개발은 교육체계 개발과는 다르다. 그러나 각각의 개발에 필요한 기능들은 유사하다. 개발 절차의 이름도 같고, 개발의 산출물도 유사하다(실제로, 교육체계 개발의 산출물은 코스 개발의 투입물로 사용되어야 한다). 그러나 어느 정도 같고 다를지는 교육 요구, 니즈의 대한 견해에 있어서는 차이가 있다. 교육체계 개발자는 전체 직무를 위한 교육 니즈는 만족시켜야 하지만 코스 개발자는 일정 직무와 관련된 특정 니즈에 부응하면 된다. 대개 교육체계를 개발해 본 후에, 코스를 개발에 나가는 것이 시간을 절약하고(효율성), 보다 훌륭한 결과(효과)를 가져오는 이점이 있다.

3) 커리큘럼 / 코스 개발 사례

현재 우리 사회에서 많은 기업들이 자체 기업의 특성과 필요성에 따라 독자적인 교육훈련 프로그램을 개발하여 성공적으로 사용하고 있지만 그 중에서도 IBM, Hewlett-Packard 및 Motorola사는 대표적인 기업이라 할 수 있다.

IBM은 1980년대 말에 A Systems Approach to Education(SATE)이라는 커리큘럼/코스개발 매뉴얼을 개발하여 이미 업무(Job)영역에서 90여개의 커리큘럼을 보유하고 있다.

Motorola는 데이컴, Developing a Curriculum (Dacum) 기법을 이용하여 Dacum 자격증 소지자를 중심으로 커리큘럼을 개발하고 있다(Norton, 1985; 오인경, 1994).

(1) Hewlett-Packard 사의 Educational Planning Process Hewlett-

Packard는 인재양성 프로그램의 질과 생산성이 높이 평가되고 있는 대표적인 기업으로 알려져 있다. HP사는 현재 요구되고 있는 Job 내용과 기술은 물론 그외의 광범위한 분야에서의 훈련목표를 달성하기 위하여 효과적인 과정을 계획하고 개발하고 있다. 이와 같은 노력은 종업원의 장기적인 발전 유도는 물론 지식을 수동적으로만 받아들이던 태도에서 적극적으로 바꾸어 주고 있다.

HP사의 Educational Planning Process는 종업원에게 바라는 업무수행이 무엇인지를 밝혀 이를 개발하고, HP사가 훈련에 투입하는 투자의 효과를 극대화하기 위하여 훈련 프로그램을 기능과 조직에 통합시켜 나감으로써 Educational Planning을 증진시켜 나간다.

Educational Planning Process는 매니저나 종업원들은 보다 효과적이고 기업은 보다 경쟁적으로 만든다는 근본적인 목표 하에 다음 [그림 6-1]과 같이 5단계로 이루어지는데 이는 간단한 것에서부터 복잡한 훈련요구에 걸쳐 적용될 수 있다.

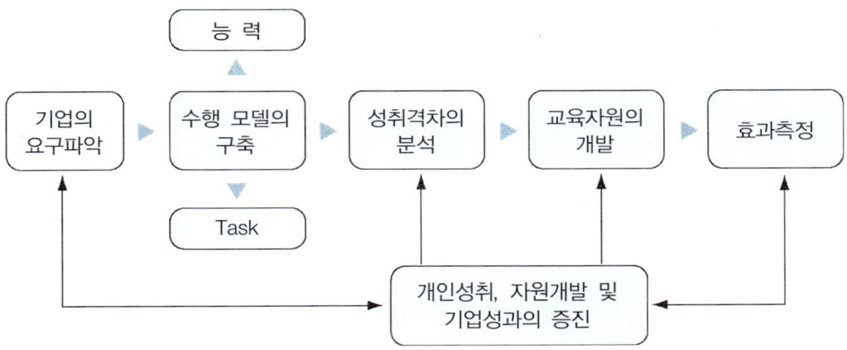

[그림 6-1] HP Education Planning Process(HP, 1991 참조)

1단계 **기업의 요구 파악**(Understand Business Needs)

기업의 요구는 무엇이며 이 요구를 훈련이 어떻게 충족시킬 수 있는가를 찾아낸다.

2단계 **수행모델의 구축**(Build Performance Models)

기업의 요구를 만족시키기 위하여 어떤 task와 능력이 중요한가를 밝힌다.

3단계 성취격차의 분석(Assess Performance Gaps)

조직에 속해 있는 사람들이 현재 요구되는 지식이나 기술, 능력을 가지고 있는지를 분석한다.

4단계 교육자원의 개발(Develop Education Resources)

요구되는 지식, 기술 및 능력을 기르기 위하여 어떤 교육자원이 디자인되고 개발되어야 하는가를 결정한다.

5단계 효과 측정(Measure Effectiveness)

교육자원들이 종업원들의 성취도 향상이나 기업에 미친 영향이 목표달성에 효과가 있었는지를 조사한다.

(2) SATE(Systems Approach To Eucation)

IBM은 체계적인 교육훈련 프로그램을 개발하여 활용하는 대표적인 기업으로 현재 종업원의 90%를 커버할 수 있는 90여종의 job과 기술 영역에 관한 교과과정을 개발 활용하고 있다. 각각의 교과과정은 몇 개씩의 하위 코스로 이루어져 있다.

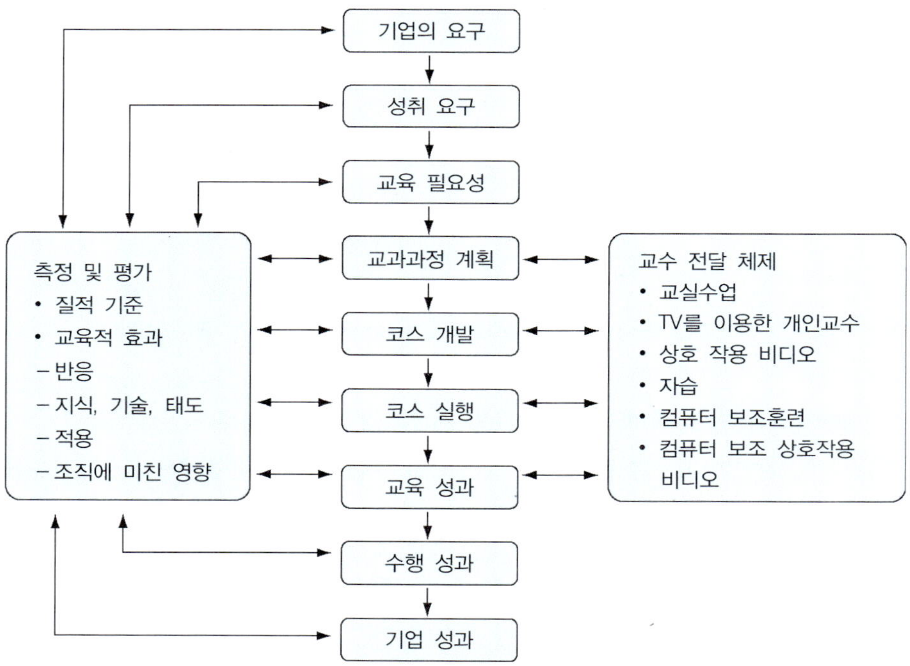

[그림 6-2] A Systems Approach to Education(IBM, 1987 참조)

IBM은 당사의 제품을 디자인하고 개발하는 과정과 유사한 체계적인 훈련과정을 개발하였는데, SATE는 job task의 정의에 근거하여 훈련 교과과정과 코스를 개발하고 관리해 나가기 위한 방법을 제공하고 있다.

SATE 모델은 [그림 6-2]와 같다.

구체적으로 교과과정의 계획과 개발은 다음의 4단계로 이루어진다.

1단계 출발(Getting Started)

교과과정 계획과 개발과 요청에 따른 목표를 세우게 된다.

2단계 분석(Analysis)

교과과정에 의해 충족되어야 할 교육적인 요구를 찾아내고 task와 content를 코스로 묶어 준다.

3단계 교과과정 디자인(Curriculum Design)

교육적인 요구를 만족시킬 교과과정을 디자인하기 위하여 코스 진술서를 작성하고 교과과정 맵을 제작하고 가설을 열거한다.

4단계 교과과정 개발계획(Curriculum Development Plan)

교과과정의 개발계획을 세우고 이에 관한 승인을 받아낸다.

구체적인 디자인을 위한 코스의 개발은 9단계로 이루어진다.

1단계 출발(Getting Started)

- 요구를 검토하고
- 목적을 설정하고
- 프로젝트의 계획을 준비한다.

2단계 분석(Analysis)

- 분석 계획을 준비하고
- 데이터를 수집, 요약하고
- task 분석을 한다.

3단계 고수준 디자인(High-Level Design)

- 최종 목표 작성

- 내용분석을 실시하고
- 코스의 단원과 평가전략을 수립한다.

4단계 자원 요구(Resource Requirements)

- 코스 유지 계획을 수립하고
- 전달체제를 선정하여 매체를 결정하고
- 기업 관련 자료를 준비한다.

5단계 구체적인 디자인(Detailed Design)

- 디자인계획을 세우고
- 가능한 목표를 설정하고
- 평가도구를 디자인하고
- 단원을 디자인하고
- 교수 전략과 학습활동을 결정하고
- 훈련 자료와 명세서를 준비한다.

6단계 개발(Development)

- 개발 계획을 세우고
- 평가도구를 개발하고
- 표준 단원을 개발하고 테스트하고
- 모든 활동을 개발한다.

7단계 제작(Production)

- 제작 계획을 준비하고
- 제작활동을 모니터하고
- 파일럿 테스트를 해본다.

8단계 재생산과 실행(Reproduction and Implementation)

- 재생산을 모니터하고
- 실행을 모니터한다.

9단계 평가와 유지(Evaluation and Maintenance)

- 평가를 실시하고 분석하며
- 코스를 최신의 것으로 만든다.

(3) 국내 커리큘럼 / 코스 사례

이와 같이 자체 기업의 특성과 환경을 고려하여 독창적인 훈련체제를 개발해 활용하는 외국의 사례에 비해 우리나라에서는 최근까지도 주먹구구식의 교육훈련을 실시하다가, 1990년대에 이르러서야 비로소 극히 손꼽을 정도의 일부 대기업에서 자체기업의 특성과 요구를 반영시킨 체계적인 교육훈련을 위한 모델을 개발활용하고 있는 실정이다.

LG의 인화원은 독자적으로 개발한 체제라고 보기는 어려우나 Motorola의 DACUM 과정을 기초로 하여 커리큘럼을 짜고 IBM의 SATE 모델을 기반으로 하여 LG ISD(Instructional System Developement) 과정개발을 하고 있다.

삼성인력개발원에서는 지금까지 개발된 많은 ISD 모델의 한계를 극복하고 기존의 교과과정 개발 시스템과 과정 개발 시스템을 통합한 삼성 고유의 모델을 개발하였다(삼성인력개발원, 1992, 1993, 1994).

삼성 교육체계 설계 모델은 총 6단계로 구성되어 있다.

1단계 교육요구 검토

직접 교과과정이나 코스를 개발하기에 앞서 개발요청의 타당성을 검토 분석한다.

2단계 요구사정 및 수행문제 분석

경영상의 요구가 규명되고 당면문제가 분석되며, 요구 및 문제를 일으킨 근본원인이 규명된다. 또 근본원인에 대한 적절한 해결대안이 선정된다(Rossette, 1991).

3단계 분석

교육적 대안 강구가 적절하다고 판단된 경우, 무슨 내용을 어떻게 가르칠것인가를 결정한다.

4단계 설계

분석단계의 최종 결과를 토대로 교과목별로 달성해야 할 최종목표, 중간목표가 진술되고, 교육내용이 개관된다. 적합한 학습자 활동, 교수전략 및 매체가 결정이 되고 수업시간과 목표 달성도가 결정된다.

5단계 개발

교재, 강사 매뉴얼, 시청각자료, 평가도구가 개발된다.

6단계 형성평가

실제의 모의 상황에서 SME와 전문가들에게 개발된 교보재 및 평가도구를 제시하여 문제점을 점검, 수정한다.

삼성 교육체제 설계 모델은 구체적으로 다음의 특징을 지닌다.

- 경영상의 요구를 최선의 교육적 해결방안으로 전환시킬 수 있는 절차 및 기법을 강화하였다.
- 기존의 경영진단모델, 커리큘럼 개발 시스템, 과정개발 시스템, 그리고 향후 개발될 교육효과 측정 시스템과의 관계를 재정립하고, 삼성 교육체제 설계 모델의 사용대상 및 목적을 규명하였다.
- ISD모델의 삼성화 방안을 촉진시키기 위하여 기존의 직선적인 흐름도 방식과 원형적 사고방식을 통합하였다.
- 평가기능의 강화를 위해 4단계 평가모델을 각 단계에 선별적으로 내재시켰다.
- 사용자가 쉽게 실제현장에서 적용할 수 있도록 worksheet와 사용자 지침서의 두 부분으로 개발하였다.
- 총체적 품질경영의 아이디어를 ISD과정에 통합시키는 방안으로 각 단계별로 형성평가 기준을 첨가하였다.

(4) 교수체제 개발 사례(ADDIE)

인간 조직과 활동을 투입, 산출, 처리과정, 피드백 및 통제요소로 이루어진 체제로 보면 교수 산출물은 교수체제 개발의 결과로 얻어진다. 성공적인 학습을 위하여 다양한 교수체제 구성요소들(교사, 학습자, 학습내용, 교수방법 및 매체, 학습환경)이 유기적으로 결합되는데, 이 체제를 체계적으로 접근하면 분석, 설계, 개발, 실행, 평가의 단계들로 이루어져 있다.

딕과 캐리(1996)는 교수설계를 다루는 대부분의 모형들과 과정들이 체제적 접근을 토대로 한다는 측면에서 이들을 교수체제 개발이라고 지칭하기도 한다.

현재 국내에서 교육과정과 코스개발을 위해 활발히 사용되는 교수체제 개발의 사례를 소개하고자 한다. ADDIE는 각 단계의 두음을 명명한 모형이다(이화여자대학교 교육공학과, 2001; 주영주, 이광희, 2002; 한정선 외 5인, 2008; Molenda, Pershing & Reigeluth, 1996).

ADDIE 모형을 자세히 살펴보면 다음과 같이 구성되어 있다.

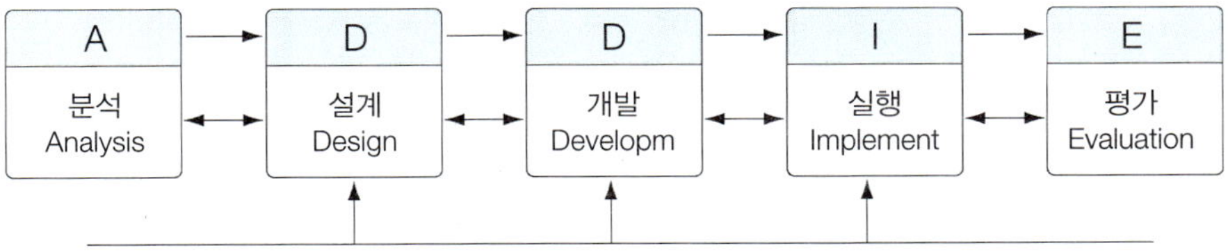

[그림 6-3] ADDIE 교수체제 개발 모형

1단계 분석 과정

요구 분석, 학습자 분석, 환경 분석, 그리고 직무 및 과제 분석이 포함된다. 요구분석의 산출물은 각 수행수준들의 격차이며, 과제 분석을 통하여 이러한 격차는 무엇을 배울지가 결정된다.

① 요구 분석

요구란 어떤 상황의 '바람직한 상태(What should be)'와 '현재의 상태(what is)'의 차이를 이야기한다.

요구분석의 단계는 다음과 같다.

- 관심의 대상이 되는 체제(system of interest)를 정의한다.
- 수행상의 결함을 결정한다.
- 수행문제의 근본원인이 동기 문제인지 관리문제인지, 아니면 지식과 기능의 부족에서 비롯된 문제인지 파악한다.
- 해결해야 할 문제를 진술한다.
- 비용/편익을 결정한다.

② 학습자 분석

학습자 분석을 위하여 교수가 시작되기 전의 학습자 수준인 출발점 능력을 파악하고, 학습자의 일반적 특성과 학습양식을 분석한다.

③ 환경 분석

학습환경과 수행환경으로 구분하여 지식 · 기술 · 태도의 새로운 습득과 활동을 분석한다.

- 학습환경 : 새로운 지식 · 기능 · 태도를 습득하는 학습자의 환경
- 수행환경 : 습득한 지식 · 기능 · 태도를 활용하는 직무환경

④ 직무 및 과제 분석

- 직무 및 과제 분석의 중요성 : 프로그램의 목적, 즉 영역의 분석을 통하여 그 교육훈련의 과제와 하위 과제를 밝힌다.
  교육훈련의 목적 이외에, 직무기술서 개발, 직원채용 및 배치기준 설정, 경력개발의 지침, 직무설계 개편, 직무목표 설정, 직무안정성 평가 등 인적 자원과 조직의 관리에 유용하다.
- 개념 : 직무 분석은 어떤 직무에 무엇이 포함되어 있는지 알아낸다. 즉 직무(job)를 책무(duty)들과 과제(task)로 분석하는 일이다. 반면 과제 분석은 직무 분석을 통하여 과제목록(task list)이 추출되면, 과제들을 성공적으로 수행하는 데 필요한 구성요소가 무엇인지 파악하고, 이들의 연결고리를 확인하는 과정이다.
  직무(job)는 기능(function)과 책무(duty)가 합해져서 이루어지며 과제(task)는 주어진 책무를 성공적으로 수행하는데 필요한 최소의 독립적이고 구체적인 업무 단위로서 확인 가능한 시작과 끝이 있다.

2단계 설계과정

분석과정에서 나온 산출물을 창조적으로 종합하는 일이다. 즉, 수행목표의 진술로 전환이 되고, 그 목표들은 교수계열과 교수전략을 결정하기 위하여 사용된다. 설계명세서에는 수행목표의 명세화, 평가도구의 설계, 프로그램의 구조화 및 계열화, 교수전략과 매체의 선정이 포함된다.

① 수행목표의 명세화

수행목표는 최종목표와 실행목표(중간목표)로 구성된다. 최종목표는 학습의

단위가 끝났을 때 궁극적으로 달성하고자 하는 목표이고, 실행목표는 하위 목표가 된다. 주로 직무분석을 통해 얻은 과제목록(task list)을 바탕으로 최종목표가 결정된다.

수행목표의 역할은 주로 설계과정과 그 이후의 교수체제 개발의 방향을 제시하고, 교육훈련의 계획, 활동, 활동결과에 대한 의사소통을 촉진하고, 효과성과 효율성을 제고시킨다. 또한 평가의 내용 · 절차 · 방법에 준거를 제공하며, 교육내용, 교수 – 학습전략, 매체의 선정에 지침이 된다.

수행목표의 구성요소에는 학습자, 행동, 조건, 정도 · 준거 · 기준이 포함되어야 한다.

② 평가도구의 개발

수행목표의 영역이 인지적(지필검사 등), 정의적(학습자의 선호도, 행동관찰 등), 심체적(학습자의 실행을 체크리스트)이냐에 따라 달라진다. 흔히 지필검사, 역할연기 및 모의실험, 직무수행 관찰 및 실기검사 등으로 수행척도를 삼는다.

③ 계열화

학습내용과 학습활동이 제시되고 경험되는 순서를 고려하며, 주제 전문가의 협력이 필수적이다. 주제별 계열화(topical sequencing)와 나선형 계열화(spiral sequencing)가 있다.

④ 교수전략과 교수매체의 선정

교수전략의 결정은 교수 – 학습에 대한 철학(발견학습 · 수용학습), 학습집단의 단위(개별, 소집단, 대집단), 통제의 중심(교사 주도, 혼합, 학습자 주도), 환경(직무환경, 교실환경) 등의 이슈와 관련된다.

교수매체는 학습의 유형, 학습자의 특성 등의 수업 · 학습의 상황뿐 아니라 장비와 시설의 가용성, 개발자의 전문적 기능, 자료의 내구성과 비용효과성 등이 고려된다.

3단계 개발과정

교수자료는 이상의 교수 전략을 실행하기 위하여 시제품(프로토타입)으로 개발된다. 개발된 교수자료는 파일럿 테스트(pilot test)나 형성평가 후에 실제 학습환경에서 실행된다.

① 교수자료의 개발

교수매체는 수행목표 및 학습내용 달성 위해 비용 효과, 개발 가능성, 소요 시간을 고려한 개발 타당성을 바탕으로 한다. 강사 매뉴얼은 Worksheet, Job Aids 등 전체 교수체제와 목적의 기술, 전체 구조 알려준다.

② 형성평가 및 수정

형성평가는 교육훈련 프로그램을 개발하는 과정에서 양질의 프로그램을 위해 실시한다.

파일럿 테스트는 개발 프로그램을 실행하기 직전에 실시하여 시간적, 금전적, 인적 자원 측면의 비용손실 예방한다.

교수내용 전문가 및 방법을 전문가에 의한 교수자료 평가, 1 : 1 평가(임상평가), 소집단 평가, 현장검증 등이 있다.

③ 제 작

4단계 실행과정

설계 개발된 교육프로그램을 실제 현장에 사용하고 교육과정에 반영하고 설치한다.

① 프로그램의 사용 및 설치

- 후원자로부터 공식적인 지원을 확보한다.
- 여론 선도층(opinion leaders)을 파악하고, 그들의 지원을 얻는다.
- 강사를 훈련시킨다.

② 유지 및 변화 관리

5단계 평가과정

실행된 교수 프로그램이 수행목표를 달성했는지를 확인하기 위하여 교수설계 또는 교수체제 개발의 마지막 요소인 총괄평가를 실시한다. 모형에서 평가는 커다랗게 설계, 개발, 평가단계에서 구체화되었을 뿐 아니라 각 단계에서 부분적으로도 이루어지고 있다. 이는 평가가 계속적이며 전체적으로 이루어져야 한다는 것이다.

교육훈련의 효과를 평가하는 방법은 컬크패트릭(Kirkpatrick)의 4단계 평가법이 널리 이야기되고 있다.

구체적으로 컬크패트릭의 4단계 평가법은 다음과 같다.

① 수준 1 : 반응평가(reaction evaluation)

교육 참가자의 프로그램에 대한 느낌이나 만족도를 조사하는 것이다. 교육훈련 현장에서 참여자들이 교육훈련 프로그램의 교재, 교수자, 시설, 방법, 내용 등에 대해 어떻게 생각하는지를 설문지를 통하여 조사하는 반응도 평가이다. 교육훈련의 과정과 운영상의 문제점을 수정하고 보완함으로써 교육훈련 프로그램의 질을 향상하는 데 사용되기 때문에 형성적 측면에 가깝다. 대부분의 조직에서 수준 1의 평가는 실시하지만 참여자의 반응이 좋게 나왔다고 해서 반드시 교육의 효과가 있다고 단정짓기는 어렵다.

② 수준 2 : 학습평가(learning evaluation)

교육훈련의 결과로 참여자의 지식, 기술, 태도가 얼마나 증진되었는지를 측정하는 평가이다. 지필고사, 수행검사, 직무 시뮬레이션 등을 이용하여 평가한다. 학업성취도 평가라고도 하며, 프로그램이 끝난 후에 전체적 교육효과는 목표달성을 중심으로 평가하기 때문에 총괄적이다.

③ 수준 3 : 행동평가(behavior evaluation)

교육훈련을 통하여 습득한 지식이나 기술이 현장에서 직무를 수행할 때 전이되고 적용되는 수준과 빈도를 평가한다. 현업 적용도 평가로 직무환경의 영향을 많이 받게 되며, 학습자 이외에 동료나 상사로부터 수집된 자료도 활용된다.

④ 수준 4 : 결과평가(result evaluation)

교육훈련을 참가한 결과가 결과물, 비용, 질, 시간, 고객 만족 등의 측면에 영향을 미쳐 조직이나 기업의 재정적인 측면에 변화를 초래한 수준을 평가하는 것이다. 단기간에는 실시하기 어렵고 측정하기도 쉽지 않다.

4) 산업교육체제 개발의 적용

가구산업에 종사하는 신입판매 사원의 교육훈련 프로그램을 체계적으로 개발하기 위하여 앞에서 고찰한 SATE 모델과 ISD 모형을 기본으로 사용하되 국내 사례연구의 대상인 H 가구 주식회사가 중소기업이라는 특성을 감안하여 이를 적절하게 변형하여 [그림 6-4]와 같이 개발모형을 적용하였다(김신자 · 주영주 · 이광희, 1995).

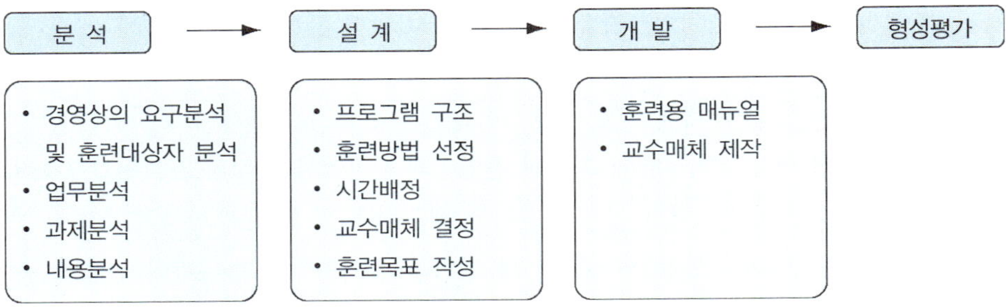

〈H가구 판매사원 훈련 프로그램 설계모형〉

[그림 6-4] 산업교육체제 개발과정 사례

H 가구는 1966년에 창설되어 한국에서는 몇 안되는 천연목재만을 원료로 사용하는 최상급의 가구를 제작 판매하고 있다. 산하에 공항판매장을 위시하여 19개의 전시판매장을 거느리고 있으며 이중 7개는 직영점이다.

(1) 분 석

① 경영상의 요구분석 및 학습대상자 분석

교육훈련 프로그램 개발의 첫 번째 단계는 경영상의 문제를 분석하는 것으로 부터 시작되어야 한다. 그리하여 경영상의 요구(need)를 파악하고 교육훈련 프로그램이 이들의 해결에 도움을 줄 수 있는지를 조사하여야 한다.

경영상의 요구는 주로 기존의 작업 수행시 발생되는 문제, 경영자의 요구 및 새로운 기술이나 도구가 도입됨으로써 야기되는 문제 등이 일반적인 사항인데 (Rossette, 1991) 이들이 파악되면 그 원인을 규명한 뒤 해결책을 모색해야 한다.

그러나 이들 요구나 문제점은 여러가지 원인이 복합적으로 작용하여 발생되는 경우가 많으므로 그 원인을 정확히 파악할 필요가 있으며 각각의 원인에 대한 별

도의 해결방안을 제시하여야 한다. 또 교육훈련으로 해결이 가능한 것도 있으나 그렇지 못한 것도 있음을 명심하고 교육훈련이 필요하다고 판명된 요구만을 교육훈련 프로그램의 대상으로 삼아야 한다.

H 가구는 '팔릴 수 있는 상품을 만들자', '매출신장에 최선을 다하자' 및 '조직을 최대한 활성화하자'라는 3대 경영방침을 목표로 삼고 매년 봄에 한차례씩 신입사원들을 대상으로 1박 2일의 교육훈련을 실시하고 있지만 프로그램이 체계적이지 못하고 신입판매사원들에게 요구되는 업무수행 능력을 제대로 훈련시키지 못하고 있어 이름뿐인 행사에 그치고 있는 실정이었다.

그리하여 경영진은 새로 입사하는 판매사원들이 필요로 하는 업무수행능력을 길러주기 위하여 체계적이고도 계획적인 프로그램 개발의 필요성을 절감하게 되었다. 이 문제의 해결을 위하여 3명의 산업훈련 전공자를 주축으로 하는 개발팀이 구성되었고 대상 기업체의 분석, 훈련 대상자 선정 및 기존의 자료 조사와 정리가 이루어졌다.

② Job 분석

Job은 어느 직책에서 수행되거나 맡겨지는 일련의 duty 또는 task의 집합을 이야기한다 (Merrill, 1987). 그러므로 판매를 담당할 사원이 행해야 할 job이 무엇인가를 파악하는 일이 우선되어야 한다.

H 가구회사에서 판매사원이 수행해야 하는 job이 무엇인지를 구체적으로 또 광범위하게 알아내기 위하여 H가구가 기존에 사용하던 훈련용 교재에 기술된 사항 외에 SME가 생각하는 판매사원에게 요구되는 job을 분석했다. 직영 판매장 중 3대 매장에서 추천받은 SME들을 포커스 그룹으로 삼아 인터뷰하여 그들의 요구와 의사를 최대한으로 반영시켰다.

SME들에게 판매사원의 job을 성공적으로 수행하기 위하여 행해야 하는 task가 무엇인지를 물은 다음 관련성이 있는 것끼리 적절히 무리지어졌다. 보다 자유로운 분위기 하에서 이들 task를 추출하고 그룹짓기 위하여 추천된 각각의 task는 메모패드에 기입된 후 스토리보드 상에서 이동시켜가며 그룹핑되어 초안이 잡혔다.

H 가구의 교육훈련 담당자, 관리자급 판매담당자, 산업훈련을 전공한 경영진, 산업훈련 전문가 및 또다른 SME에 의해서 초안에서 제시되었던 task는 검토, 정리되었다.

③ Task 분석

Task는 절차(procedure)와 같은 의미로 행위 중심으로 이루어지며 관찰이 가능하며, 능력이나 지식을 포함해서는 안된다(Merrill, 1987). 그러므로 task의 분석이란 각각의 task를 수행하기 위한 절차, 즉 스텝을 밝히는 것이다.

Job 분석으로 task가 도출된 뒤 3인의 SME에게 각각의 task를 완수하기 위하여 요구되는 스텝이 무엇인지를 물어보아 task를 분석하였다. 추출된 각각의 스텝은 job 분석의 경우와 마찬가지로 또 SME와 H가구 자체 내 교육훈련 담당자, 관리자급 판매담당자, 경영진, 산업훈련 전문가들에 의해 검토, 정리되었다.

각각의 스텝은 판매사원의 업무 수행시 그 중요도와 교육훈련의 필요도에 따라 5점 척도를 이용하여 평가된 후 평균점수가 2.5 미만인 항목은 제외시켰다.

④ Content 분석

Task와 스텝이 확실하게 결정이 되면 이들 스텝을 성공적으로 수행하기 위하여 보다 구체적으로 어떤 내용을 어떤 방법으로 얼마만큼 가르쳐야 할지의 윤곽을 잡아야 하므로 스텝 수행에 요구되는 지식, 기술 및 태도(KSA)를 추출해 내어야 한다.

Content 분석은 앞의 job이나 task 분석과 동일한 방법으로 이루어졌다.

Job, task 및 content 분석이 끝난 뒤 그 결과를 바탕으로 이들간의 연관관계를 일목요연하게 정립하여 job 수행모델을 작성하였다. 이는 교육훈련의 목표설정시 기본이 된다.

구체적으로 H 가구의 신입판매사원을 위한 job 수행모델은 다음과 같았다.

(2) 설 계

첫 번째 단계인 분석의 결과 정립된 Job 수행모델에 의거하여 요구되는 KSA의 향상을 위해 설계되어야 할 프로그램이 무엇인가를 결정해야 한다. 구체적으로 프로그램의 구조와 교육훈련 방법, 소요시간, 교수매체 및 평가도구 등을 결정하여 프로그램 명세서가 만들어져야 하며 최종적으로 Road Map이 작성되어야 한다.

이 프로그램을 위하여서는 다음의 3개 코스가 결정이 되었다.

교과목 : 판매관리

시간배정 : 7시간

학습방법 : 강의, role play, 사례연구, 실습

교수매체 : OHP

목 적 : 능률적인 판매활동을 수행할 수 있다.

학습 목표 :

- 판매사원으로서 갖추어야 할 기본적인 요건을 피력할 수 있다.
- 유형별 판매기법을 설명할 수 있다.
- 판매촉진방법을 피력할 수 있다.
- 5가지 가격 협상기법을 설명할 수 있다.
- 대금지불방법을 피력할 수 있다.
- 10가지 문서를 작성할 수 있다.
- 컴플레인을 처리할 수 있다.

교과목 : 상품소개

시간배정 : 5시간

학습방법 : 강의

교수매체 : OHP

- 슬라이드
- 가구의 재료
- 가구의 제조공정
- 명품의 소개 (한국가구 시리즈)
- 실물 - 원, 부자재

목 적 : 가구에 대한 근본적인 지식과 자사제품을 이해한다.

학습목표 :

- 가구의 발달역사를 시대별 특징과 함께 피력할 수 있다.
- 가구의 유형에 대해 설명할 수 있다.

- 가구의 재료를 나열할 수 있다.
- 가구의 제작공정과정을 열거할 수 있다.
- 8가지 한국가구 시리즈의 종류와 특성을 설명할 수 있다.

교과목 : 매장관리

시간배정 : 5시간

학습방법 : 강의, 실습

교수매체 : OHP

목 적 : 매장 연출의 기본적인 이론과 기술을 숙지한다.

학습목표 :

- 공간구성의 기본 원리를 설명할 수 있다.
- Display의 의미, 분류 및 원리를 설명할 수 있다.
- 가구의 적절한 연출법을 제시할 수 있다.

(3) 개 발

설계 단계에서 이루어진 road map에 의하여 훈련을 위한 구체적인 프로그램이 개발되어야 한다. H 가구의 신입판매사원의 훈련을 위하여 실제적으로 개발상의 우선 순서와 개발 일정이 확정되었다. 또 교육훈련 대상자가 결정이 되었고 선수 학습의 수준을 확인하기 위하여 신입사원들을 대상으로 면담이 이루어졌다. 교과목의 목표와 내용에 따라 교육훈련 방법 및 기간이 결정되었다.

이상의 결과와 결정사항을 참조하여 훈련생용 교재개발에 들어갔다. 동 업종의 기업들이 사용하고 있는 기존의 학습자용 교재는 물론 산업훈련을 전문으로 실시해 주고 있는 능률협회에서 발간된 교재 및 목표달성에 도움이 되는 관련 자료들을 수집, 분석, 정리하였다.

훈련생용 교재는 총 142페이지로 먼저 사훈, 경영방침, 조직표, 연혁 등 회사를 소개하는 정보가 간결하게 소개되고 교과목에 따른 각각의 훈련 내용이 훈련목표에 따라 순서대로 제시되었다.

훈련시 담당 교사가 사용할 투시물 자료가 총점 계획, 제작되었다. 또 훈련목표와 H 가구의 실정, 신입사원들의 교육배경 및 경험을 참조하여 교육훈련에 동반 사용할 매체는 슬라이드와 오디오 테입으로 결정하였다.

판매업무를 수행하기 위하여서는 무엇보다도 자사에서 생산하는 제품의 종류와 그 특징을 파악하여야 하며 이들 가구가 어떤 자료를 사용하여 어떤 과정을 거쳐 제작되는지를 알 필요가 있다.

종래에는 신입사원들을 대동하여 김포의 생산 공장을 방문, 견학하는 절차를 거쳤으나 많은 사람의 이동에 따른 엄청난 시간의 소요, 당일 작업이 이루어지지 않는 과정이나 자료는 볼 수가 없는 등 문제점이 있었음을 상기하여 3부분으로 슬라이드 내용이 계획되었다.

8종류의 자사 제품 시리즈를 소개하기 위하여서는 '명품의 소개 – 한국가구 시리즈'가, 가구 제작에 사용되는 원자재와 부자재를 알리기 위하여서 '가구의 재료, 또 가구의 제작과정을 소개하기 위하여 '가구의 공정과정'에 대한 스크립이 작성되었고 이는 사내 훈련담당 전문가와 산업훈련전공의 경영진, SME에 의해 수정, 보완되었다. 슬라이드는 각각 54, 30 및 29 장면으로 최종 결정되어 촬영 제작되었고 각 내용을 숙지시키는데 도움을 주기 위하여 sub titles을 관련 장면 위에 over lap 시켰다. 녹음된 테입은 각각 60분, 60분 및 45분이었다.

(4) 형성평가

개발단계를 통해서 이루어진 훈련생용 교재, 교수매체 자료, 기초평가 도구 등을 사내 훈련 담당자들, SME 및 교육담당 경영진들에게 제시하여 3회에 걸친 문제점 점검 및 수정을 거쳐 가구판매사원 훈련 프로그램이 성공적으로 완성되었다.

교육훈련의 효과를 측정하는 방법은 간단하지 않으며 여러가지로 생각할 수 있다. 즉 훈련으로부터 산출되는 이득이 훈련을 담당한 회사나 특정 개인에게만 돌아오는 것이 아니다.

한 회사에서 훈련을 받은 사람이 다른 회사로 옮긴 뒤에 전 회사에서 획득한 기능으로부터 이익을 얻을 수도 있고, 훈련에 참여하지 않은 사람이 훈련을 받은 사람과 접촉을 통하여 비공식적으로 기능이나 지식을 습득할 수도 있기 때문이다 (신명훈, 1994).

교육훈련의 투자효과를 측정하는데 포함되어야 하는 요소는 직업훈련과 생산성, 근로자의 직무만족도, 근로자의 직업훈련 희망도, 근로자의 교육훈련에 대한 평가, 그리고 기업주의 직업훈련에 대한 평가 등을 생각할 수 있다 (신명훈, 1994). 그러나 크게는 사용자의 입장에서는 훈련을 받은 뒤 종업원이 회사에 남아서 근무하는 것이 될 수 있고 개개 종업원의 경우는 임금소득의 증가를 이야기할 수 있다.

평가단계에서 점검해야 할 양은 어떤 유형의 평가방법을 사용하느냐에 따라서 그 폭과 깊이가 달라진다. 더욱 총괄적인 교육훈련의 성과를 평가하기 위하여서는

① 생산량
② 단위생산 소요시간
③ 훈련기간
④ 불량, 파손으로 인한 자재소모율
⑤ 품질
⑥ 근로의욕
⑦ 결근, 고충 노동이동률, 재해율
⑧ 일반관리비

등을 기준으로 하여

① 종업원의 자기평가(종업원과의 면담, 회합 또는 질문지에 의한 종업원의 의견 조사)
② 종업원 이외의 사람을 통한 평가(감독자와의 면담, 회합 또는 질문지에 의한 조사)
③ 객관적인 평가(습득테스트, 태도조사 및 기타 불량품, 사건, 사고의 발생률 등)

법을 이용하여야 한다(정종진, 1994).

결론적으로, 그동안 많은 경영자들은 자금과 물자에 비해 인적 자원의 중요함을

간과해왔으나, 현대 산업사회에 있어서 새로운 지식과 기능, 기술의 급격한 발전은 인적 자원의 개발을 기업경영 성패의 관건으로 손꼽고 있다. 이제 어느 기업이나 조직체를 막론하고 우수한 인적 자원 확보와 지속적인 훈련이 기업체간의 주된 관심사이다.

보다 효과적이고 효율적인 산업훈련을 위하여서는 체계적이고 조직적인 교육훈련 프로그램이 개발되어 실시되어야 한다. 즉 훈련 대상자들의 특성을 파악하여 이들에게 어떤 교육훈련이 요구되는지 또 어떻게 이들의 요구를 만족시킬 수 있는지를 분석하여 교육훈련 과목을 정하고 교재와 교수매체를 제작하는 등 교육훈련 프로그램을 체계적으로 개발하여 수행할 필요가 있다.

제2절 교육평가

1. 교육평가의 개념

1) 개념 및 목적

평가(evaluation)라는 용어는 1934년 R. Tyler에서부터 사용되었으며 가치있는 교육목표관에 입각한 학습자의 행동변화에 중점을 두고 있고, 1946년대에 진보주의 교육운동에 힘입어 적극적으로 보급되었다(황정규, 1996). 우리나라의 현대적 교육평가의 시작은 1945년 해방과 함께 비롯되어 학교입시제도로부터 그 방법과 유형이 실용화되기에 이르렀다(윤정일, 1995; 황정규, 1996; 이광희, 1999; 허운나, 유영만, 1995).

평가와 유사한 개념으로 사용되는 용어로 측정이 있다. 측정에서는 학습진행 과정이나 바람직한 교육목표를 지향한 가치관에는 별로 관심이 없으며 측정 그 자체에만 강조하고 있다. 이에 반해 평가는 한 사물의 가치를 결정하는 절차이다(Worthen and Sanders, 1987). 교수 산출물의 장점, 진가, 그 가치를 규명하는 절차는 교육평가라 할 수 있다. 평가는 그 결과가 산출물을 향상시키고, 확장 또는 중지시키기 위한 의사 결정시 필요 정보를 제공하는 데 그 목적이 있는 것이 있다(Scriven, 1967). 따라서 조사도구와 측정활동에서 얻은 정보들을 기초로 하여 이루어진다.

평가란 사업을 수행한 결과 또한 성취를 기준과 대비 분석하여 계획에 반영하는 것을 말한다. 평가에는 사업계획의 집행과정에서 병행되는 집행중 평가와 집행완료 후에 하는 사후 평가가 있으며, 대체로 집행중 평가는 현행계획을 수정, 보완해 가면서 당면 사업을 더 잘 수행할 목적이고 사후평가는 차기계획을 잘 세워 더 나은 후속사업을 하기 위한 것이다. 평가도 사전에 수립된 평가계획을 기초로 시행하는 것이 좋다. 평가를 체계적으로 하려면 학교 간호사업을 투입 산출의 체계(system)로 파악하여 평가의 범주를 잡는 것이 바람직하다. 즉 목표달성 정도에 대한 평가(산출), 사업 진행에 대한 평가(과정), 투입된 노력에 대한 평가(투입), 사업효율(산출/투입)을 평가하는 것이다(윤정일, 1995, p.257).

교육은 먼저 교육하고자 하는 그 목적이 설정되어 있어야 한다. 무엇(what)을 왜(why) 교육할 것인가를 결정해야 한다. 즉, 교육은 목적없이 행해지는 것이 아니며, 아무 목적을 위해서나 수행되는 것도 또한 아니다. 교육은 그것을 필요로 하는 교육 대상의 필요와 목적에 부응해야 하며, 그들의 개인적 행복과 개인적 자아실현에 도움이 되어야 할 뿐만 아니라 그들이 소속한 사회 발전과 국가 발전에도 필요한 것이어야 한다.

이러한 교육 목표를 설정하는 데 있어서는 인간의 근본 문제를 다루는 철학적 사고를 필요로 한다. 인간의 존재론적 사고, 인식론적 사고, 그리고 윤리와 심미의 문제를 다루는 가치론적 관점에서 교육의 목표를 걸러내야 한다. 그리고 인간발달과 심리학적 원리에 따라 개인의 필요와 요구가 교육목표에 반영되어야 하고, 사회의 요구와 필요가 또한 반영되어야 하고, 마지막으로 각 학문 영역에서 전문가의 전문저식을 반영해야 한다. 그러나 동시에 이러한 과정을 통하여 설정된 교육의 목표들이 과연 바람직하고 타당한 것인가 하는 것이 평가되어야 한다.

교육평가는 교육의 방향을 정하고 교육의 효과를 점검하는 중요한 기능과 목적이 있는 것이다. 교육평가의 개념을 여러 측면에서 정의해 보면, 첫째, 교육목표 달성여부나 그 수준을 판단하고 결정하는 일, 둘째, 교육과정에 관한 의사결정에 도움이 되는 정보를 제공하는 일, 셋째, 특정 교육과정의 장점이나 가치를 판단하고 결정하는 일, 넷째, 특정 교육과정의 성격과 특징을 기술하고 확인하는 일, 마지막으로 특정 교육과정의 효과와 영향을 체계적으로 평가(evaluation)하거나 총평(assessment)하는 일들이라고 정리할 수 있다.

일반적으로 교육평가(educational evaluation)는 교육목적의 달성정도를 판단하는 과정과, 일정한 기준을 가지고 교육활동의 효율성을 고려해 보고, 이를 통해 나타난 결과에 대한 가치를 판단하는 체계적인 과정을 의미한다. 교육평가에 대한 일반인의 인식은 단지 교육현장에서 실시되는 월말고사나 기말고사 혹은 입학시험에서 학습자 선발이나 분류를 위한 활동으로 국한해서 생각하는 경향이 한편으로 있을 수 있다(김대현 · 김석우, 1996, p.229).

그러나 교육평가란 학습자의 행동변화 및 학습과정에 관한 제반 정보를 수집하고 이용함으로써 교육적 의사결정을 내리는 데 도움을 주거나 더 나아가 의사결정을 내리는 과정이어야 하며, 이같은 의사결정의 제과정은 교육적인 가치를 판단하는 일이다.

2) 교육관의 변화

이제 산업사회에서는 정보화사회로 변화되어감에 따라 정보혁명이 정치, 문호, 사회, 경제뿐만 아니라 교육에도 미칠 파급 효과는 상당히 클 것으로 나타난다.

육체노동을 대신할 기계 및 도구의 발명과 생산성 향상에 주력하여 사실이나 개념 흡수식 교수 방법은 정보화사회의 창의력과 열린 교육앞에서는 전통적이며 폐쇄적이다. 또한 소수를 위한 교육은 다수의 보다 좋은 교육 앞에서는 제한적이다. 정보화사회에서는 학생 개개인의 능력, 관심사, 배경, 제반 특성을 배려하여 교육관을 학생 중심으로 새롭게 하여야 한다. 따라서 측정의 개념보다는 교육 프로그램과 그 산출물, 학습과제 및 절차, 교육목표, 질, 효과, 가치를 결정하는 다양한 평가 방법을 사용하여야 한다.

2. 교육평가의 유형

1) 시기 및 목적

그 시기와 목적에 따라 진단평가, 형성평가, 총괄평가 세 가지로 구분한다(윤정일, 1995).

(1) 진단평가

전 교수-학습의 효과 극대화를 위한 제반 정보에 관한 의사 결정을 내리는 활동이다. 교육전에 실시한다.

진단적 평가(diagnostic evaluation)는 형성평가의 표준적인 교정학습 방안에 의해서도 해결되지 않는 지속적이며 반복적인 학생의 학습결함을 진단해 내어 이를 교정하거나 보충하기 위한 평가이다.

특정 학습과제와 학습단원의 학습목표를 학습하고 형성평가의 결과에 따라서 특정한 보충학습이나 수업처치를 받았음에도 불구하고 계속해서 어려워 한다든가, 계속 틀리고 실패할 때에 왜 그와 같은 학습의 실패를 거듭하게 되는지의 원인이나 학습결손요인을 분석하기 위해서 이와 같은 세부적인 진단평가가 요청된다.

따라서 진단평가의 초점은 가장 일반적인 학습결손요인을 진단하는 데 있으며, 문제의 특징은 특수한 학습결손요소를 확인해 내기 위한 문제이며 그에 따라 평가문제는 일반적인 학생들에게 있어서는 쉬운 문제로 인식될 것이다. 이러한 진단평가는 수업시간에 필요한 경우에는 언제든지 실시할 수 있으며 진단평가 결과에 따라 기초학습의 결손요소를 보충하게 된다. 이처럼 진단평가의 주된 목적은 지속적인 학습곤란의 원인을 진단하여 그에 대한 치료적인 행동계획을 마련하기 위한 것이다. 진단평가에서는 특별히 마련한 진단검사를 사용하지만 다양한 관찰방법을 동원하여 사용한다. 일반 학교실 수업상황에서 치료할 수 없는 심각한 학습곤란의 문제는 치료적 · 심리학적 · 의료적인 전문가의 도움이 요청된다.

(2) 형성평가

분석, 설계, 개발을 통한 교수자료의 종합적 점검, 문제점 수정 보완한다. 교육중 매차 이후 실시한다(내부 평가자와 실시한다).

형성적 평가(formative evaluation)는 한 단원의 학습목표에 대한 수업이 끝났을 때, 수업목표 하나 하나가 실제로 학습되었는지의 여부를 확인하기 위한 평가이다. 이 평가의 목적은 첫째, 학생에게는 한 단원의 학습이 성공했는지 또는 실패했는지, 또 어느 정도의 학습목표가 달성되었는지를 확인하여 그에 따라 학습을 다시 하게(feedback) 하거나, 보충학습을 하기 위한 것이다. 둘째, 교사에게는 수업방법을 수정하기 위한 정보를 제공하고 학습집단을 처방하여 학생 개개인의 개별적인 보충학습을 마련해 주도록 하는 것이다. 형성평가는 소단원이나 대단원에 관한 특별히 사전에 준비된 평가이다. 각 단원의 계획인 학습목표를 직접 측정하게 되어 있고, 각 문제에 따른 서로 다른 형태의 수업이나 교정학습을 하게 하는 것이 기본이다.

형성평가의 시험문제는 교사가 제작하여 사용할 수도 있고 각 시·도별 교육청이나 출판사 등에서 개발하여 보급할 수도 있다. 형성평가의 문제는 철저하게 사전에 계획된 단원의 학습목표를 평가하는 문제이며, 특정 학습단원의 학습과제에 한정된 문제이어야 한다. 문제의 어렵고 쉬운 정도는 학습단원의 종류에 따라 다양하고 이 평가의 결과는 학습목표 하나 하나의 절대기준에 따라 해석한다.

(3) 총괄평가

결과에 대한 최종적 종합 판단을 하게 한다.

교육이 끝난 뒤에 외부 평가자를 포함하여 종합판단을 한다.

총합적 평가(summative evaluation)는 총괄적으로 학업성취도를 측정하기 위한 평가로서 학교교육 상황에서는 중간고사나 학기말 고사가 총합평가에 해당한다. 교육의 중간지점이나 끝나는 시기에 전반적인 학습목표의 달성도를 점검하기 위한 평가라고 할 수 있다.

총합평가의 방법은 철저하게 학습목표의 성격이나 특징에 의해서 결정되어야 한다. 전형적으로 선다형이나 단답형, 서술형, 논술형 등의 교사제작의 학업성취도 고사를 사용하지만, 다양한 유형의 학업성취도를 측정할 수 있는 방안을 강구해야 한다. 실험실에서의 실험 수행능력, 구두보고, 작품, 그림, 프로젝트 등 다양한 학습목표 성취여부를 평가할 수 있어야 한다.

따라서 교과목의 모든 학습목표가 평가문제의 표집대상이 될 수 있으며, 이 평가가 필수적인 학습목표를 평가하려는 것이므로 어려운 문제와 쉬운 문제가 모두 출제될 수 있다. 평가결과의 해석에 있어서는 먼저 학습목표를 절대적인 관점에서 각 학생들의 학업성취도가 어느 정도 달성되었는가를 평가해야 하며, 그에 따라 교육방법 등의 교육의 실제를 개선하는 노력을 계속하게 된다. 다음으로 학습집단에 따라 상대적으로 평가결과에 등급을 정한다든가 또는 자격을 부여하거나 한다.

2) 기 준

평가기준에는 절대평가와 상대평가 두 가지 개념이 사용된다.

한 학생의 학습결과를 어떻게 나타내느냐에 따라 평가체제는 상대평가와 절대평가로 나누어 볼 수 있다(이광희, 1997; Scriven, 1967).

(1) 상대평가(규준지향평가)

학습자들 사이의 차이를 밝혀 학습자의 상대적 위치를 일정비율로 판정한다.

상대평가를 규준지향평가(norm-referenced evaluation)라고도 하는데 이는 한 학생의 성적수준을 그가 속해 있는 집단의 결과나 비교집단의 규준(norm)에 비추어 본 상대적 서열에 의하여 판단하는 평가체제다. 따라서 상대평가에서 한 학생의 성취수준은 교육목표의 달성정도에 상관없이 그 집단이나 비교집단의 다른 학생의 성취수준에 의하여 결정된다. 상대평가는 개인차 변별에 적합한 평가방법이라고 하는 장점을 가지고 있기 때문에 다수 중에서 소수를 선발해야 하는 경우나 반드시 개인차를 내야 하는 경우에는 꼭 필요한 평가방법이다.

규준지향평가의 특징으로는 첫째, 검사의 신뢰도를 강조한다. 즉, 규준지향평가에서는 학습자들의 개인차를 얼마나 오차없이 정확하게 측정하였는가에 중점을 두고 있다. 둘째, 검사점수의 정상분포를 기대한다. 즉, 높은 점수나 낮은 점수쪽에 편포되기 보다는 좌우가 대칭적이고 중앙이 높은 정상분포곡선이 나타나기를 기대한다. 셋째, 학습자의 개인차를 극대화시키는 선발적 기능을 강조한다.

장점으로는 첫째, 개인차의 변별이 가능하다. 즉, 여러 개인의 상대적인 비교를 기초로 하는 객관성을 강조하고 엄밀한 성적 표시 방법을 채택함으로써 개인차의 변별이 가능해진다. 둘째, 객관적인 검사의 제작 기술을 통해 성적을 표시하고 있기 때문에 교사의 편견을 배제할 수 있다. 셋째, 학습자들의 경쟁을 통하여 동기를 유발하는데 유리하다. 특히, 등급이나 당락을 결정할 경우의 평가는 보다 강력한 동기 유발을 촉진시킬 수 있다.

반면, 단점으로는 첫째, 교수-학습이론에 부적절하다. 즉, 무엇을 얼마만큼 알고 있는지에 관심을 두지 않기 때문에 교육목표 · 교육과정 · 교수방법 · 학습효과 등을 경시하는 경향이 있다. 둘째, 참다운 의미에서의 학력평가가 불가능하다. 예컨대, 학습자의 성취도가 집단 내에서의 상대적 비교로서 판정되기 때문에, 학습내용을 완전히 이해한 학습자라도 집단 전체가 우수하다면 학업성취도가 낮은 것으로 분석될 수 있다. 셋째, 학습자간에 학력의 상대적 위치 또는 순위를 결정하기 때문에 과다한 경쟁심리가 조장되며, 이로 인해 인성교육을 방해할 우려가 있다(김대현, 김석우, 1996).

(2) 절대평가(준거지향측정)

미리 정해 놓은 어떤 준거에 의거하여 평가하고자 하는 특성 성취도를 확인한다. 교과영역에 대한 체계적인 분석을 통하여 학습의 행동목표 수준의 형태로 진술되어야 한다.

절대평가는 절대기준평가, 준거지향평가, 목표지향평가(criterion-referenced evaluation)라고도 부르는데, 이것은 주어진 교육목표의 달성정도에 의하여 성적을 표시하는 방식이다. 즉 평가의 준거가 교육목표가 된다. 따라서 절대평가에서는 한 주어진 학습과제를 학습하기 전에 객관적으로 평가될 수 있는 구체적 수업목표가 설정되어 있어야 하고 학습후의 한 학생의 학업성취도는 사전에 설정한 목표달성도를 직접적으로 반영하여야 한다.

준거지향평가의 특징으로는 첫째, 검사의 타당도를 강조하고 있다. 왜냐하면, 원래 측정하려고 계획했던 수업목표를 얼마나 충실하게 측정하고 있느냐에 중점을 두기 때문이다. 둘째, 검사점수의 부적 편포를 기대한다. 즉, 모든 학습자가 설정된 교육목표를 달성해 주기를 바라기 때문에 검사 점수의 분포가 오른쪽으로 치우친, 정상분포에서 벗어난 부적 편포를 기대한다. 셋째, 학습자 개개인에 적합한 교수-학습의 기회를 제공하면 주어진 학습목표에 도달할 수 있다는 발달적 교육관을 바탕으로 한다.

준거지향평가의 장점으로는 첫째, 교수-학습이론에 적합하다는 점이다. 즉, 무엇을 알고 모르는지의 정보를 직접적으로 제공하므로 무엇을 어떻게 가르쳐야 할 것인지에 대한 시사점을 제시해 준다. 둘째, 교육목표 · 교육과정 · 교수방법 등의 개선에 용이하다. 셋째, 상대평가에 치중하지 않으므로 이해 · 비교 · 분석 · 종합 등의 고등 정신능력을 배양할 수 있다.

단점으로는 첫째, 개인차의 변별이 쉽지 않다는 점이다. 즉 준거지향평가는 학습자 개인간의 비교 및 우열을 판정하기 어렵다. 둘째, 준거의 설정기준이 문제가 될 수 있다는 점이다. 다시 말해서, 교육에 있어서의 절대기준은 교수목표이지만 이러한 교수목표를 누가 정하느냐 혹은 어떻게 정하는냐는 고도의 전문성이 요구되는 문제이다. 셋째, 검사점수의 통계적 활용이 불가능하다. 이는 준거지향평가에서는 검사점수의 정상분포를 부정하기 때문에 점수를 통계적으로 활용하기가 어렵다는 의미이다(김대현, 김석우, 1996, p.235).

3) 평가의 범주

① 목표달성 정도에 대한 평가

각종의 목표가 어느 정도 달성되었는지 구체적으로 파악하고, 그 원인을 분석하여 학교사업을 평가하려면 목표가 측정 가능하고 관찰가능한 것으로 기술되어야 한다.

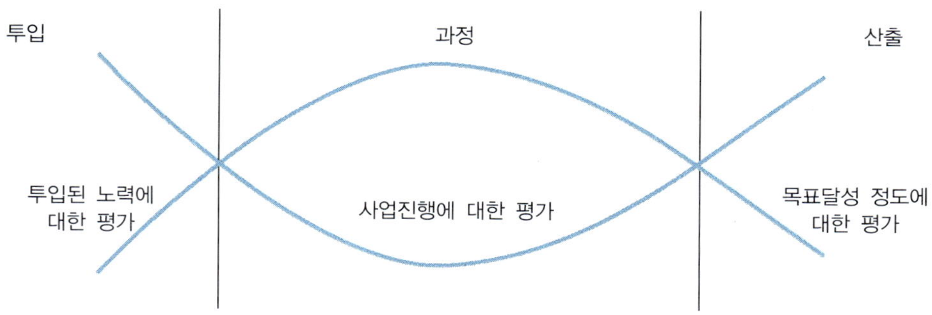

[그림 6-4] 평가의 범주

② 사업진행에 대한 평가

학교사업의 수단, 방법, 일정 등에 대한 계획과 실적을 대비, 분석하여 분석한 결과 그 원인을 제거하거나 변경할 수 있는 것인지 파악한다.

③ 투입된 노력에 대한 평가

투입된 노력이라 함은 교사, 학생, 교직원 등의 인력과 자원 및 예산 등을 들 수 있다. 계획과 실제를 파악하고 차이를 분석하여 원인을 규명해서 교사의 노력 부족이면 이를 보완해야 하고, 행정적 제도적 원인일 때는 적절한 건의를 해야 한다.

④ 사업 효율 평가

투입된 노력 즉, 인적, 물적, 자원 등을 비용으로 환산하여 목표달성 정도와 비교함으로써 적은 비용으로 최대의 목표를 달성하자는 의도이다.

학교사업을 교사나 학교 행정가 등이 평가하고자 할 때 다음의 5가지 단계를 거쳐야 한다(이경식 공저, 1997).

- 무엇을 평가하며 어떠한 측정기준으로 평가할 것인가를 결정한다 : (평가대상 및 기준)
- 평가하기 위한 정보 및 자료를 수집한다 : (평가자료 수집)
- 계획과 실적을 비교한다 : (비교)
- 목표에 도달하였는지, 계획대로 되었는지, 어느 정도 성취되었는지 등에 대한 원인을 분석하고 성취된 정도에 대한 가치를 부여한다 : (가치판단)
- 미래 사업 진행 방향을 결정한다 : (재계획)

3. 교육평가의 절차

평가의 절차는 방법에 따라 조금씩 차이는 있지만 일반적으로 볼 때는 공통된 몇 가지가 있다.

1) 평가목적의 설정

교육평가에서 제일 먼저 해야 할 일은 목적을 분석해서 그 개념을 정확히 규정 확인하는 일이다. 즉 평가를 어떻게 하느냐에 앞서 무엇을 잴 것인가 하는 문제다. 어떻게 보면 교육이라는 모든 작용은 교육목적과 밀접히 관련되어 있다.

그러므로 교육목적은 교육의 방향을 결정해 주는 역할을 한다. 따라서 교사 자신이 교육목적을 분명히 의식하고 교육에 임하느냐 혹은 분명치 못한 의식 속에서 임하느냐는 교육의 결과에 대하여 반사적으로 차이점을 가져온다. 교육목적을 의식하지 못하는 경우는 방향감각이 상실된 기계적인 교육이 이루어질 것이고 또 있다손 치더라도 추상적인 경우는 타당성 있는 교육, 타당성 있는 교육평가가 나올 수 없다.

따라서 평가에 있어서도 보다 구체적인 목적이 설정되어야 한다. 다시 말해서 우리가 흔히 말하는 조화적 발달, 민주시민 등 퍽이나 매력적이며 형이상학적 입장에서 교육목적을 생각하고 있으나 이러한 목적은 평가에서는 쓸모있는 교육목적이라고 할 수 없다.

교육목적은 보다 실질적이고 구체적인 용어로 진술되고 확인되지 않으면 안된다. 물론 형이상학적 목적이 교육의 궁극적인 목표이긴 하나 교사가 직접 교단위에 서서 가르칠 때는 얼마나 계산력이 향상되었나 또는 구구를 익히고 그것을 활용하여 실질적으로 수리적 생활을 할 수 있는가 등의 구체적이고 분석적인 직접 목표로 집약되어야 한다. 이러한 구체적 목표를 설정함으로써 평가자체도 구체적 목표를 측정할 수 있는 평가도구가 될 것이다(박상호, 김경희, 1995).

예를 들어, 교육평가의 목적을 어디에 둘 것인가를 다음 중 선택한다.

① 교육 프로그램의 내용과 방법을 개선하기 위함이 있고,
② 교육 프로그램의 효과를 측정(교육목표의 달성도)하기 위함이 있으며,
③ 교육투자 효과분석이 있다.

2) 평가장면의 선정

어떤 검사상태가 가장 적절한가를 결정하는 단계이다. 지필검사, 문지, 관찰, 인터뷰, 표준화검사, 평정법 등이 있다.

교육목적이 설정되었다는 것은 무엇을 측정 평가하겠다는 의식이 분명해진 것이다. 그러면 설정된 목적을 측정하기 위해 어떤 형식으로 측정할 것인가, 즉 어떻게 측정할 것인가가 결정되어야 한다. '어떻게'라는 것이 곧 평가장면인 것이다.

평가장면이란 설정한 어떤 행동의 성숙 혹은 습득의 증거가 나타날 수 있는 장면을 정하는 것이다. 그런데 이러한 장면을 선정할 때는 반드시 생각해야 할 것은 '이런 장면에서 바로 그러한 행동증거가 나타날 것인가'하는 반문이다. 만일 해당되지 않는 평가장면을 선정한다면 평가결과는 해당되지 않는 만큼 엉뚱한 결과를 가져온다.

턱걸이의 능력을 시험지에 의한다거나 발표 능력을 질문지로 알아보려고 한다면 잘못된 결과를 가져 올 것이다. 그러나 우리 학교 현장 주변에는 이 같은 오류를 무의식중에 범하고 있는 경우가 많다. 평가장면은 여러 가지가 있으며 이들은 각각 그 특징이 있어 수집할 행동증거의 내용에 따라 어떤 평가장면이 가장 적절한가를 결정해서 실시해야 한다. 그러나 한 가지 행동증거를 얻기 위해 반드시 어떤 한 가지 방법만이 유일한 것은 아니라는 점을 명심해야 한다. 그러므로 가능하면 종합적인 입장에서 평가장면의 선정이 고려되어야 한다(박상호 · 김경희, 1995, p.247).

3) 평가도구의 제작 및 선정

타당도, 신뢰도, 객관도, 실용도를 고려한다.

어떤 방법으로 교육목적의 달성도를 측정할 것인가가 교육 평가장면의 선정이라면 선정된 장면을 가지고 어떻게 제작할 것이냐의 단계가 온다. 이것이 곧 평가도구의 제작과정으로 평가과정의 중심과제가 된다. 산수계산력의 능력을 단답검사에 의하여 평가하려고 할 때 또는 미술에서 구도법에 대한 이해력을 측정하려고 할 때 거기에 알맞은 문제지를 만드는 것이 바로 이 과정에 해당된다.

이 단계에서 가장 중요한 것은 평가도구 내용 하나하나가 세워진 교육목적에 달성한 정도를 제대로 측정할 수 있느냐에 대하여 명심해야 한다. 만일 A를 측정하려는 평가도구가 B를 측정할 수 있는 도구라면 그것은 설정된 목적이 도달한 정도를 측정할 수 없는 것이다

더욱이 간단한 지식이나 기초적 기능과 같은 비교적 행동의 의미가 명료한 것은 측정도구의 제작이 쉬우나, 분석력, 적응력, 태도, 가치, 창의성과 같은 능력을 측정하려고 할 때 그 평가도구의 제작은 그리 쉬운 것은 아니다.

4) 평가의 실시 및 결과처리

선택된 평가장면과 제작된 도구를 이용하여 선정된 목적에 비추어 보아 얼마만큼의 변화를 가져 왔느냐의 증거를 실제적으로 측정하는 활동의 단계가 바로 이 과정이다. 여기에서 주의할 점은 두 가지이다.

① 어느 때 몇 번을 측정할 것인가?
② 어떤 장면의 도구로 측정할 것인가 하는 문제이다.

한 학기에 한 번 측정하고서 변화된 행동을 측정하여 싸고 생각하거나 두 번의 측정으로 평가를 끝마쳤다고 생각하는 일은 없어야 하겠다.

정확하게 행동의 변화를 측정하려면 최소한 새로운 교육활동이 전개되기 전에 실시하는 예비검사와 교육활동의 중요단계에서 실시하는 변화과정의 진단검사와, 교육활동이 끝난 다음 총괄적인 평가로서 종합검사 등 적어도 세 단계의 측정은 있어야 한다. 그리고 실시한 측정결과를 단순히 잘했다, 못했다, 또는 변화되었다, 안 되었다라는 일반적 개념으로 해석할 것이 아니다. 필답검사인 경우이건 질문지에 의한 측정이건 모두 수량적 · 통계적 처리가 뒤따라야 할 것이며, 따라서 수량적으로 나타난 결과를 가치의식에 의거하여 내용적으로 해석 처리하여야 한다(박상호, 김경희, 1995, p.248).

5) 교육평가 결과의 활용

평가결과에 대한 최대의 활용과 올바른 해석을 한다. 예를 들어 교육과정, 교수

법 개선, 학습활동 개선, 생활지도, 상담자료 활용, 교육계획 및 연구에 활용한다.

평가과정이 학습의 일부분으로서의 구실을 할 뿐 그 결과 자체는 별 의미가 없다. 그 결과를 해석하고 분석하며 다음의 교육활동의 지도를 위해서 활용할 때에 평가의 존재의의가 있다. 물론 평가를 실시할 때 이미 어디에 활용해야겠다는 생각에서부터 시작되었을 것이다. 그러나 사실에 있어 그렇지 못한 것이 실정이고 보면 여기에 문제가 있다.

진정한 의미에서 교육평가는 교육이 이제부터 시작되는 것이다라고 생각하는 입장에서 평가가 이루어져야 한다. 따라서 평가를 할 때는 어디에 활용할 것인가 하는 목적 의식을 갖고 수행되어야 한다. 단순히 점수나 기록해 두는 지금까지의 교육평가는 지양해야 한다.

4. 평가도구의 제작방법

1) 평가도구의 기본 구비 조건

교육현장에서 평가활동을 수행할 때 어떠한 평가도구를 사용할 것인가의 문제는 매우 중요하다. 사용하는 평가도구가 좋은 것이 아니라면 그것으로 측정 · 평가한 결과는 의미가 없다.

좋은 측정 · 평가도구는 몇 가지 요건을 갖추어야 하는데, 첫째로, 그 검사가 측정하고자 하는 내용을 과연 충실하게 측정하고 있는가 하는 검사의 타당도(validity), 둘째로, 그 검사를 같은 대상에게 여러 번 측정해도 같은 결과가 나오는가 하는 검사의 신뢰도(reliability), 셋째로 누구라도 검사가 요구하는 매뉴얼(manual)에 따라서만 그 검사를 실시하면 같은 결과를 얻을 수 있는가 하는 검사의 객관도(objectivity), 그리고 마지막으로 실제 사용하기 편리하고, 값싸고, 다루기 간단한가 하는 검사의 실용도(utility) 등이 높아야 한다(삼성인력개발원, 1994; 수원대학교 교재편집위원회, 1995 ; 윤정일, 1995; 이광희, 1997 ; 인화원, 1995; Bogdan and Biklen, 1982 ; Leedy, 1985).

(1) 타당도

타당도란 검사가 측정하고자 하는 내용을 정말로 충실하게 측정하고 있는가 하는 것을 나타내는 지표를 말한다. 즉 타당도에 관한 질문은 '이 검사가 무엇을 재고 있느냐?'로 표현될 수 있다.

검사도구의 타당도를 알아보기 이해서는 반드시 준거(criterion)가 필요하다. 준거란 '무엇에 비추어 타당한가?'라는 질문 중 '무엇'에 해당하는 것으로, 평가에 있어 틀이다.

로제트(Rosset)(1987)은 타당도를 이해하기 위해 주의할 점으로 다음의 네 가지를 제시하고 있다. 첫째 타당도는 피험자 집단에 사용된 측정도구나 검사에 의하여 얻어진 검사결과의 해석에 대한 적합성이지 검사 자체와 관련된 것은 아니다. 둘째, 타당도는 정도의 문제이다. 타당도가 있다 혹은 없다로 말하는 것이 아니라 낮다, 적절하다, 높다 등으로 표현해야 한다. 셋째, 타당도는 특별한 목적이나 해석에 제한된다. 즉, 한 검사도구가 모든 목적에 부합될 수 없으므로, '이 검사는 무엇을 측정하는 데 타당하다'고 표현해야만 한다. 넷째, 타당도는 단일한 개념이다. 다양한 종류의 타당도 개념과 관계된 전통적 관점은 무시되고 다양한 종류의 근거에 기초한 단일한 개념으로 해석되고 있다(김대현, 김석우, 1996, p.290).

타당도는 여러 가지 방법에 의하여 확인될 수 있으며, 교육 및 심리검사의 표준으로 프렌치(French)와 마이클(Michael)(1966)이 제안한 바에 의하면 내용타당도(content validity), 준거관련 타당도(criterion-related validity), 구인 타당도(construct validity)로 나뉘고, 준거관련 타당도 속에 공인타당도(concurrent validity)와 예언타당도(predictive validity)가 포함된다(김대현, 김석우, 1996 ; 윤정일, 1995).

① 내용타당도란 검사가 측정하고 있는 내용이 전체의 내용을 논리적으로 잘 선정하고 있는지의 정도를 나타내는 것으로, 검사의 측정내용을 어떻게 선정하였는가를 분석하는 것이다. 이를 논리적 타당도라고도 하며, 교과타당도라고도 한다. 또 검사의 내용선정 과정에서 그 내용에 관한 전문적 지식이 있는 전문가에 의해서 검토되었는가를 따지는 안면타당도라고 한다.

검사의 내용타당도가 높으려면, 측정하고자 목표로 하는 내용들을 그 검사가 포괄적으로 다루고 있는가, 문항곤란도가 대상 집단에게 적절한가, 문항표본이 문항 전체집단을 잘 대표하고 있는가 하는 점들이 고려되어야 한다(윤정일, 1995, p.290).

② 공인타당도는 현재의 검사결과와 다른 준거척도에 의해서 나타난 결과와의 상

관관계를 분석함으로써 현 검사의 타당도 수준을 나타내는 것이다. 예를 들어, 흥미검사에서 미술영역에 흥미가 높게 나타난 학생이 현재 그가 미술활동에 얼마나 적극적이고 또 그림을 잘 그리느냐 하는 것과의 관계를 따지는 것이다.

③ 예언타당도란 검사가 측정한 결과가 수험자의 미래의 행동이나 특성을 어느 정도로 정확하게 예언하고 있는가를 나타내는 재수를 말한다.

④ 구인타당도는 아직 개념적으로 정의되지는 않았으나 인간의 특정행동을 반영하는 가상적 속성으로서의 구인(構因)에 과학적 이론을 부여하는 지수를 말한다. 예를 들면, 지배성, 종합력, 학습유형 등의 불완전하고 애매한 개념을 심리학적인 개념으로 분석하고 의미를 부여하는 과정이 구인 타당도를 산출하는 과정인 것이다.

(2) 신뢰도

검사도구의 타당성이 입증되었다면 신뢰도를 고려하여야 한다. 앞서 타당도가 무엇(what)을 측정하고 있느냐의 문제임에 반해, 신뢰도는 어떻게(how) 재고 있느냐의 문제라 할 수 있다. 검사도구가 인간의 어떤 행동특성을 측정할 때마다 같은 점수를 얻는다면, 이 검사도구는 신뢰할만한 검사이다. 신뢰도(reliability)란 측정하려는 것을 안정적이고 일관성 있게, 그리고 오차 없이 측정하는가의 문제이다.

예를 들면, 우리가 사용하는 자나 저울이 정확하고 신뢰로운가 하는 것을 따지는 경우로, 한 물건을 여러 번 재어 보아서 그 결과가 어느 정도 비슷해야지 첫 번째 재어 본 것과 세 번째 재어 본 것이 심하게 차가 있다면 그 자는 믿을 수 없을 것이다.

검사의 신뢰도에는 다음에 소개되는 재검사 신뢰도, 동형검사 신뢰도, 반분검사 신뢰도, 내적 합치도 등이 있다(윤정일, 1995).

① 재검사 신뢰도(retest reliability)는 한 검사를 일정한 시간적 격차를 두고 두 번 실시한 검사결과의 상관계수를 가지고 신뢰도를 나타내는 경우이며,

② 동형검사 신뢰도(equivalent reliability)는 두 개의 동형검사를 제작하여 이 두 검사간의 상관계수를 산출하여 신뢰도를 나타내는 경우이며,

③ 반분 신뢰도(split-half reliability)는 한 검사를 실시한 결과를 가지고 이 검사를

부분으로 나누어 이들 부분의 결과를 가지고 상관계수를 산출하여 신뢰도를 나타내는 경우이다.

④ 검사의 내적 합치도(inter-items consistency)는 검사의 문항 하나하나를 한 개의 독립된 검사로 간주해서 각 문항간의 상관도를 산출하여 그것을 종합하는 방법으로 신뢰도를 나타내는 방법이다.

(3) 객관도

객관도란 평가자 신뢰도라고 할 수 있는데 검사의 채점자가 편견없이 얼마나 공정하게 채점하느냐의 문제이다. 즉 객관도 혹은 평가자 신뢰도는 검사를 누가, 어디에서, 언제든지 실시해도 검사의 결과가 동일하게 나올 수 있는가 하는 정도를 말한다. 이는 어떤 통계적인 수치로 나타내는 것이 아니며, 검사를 실시하는 방법이나 답안을 채점하는 방법이 누가 검사를 실시하거나 누가 답안을 채점하더라도 객관적인 결과가 나올 수 있도록 검사가 구성되었느냐 하는 정도를 말한다.

일반적으로 객관도가 낮은 이유는 검사도구 자체가 불완전하거나 평가자의 소양이 부족하기 때문이다. 따라서 객관도를 높이기 위한 방법으로 첫째, 평가도구 및 평가기준을 객관화시켜야 하고 둘째, 채점자의 평가에 대한 소양을 높여야 하며 셋째, 가능하면 여러 사람이 공동으로 평가하여 그 결과를 종합하는 것이 좋다.

(4) 실용도

실용도란 한 개의 평가도구 또는 검사를 얼마나 시간, 경제, 노력 등을 적게 들이고 유용하게 쓸 수 있도록 하느냐를 말하는 것이다. 아무리 타당도가 높고 신뢰도가 높은 검사라 하더라도 그 검사를 사용하는 방법이 난해하고 일반에게 널리 사용할 수 없는 것이라고 한다면, 그 검사의 실용적 가치는 대단히 낮을 것이다. 가격이 저렴하고, 실시하기 간편하며, 누구에게나 그 결과의 활용이 용이하고 가치가 있을 때에 비로소 그 검사의 실용도가 높아 널리 사용될 것이다.

실용도를 생각할 때에는 다음 몇 가지로 나누어 볼 수 있다(이광희, 1997).

① 실시와 채점의 용이성 문제이다. 뭐니뭐니 해도 우선 실시와 채점이 간단 명료해야 한다. 아무리 훌륭한 평가도구일지라도 그 실시방법이나 채점이 지나치게 까다롭고 제약이 많으면 좋은 평가도구일 수는 없기 때문이다.
② 평가결과의 해석과 활용성 문제이다. 평가의 결과를 보고 그것이 아동의 어떤 행동증거를 평가한 결과라는 것을 쉽게 해석할 수 있어야 하며 그 결과를 유효·적절하게 활용할 수 있어야 한다. 활용할 수 없는 평가도구나 활용하지 않은 평가결과는 시간이 아깝고 노력이 아까울 뿐이다.
③ 비용과 시간의 문제이다. 가급적이면 비용과 노력과 시간이 적게 소모되는 평가도구라야 한다. 아무리 교육평가가 중요하다고 해도 경비가 엄청나게 들고 교사가 교육에 바쳐야 할 시간이 지나치게 소비되고 무한정의 노력이 강요되는 평가도구라면 이건 문제 거리가 아닐 수 없다. 가능하면 최소의 경비와 노력과 시간을 들여서 소기의 목적을 달성할 수 있는 평가도구가 되어야 한다.

2) 지필검사에서의 유의점

① 명백하게 표현한다.
② 정확한 의미의 단어 사용한다.
③ 답지 선택에 기초 조건 제시한다.
④ 설문이나 답지의 특수도를 피한다.
⑤ 도전감을 줄 수 있는 난이도를 조정한다.
⑥ 정답 단서를 주지 않는다.
⑦ 맹목적 암기를 피한다.
⑧ 문제의 뜻을 올바르게 이해한다.

3) 평가도구의 장점과 단점

① 장 점

- 반응의 자유도가 크다.
- 고등정신기능을 측정하는데 유용하다.

- 문항제작이 용이하다.
- 학습태도를 개선해준다.
- 인성진단 자료 획득이 용이하다.

② 단 점

- 채점의 비객관성과 비신뢰성이 있다.
- 문항 표집이 제한적이다.
- 채점에 시간과 노력 등이 든다.

4) 평가문항의 제작

일반적으로 사용하는 '시험'이나 '고사'는 보다 전문적으로 사용하는 '검사'라는 말과 같은 것을 지칭하는 것으로, 이들 모두는 여러 개의 문항들로 구성된 하나의 '문제지(a test)'를 말한다. 여기에서 문항(item)이란 낱개의 '문제'를 가리키는 평가의 전문용어이다.

평가장면에서 사용되는 '문항'의 성격이나 특징이 어떠냐에 따라서 객관식 평가냐 또는 주관식 평가냐 하는 평가의 유형이 달라진다. 같은 내용을 평가한다고 할 때라도 그 평가문항이 객관식의 문항인가 또는 주관식의 문항인가에 따라서 평가 결과가 사뭇 달라질 수 있다.

객관식 평가문항이란 주어진 하나의 물음에 대하여 여러 가지로 나올 수 있는 가능한 정답과 오답을 섞어 놓고 한 개의 정답이나 최선답을 선택하게 하고, 그 답이 맞는지 또는 틀리는지를 객관적으로 판단하는 문항양식을 말한다.

이러한 문항은 여러 개의 답지 가운데서 하나를 선택하게 한다고 해서 선택형 문항, 또는 선다형 문항이라고도 하며, 진위형, 배합형, 선다형이 이에 속한다. 이에 반하여 주관식 평가문항이란 주어진 하나의 물음에 대하여 자유스럽게 답을 말하거나 쓰게 하여 채점자의 주관적인 판단에 따라 맞는 답인지, 틀린 답인지, 또는 완전한 답인지, 부족한 답인지를 결정하여 점수를 주는 문제형태를 말한다.

답안의 채점이 주로 채점자의 주관적 판단에 따른다고 해서 주관식 평가라고 하지만, 답안의 작성을 주로 서술한다고 해서 서술형 문항이라고도 하고, 또 답을 직접 쓴다고 해서 서답형 문항이라고도 하며, 단답형, 완성형, 논문형이 이에 속한다(윤정일, 1995, p.272).

주관식으로 평가할 것인가 또는 객관식으로 평가할 것인가 하는 결정은 평가해야 할 내용과 행동요인에 의해서 결정되어야 하며, 평가문항 양식을 미리 정해 놓고 그에 따라 획일적으로 평가문항을 제작하는 것은 바람직하지 못하다. 그리고 주관식과 객관식의 평가문항 양식이 각각 적절한 경우는 다음과 같다.

객관식 평가문항이 적절한 경우는

① 개념과 원리의 이해, 해석, 분석능력을 평가하고자 할 때
② 보다 신뢰로운 평가문항이 요구될 때
③ 채점의 공정성과 객관성이 엄격하게 요구될 때
④ 답안을 비판적으로, 분석적으로 채점할 자신이 없을 때
⑤ 평가결과를 시급히 알고 싶을 때 등이다.

주관식 평가문항이 적절한 경우는

① 문제풀이 과정이나 고차적인 원리의 적용능력을 측정하고자 할 때
② 논리적 판단 능력 가치 중심적인 논리의 전개과정을 측정하고자 할 때
③ 글의 구성능력이나 표현능력도 동시에 평가하고자 할 때
④ 채점자가 답안을 비판적으로 평가할 수 있다는 자신이 있을 때
⑤ 평가 대상이 적고 답안지를 채점할 시간적 여유가 많을 때
⑥ 평가 대상자의 태도나 의견을 평가하고자 할 때 등이다.

5. 문항제작시 유의점

1) 일반적 유의점(이광희, 1997)

① 가능한 한 명백하게 표현할 것
② 복잡한 어구배열은 피한다.
③ 답지 선택에 기초 조건 제시한다.
④ 쓸데없는 말이나 허위사실은 피한다.
⑤ 문장으로만 표현된 문항보다 실제자료를 활용해서 만든다.
⑥ 정답 단서를 주지 말 것
⑦ 맹목적 학습자 가리기 위해 상투적인 표현을 피한다.
⑧ 한 검서 속에 비슷한 형식의 문항으로 구성한다.

2) 진위형(true-false type)

진위형은 고정반응형인 문항 형태로서 흔히 양자택일식이라고도 한다. 다시 말해서 제시된 진술문에 피험자가 그 진술문의 진위, 즉 옳고 그름을 판단하는 방법이다. 변형된 모형으로는 예/아니오 또는 찬성/반대로 응답하는 문항형태가 있다. 이때 주의할 점은 문장당 개념의 사용숫자나 용어 표현에 있다. 예를 들어

- 한 문장에는 한 가지 개념만 다룬다.
- 진과 위문항수는 균형되게 한다.
- 교재 그대로의 문장을 사용하지 말라.
- 뚜렷하지 못한 용어를 피하라.

3) 배합형(matching type)

전제와 답지를 많이 만들어 양쪽의 계열에서 서로 관계가 있는 것끼리 선을 그어 묶어 놓게 하는 방법으로, 좌우 또는 상하에 두 줄로 몇 개 사항을 배열하여

관계가 있는 것끼리 선을 긋게 하거나 번호를 표시하게 한다. 이것은 주로 사건과 연대, 책과 저자, 원인과 결과의 관계 등 지식 · 이해를 측정하는 데 쓰인다.

- 답지 수가 전제 수 보다 많을 것
- 배합하는 기준을 분명히 제시하라 등이다.

4) 선다형(multiple-choice type)

선다형 문항은 한 문항에 답지를 둘 이상 마련하여 이것 중에서 정답을 선택하게 하는 형식으로, 문항작성의 기술에 따라서 단순한 지식이나 기초능력에서부터 자료 해석력, 판단력, 추리력 등의 고등정신 기능까지도 측정할 수 있다.

일반적으로 선다형 문항은 여러 개의 답지 중에서 하나의 옳은 답을 선택하는 정답형(correct-answer type)문항과 답지 중에 가장 맞는 답을 선택하는 최선답형(best-answer type)문항으로 분류된다. 특히, 최선답형은 정답형보다는 피험자에게 혼돈을 더 줄 수 있으므로 제작하기에 다소 어렵지만, 일단 좋은 문항으로 만들기만 하면 훨씬 유용하다는 이점이 있다. 좋은 문항으로 제작하기 위해서는 다음 몇 가지를 고려하도록 한다.

- 정답은 분명하고 오답은 그럴듯하게 작성한다.
- 오답을 너무 전문적 용어로 표현하지 마라.
- 정답의 위치는 다양해야 하며 답지길이도 비슷하게 하라.
- 답지의 수는 4~5개가 적당하다.

5) 단답형(shot-answer type)

간단한 단어, 어구, 수, 기호 등을 제한된 형태로 피험자가 써 넣는 문항형식으로 용어의 정의나 의미를 측정할 때 자주 사용된다. 이때 질문은 명료하며, 간단한 단어, 어구, 수로 2~3개가 되도록 대답하게 한다.

6) 완성형(completion type)

완성형이란 질문을 위한 문장에 여백을 두어 질문하는 형태를 의미한다. 즉 진술문의 내용 가운데 한 부분을 비워 놓고 그 부분에 들어가야 할 적합한 단어나 부호를 적어 넣도록 하는 유형을 말한다. 주로 기본적인 지식이나 기억을 측정하는데 쓰이며 세련되게 제작하면 고도의 이해력이나 판단력도 잴 수 있다. 이어서 공란의 수와 길이는 적절히 조절한다.

7) 논술형(essay type)

논술형이란 주어진 질문에 제한 없이 여러 개의 문장으로 응답하는 문항 형태로서, 수험자가 자유롭게 자신의 반응을 자신의 능력껏 구사할 수 있게 함으로써 대답의 무제한성을 강조하고자 하는 평가문항이다. 특히 이 유형은 어떤 일정한 형식이 있는 것이 아니라 어떤 질문이나 지시에 따라 자유롭게 피험자의 능력을 발휘하도록 하므로, 분석력, 비판력, 조직력, 종합력, 문제 해결력 등의 고등정신능력을 측정할 수 있다.

시험자 집단의 성질과 범위를 고려한다. 문항의 표현을 쉽고 자세하게 하여 답의 구조화를 시키고 반응의 자유를 제한할 수 있도록 한다.

학습과제

1. '교육과정'의 정의를 소개하시오.
2. "교육이란 경험의 재구성이다"라는 말에 내포된 의미와 개인적 사례를 드시오.
3. '경험중심의 교육과정'에서 기를 수 있는 장점 2가지를 쓰시오.
4. '지식의 구조'에 대해서 논하시오.
5. 바람직한 평가도구의 특징을 쓰고 간단히 설명하시오.

참고문헌

강인애(1997), 왜 구성주의인가?, 서울 : 문음사.

김대현, 김석우(1993), 교육과정 및 교육평가, 서울 : 학지사.

김신자, 주영주, 이광희(1995), 산업훈련 프로그램 개발에 관한 연구, 한국문화연구원 논총, 교육학논집, 66(1,2,3).

권대봉(1993), "교육평가 모델", 산업교육, (34). 48-51.

박상호, 김경희(1995), 교육학개론, 서울 : 집문당.

삼성인력개발원(1992), 삼성과정 개발 시스템.

삼성인력개발원(1993), 삼성 교육체제 설계 모델.

삼성인력개발원(1994), 삼성 커리큘럼 개발 시스템.

수원대학교 교재편집위원회(1998), 교육학개론, 수원 : 수원대학교 출판부.

신명훈(1994), 선진국의 직업교육훈련 투자와 사회적, 경제적 효과 분석에 관한 연구, 직업교육연구 13(1) 147-165.

오인경(1994), "기업교육에서의 체계적인 커리큘럼 개발의 실제와 그 필요성", 교육공학 연구 9(1), 111-129.

이광희(1997), "보건교육 평가원리", 보건교육반, 서울 : 보건복지부 및 국립보건원.

이경식 외(1997), 학교보건실무, 서울 : 수문사.

이화여자대학교 교육공학과(2001), 21세기 교육방법 및 교육공학, 서울 : 교육과학사.

인화원(1990), ISD 실습용교재.

정종진(1994), 인적자원관리. 법문사.

주영주, 이광희(2002), 정보화를 지향한 교육방법과 교육공학, 서울 : 남두도서

한정선 외 5인(2008), 미래사회를 위한 교육방법 및 교육공학, 서울 : 이화여자대학교 교육공학과

허운나, 유영만(1995), 산업교육공학, 서울 : 교육과학사

현대정보기술주식회사(1995), 사내강사 및 강사지망생을 위한 효과적 교육훈련과 교수기법.

황윤한(1999), 교수 – 학습 이론으로서의 구성주의, 초등교과 교육연구(한국교원대학교 초등교육연구소 간), (2)(1-34)

황정규(1996), 학교학습과 교육평가, 서울 : 교육과학사

Bogdan, R.C. and Biklen, S. K.(1982). *Qualitative Research for Education: An Introduction to Theory and Methods*. Boston: Allyn and Bacon. Inc

Dick, Walter & Lou Carey (3rd Ed.)(1990). The Systematic Design of Instruction. Il: cott, Foresman and Company.

Hewlett Packard Company. (1991). Education Planning at Hewlett-Packard. CA: Hewlett Packard Company

IBM(1987). A Systems Approach to Education:ISD Guide.

Kirkpatrik, D. (1983). "Four Steps to Measuring Training Effectiveness", Personnel Administrator, N(11), 19-25

Lee. Kwanghi(1990). *Strategic Planning for the Integration of Technology in Higher Education in Newley Developed Countries*. Doctoral Dissertation, State University of New York at Buffalo

Leedy, Paul D.(3rd. Ed)(1985). *Practical Research: Planning and Design*. N. Y.: Macmilian Publishing Company.

Leshin, Cynthia B., Pollock Joellyn & Charles M. Reigeluth (1992). Instructional Design Stregies and Tactics, NJ: Educational Technology Publications.

Merrill, Paul(1987). Job and Task Analysis. In R. Gagne (ed), Instructional Technology Foundations, NJ: Lawrence Erlbaum Associations. Norton, R.(1985). Dacum Handbook. OH: National Center for Research in Vocational Education.

Molenda, M., Pashing, J. & Reigeluth, C. (1996), Designing instructional systems, In R. Craig (ed.). Training and development handbook(4th ed.) New York : MaGraw-Hill.

Pigors, L. J. and C. A. Myers(1981). Personnel Administration (9th ed.). McGraw-Hill Book Co.

Rogers, C. R. & Freiberg, H. J. (1994). Freedom to learn (3rd ed.). Columbus, OH: Charles E. Merrill.

Reynolds, Angus. (1990). Designning Instructional Systems : Decision Making in Course Planning and Curriculum Design. NY: Nicholas Publishing.

Rossette, Allison. (1991). Needs Assessment. In G Anglin (Ed.), Instructional Technology : Past, Present, and Future, Colorado: Libraries Unlimited, Inc.

Rossette, Allison. (1987). Trainning Needs Assessment. Englewood Cliffs, N.J.: Educational Technology Publications.

Scriven, M. et al.(Eds.) (1967). *The Methodology of Educational Evaluation*, In R. Tyler. Perspectives of Curriculum Education. Chcago: Rand McNally.

Worthen, B. R. and Sanders, J. R.(1987). *Educational Evaluation: Alterative approache and practical guidelins*. HT: Longman.

Werther, William B., Jr. and Keith Davis(1993). Human Resources and Personnel Management, 4th ed. McGraw-Hill Book Co.

제7장

교수-학습지도

제 1 절 교육의 구성요소

인간에 있어서 가장 흥미롭고 근원적인 특징은 교육이 가능하다는 것이다. 나날이 사회가 발달하고 생활양식이 복잡해짐에 따라 인간은 일상생활을 통해서 모든 문화를 접촉할 수 없고, 따라서 계획적이고 조직적으로 문화를 전달하고 사회변천에 적응된 생활양식을 배워나가기 위해 학교 개념이 필요하게 되었다.

학교는 교육의 과제를 달성하기 위해 계획적이고 체계적으로 만들어진 가장 중요한 조직체이며 의도적인 교육기관이다. 학교에서의 교육은 교육내용을 가지고 교수자와 학습자 간의 상호작용을 통해 교수와 학습활동이 이루어지는데, 이는 학교교육의 가장 기본적인 활동인 것이다. 설리스(Searles)는 '교수자, 학습자 그리고 교육내용', 이 세가지 요소가 상호관련된 기능을 가지고 서로 영향을 끼치고 작용한다고 보았다(최동근 역, 1993). 설리스는 교육내용을 탐구해야 할 대상, 즉 학습과제라고 하고 있다.

교수체제는 교수자와 학습자 상호간에 투입하는 힘에 의해서 작용한다. 교수자는 학습과제의 구조를 결정할 권한을 가진다. 따라서 그 체제의 목표에 도달할 책임 및 기능수행에 관련된 권한은 상당하다. 학습자의 힘으로는 내적 · 외적 동기유발이 있는데, 동기가 주어지면 요구되는 활동에 응하고, 스스로 학습과제의 구조를 발견하게 되어 그 체제를 작동시킬 수 있다.

또한 학습자가 학습과제를 계속 진행해 나아갈 수 있는지는 교수자의 피드백에 달려 있다. 이것은 교수자와 학습자 두 사람 사이의 상호작용의 결함을 뜻하는데, 이들 간의 감정의 연결이 유지되는 경우 교수체제는 더욱 효과적으로 운영된다.

이와 같이 교육의 장에서 교사와 학습자는 교육내용을 가지고 서로 작용하고 있으며, 우리는 이것을 가르치는 일과 배우는 일, 즉 교수(teaching)와 학습(learning)이라고 한다.

제2절 교수와 학습지도

1. 교수의 개념

교수는 학교교육에서 가장 중요한 기본 요소이다. 교수라는 말은 '가르쳐주는 것'을 뜻하는 수업을 포함하는 더 포괄적인 의미로 사용된다. 즉 교수(instruction)란 교사가 교육적 의도를 가지고 하는 일체의 활동을 의미하며, 수업(teaching)은 학습이 일어날 수 있도록 내외적 조건을 조정하는 과정을 뜻한다.

그러므로 교수활동은 일정한 기간 동안 어떤 목표를 향하여 계획적인 방법을 통해 체계적으로 활동을 전개하는 것을 말하는데, 코오리(Corey, 1971)는 교수의 개념을 다음과 같이 정의하였다(박숙희, 염명숙, 이경희, 1997, p.17).

교수란 개인으로 하여금 특정한 조건하에서 또는 특정한 사태에 대한 반응으로서 특정한 행동을 나타내도록 학습하게 하거나 또는 그 특정 행동에 참여할 수 있도록 개인을 둘러싼 환경을 계획적으로 조작하는 과정이다.

여기에는 두 가지 의미가 내포되어 있다. 하나는 특정한 조건하에서 특정한 행동을 학습하게 한다는 것이다. 이는 교수란 처음부터 어떤 행동변화를 일으키고자 하는 명확한 목표를 전제로 하고 있다는 것이다. 다른 하나는 의미는 계획적으로 행동을 조작하는 것이다. 이는 교수란 언제나 계획된 활동임을 의미한다. 의도한 교수목표를 달성하기 위해서는 학습자의 행동을 매우 구체적인 계획하에서 통제하여야 한다는 것이다. 따라서 교수란 목표를 달성하기 위해 학습이 잘 이루어지도록 환경을 계획적으로 조작하는 과정이라고 본다.

2. 학습의 개념

많은 학자들은 학습에 대한 정의를 세 가지 기준에서 내리고 있다.

첫째, 어떠한 행동의 변화가 있어야 한다는 것이다. 여기서 행동이란 물론 밖으로 관찰할 수 있고 측정할 수 있는 동작이나 운동 등의 가시적인 측면만이 아니라, 사고나 태도 등의 내면적 심리적 측면을 포괄하는 넓은 의미로 파악하려 한다.

둘째, 행동의 변화는 경험이나 훈련 또는 연습에 의해 나타난다는 것이다. 따라서 선천적인 소질이나 시간적 경과에 따라 자연적으로 나타나는 성숙에 의한 변화는 학습에서 제외된다.

셋째, 변화된 행동은 그 효과가 비교적 오래 지속되어야 한다는 것이다. 지속기간이 정확하게 어느 정도가 되어야 하는지를 구체적으로 정하기는 어려우나, 피로나 약물의 효과 등으로 일시적으로 나타나는 것은 제외된다.

이와 같은 학습의 개념을 잘 정리해준 정의로는 힐가드와 바우어(Hilgard & Bower, 1981)의 정의를 들을 수 있다(박숙희, 염명숙, 이경희, 1997, p.18).

> 학습이란 주어진 환경 속에서 계속 경험으로 일어나는 행동의 변화를 말한다. 단 그러한 행동의 변화는 타고난 반응경향, 성숙, 또는 피로나 약물에 의한 일시적 상태의 변호로는 설명될 수 없는 것이다.

인간에 있어서 학습이란 한 두 가지의 원리에 바탕을 둔 단순한 과정이 아니라 그 과정이나 형태에 있어서 다양성을 내포하고 있는 복합적이고 다면적인 과정이라고 볼 수 있다. 구체적으로 학습이란 다음과 같은 두 가지 특성을 가진다(Gagne & Briggs, 1979).

첫째, 학습이란 한 개인이 사회의 일원으로 여러 가지 능력들을 기르게 되는 복합적이고 다면적인 과정이다. 즉, 학습은 한 개인이 능력있는 사회인으로서 필요한 언어정보, 지적 기술, 인지전략, 운동기술과 태도라는 다양한 학습능력들의 습득을 목적으로 하는 복잡한 과정으로 설명될 수 있다.

둘째, 다양한 능력들은 환경으로부터의 자극과 동시에 인간의 인지적 정보처리 과정을 통하여 습득된다. 여기서 행동주의 이론은 환경으로부터의 자극에, 인지주의 이론은 인간의 정보처리과정에 초점을 맞추어 학습을 설명하고 있다.

학습의 이러한 특성에 비추어 가네와 브릭스(1979)는 다음과 같이 학습에 대한 조작적 정의를 내리고 있다.

> 학습이란 환경으로부터의 자극을 새로운 능력을 획득하는데 필요한 정보처리의 여러 단계들로 변형시키는 일련의 인지과정이다.

각각 다른 범주의 학습능력을 수행하는 데 있어서 학습자들은 선수학습과 인지적 과정을 필요로 하는데 이는 '학습의 내적 조건'이며, 학습의 인지과정을 돕는 환경으로부터의 자극은 '학습의 외적 조건'이 된다.

학습은 학습의 내적 조건과 외적 조건이 상호작용함으로써 학습의 결과를 낳게 된다. 학습의 내적 조건은 학습자들이 이미 가지고 있는 서로 다른 선수학습이 정도와 각자의 인지적 과정을 말한다(Gagne & Briggs, 1979). 학습의 외적 조건은 환경적 자극인 교수사태(events of instruction)를 말하는데 이 두 가지가 상호작용하여 학습의 결과를 산출하게 된다.

즉 학습의 다양한 결과는 학습자의 내적 상태 및 인지적 과정을 통하여 얻어질 수 있으며, 이러한 내적 조건은 학습의 외적 조건과의 상호작용 속에서 성립된다.

3. 학습지도요소

학습(learing)은 경험의 결과로 인하여 어떤 개인의 지식, 행동, 태도가 비교적 지속적으로 변화되는 것이다(Mayer, 1982). 이는 학습자, 학습환경, 학습 및 교수방법, 학습자료 등의 변인과 함수관계에 있다. 학습을 바람직하게 하기 위해서는 학습지도가 있어야 한다. 효과적인 학습지도에는 학습자의 준비도, 지능과 같은 지적 요소, 동기유발과 같은 정의적 요소, 학습방법, 학습환경 등 일정한 조건을 갖추어야 한다.

1) 준비도(readiness)

준비도는 학습자가 학습할 수 있는 기초능력이다. 어떤 학습이 효과적으로 이루어지게 하기 위한 준비상태가 어느 정도 되어 있는가를 말한다.

학습자 변인에는 신체적 발달, 정서적 발달, 지능, 학습 동기, 인성특성, 발달특징등이 포함된다.

외적 변인으로는 교사특징, 교육방법, 교육내용, 학습자료, 학습분위기가 포함된다.

2) 지적 특성

지능이란 "인간이 환경을 지각하고 사고하며 다루는 종합적인 능력"이다. 이는 오늘날 학습능력이라고까지 말할 수 있을 정도로 학습과 밀접한 관계가 있다. 지능이 중요시되는 학습은 지각, 기억, 추리, 사고력 등도 크게 요구된다.

지능 이외에도 사고력, 창의력, 학습양식, 학습자세 등은 학습과 관계있다.

3) 정의적 특성

학습동기란 학습자의 배우려고 하는 욕구이다. 학습동기유발 방법으로는 학습의 요구를 개인의 요구와 일치시키고 학습목표를 명확히 설정하고 개인의 흥미, 적성에 맞는 학습과제를 실제 수행하는 것이 추천된다.

동기유발에는 자연적이거나 인위적인 것, 내부로부터 오는 동기유발과 외부로부터의 동기유발로 구분된다. 전자인 내재적 동기는 관찰가능한 보상없이 계속 행동하도록 하는 것이며, 후자인 외재적 동기는 외부적 보상이나 강화로 이른다.

4) 학습방법

학습방법이란 학습자의 개인차를 고려하여 발달수준에 맞는 적절한 교재를 선택하고, 교재는 학습준비도에 맞게 배열하여, 성숙도나 학습문제의 난이도 등에 따라 학습시간의 길이를 다르게 조절하는 것이다.

5) 환경적 조건

환경적 조건에는 학습자의 학습에 영향을 미치고 있는 외적 요인을 말한다. 학습 의욕을 높이고, 효과를 올리기 위한 학습환경 특성을 생각할 때에는 의자배열, 크기, 온도, 변화, 채광, 소음 등의 물리적 조건, 교육장의 특성, 교육장의 분위기 등이 고려되어야 한다.

4. 교수과정

메이거(Mager, 1984)는 성공적인 교수를 계획하는 데 있어서 다음과 같은 세 가지 기본 요소를 중요하게 보았다.

① 교수의 목적 및 목표를 규명하는 것이다.
② 교수의 방법 · 매체 · 활동 등을 고려하는 것이다.
③ 학습자의 성취에 대한 평가를 필요로 한다.

여기서 볼 때 교수과정에 대한 계획은 교수의 목표, 방법, 평가에 관련된 "어디를 향하여 가려 하는지?", "어떻게 거기에 도달할 것인지?", 그리고 "그 곳에 언제 도달할지를 어떻게 아는지?"에 대한 응답을 하는 것이다.

교수과정에 관한 모델은 1960년대 이후 많이 나오고 있는 이른바 교수모형들이다. 이와 같은 교수모형들 중 가장 기본적이고 일반적이면서 복잡한 교수현상을 간결하고 일목요연하게 그려낸 모형이 1962년에 발표된 글레이저(Glaser) 모형이다.

글레이저는 교실이라는 한정된 공간에서 일어나는 활동뿐만 아니라 그 전후에 있을 일련의 활동 등을 전체적으로 교수라는 개념에 포함시켰다.

첫째, 학습자에게 무엇을 가르칠까를 결정하는 교수목표의 설정이다. 교수목표란 특정한 교수절차를 통해서 학습자들이 달성하는 성취행동(performance)이다. 그러므로 교수목표는 교수장면에서 여기에 도달시키기 위해서 보다 구체화하고 세분화할 필요성이 있다. 글레이저는 추상적인 진술보다는 관찰할 수 있고 측정할 수 있는 구체적인 행동목표로 진술할 것을 주장하고 있다.

둘째, 투입행동의 진단이다. 흔히 출발점행동(entering behavior)이라고도 한다. 이는 교수가 시작되기 전의 학생수준을 말하는 것으로 그가 이전에 학습한 것, 지적 능력과 발달, 동기상태, 그리고 학습능력에 관계되는 사회적, 문화적 요인들을 모두 포함한다. 진단결과 출발점에 못미치고 있다면 부족한 부분을 채워 넣어야 한다. 이를 학습결손이라고 하는데, 결손된 부분에 대해서는 개별적인 조치를 통해 학습지도에 앞서 결손을 제거해주어야 한다.

수업의 성패에서 학습결손은 중요한 영향을 미치게 되므로 투입행동 진단이 교수-학습 과정에서 중요한 부분이 된다. 투입행동에 있어서의 학생 개인차는 학업성취에 50%~60%를 결정해 주고 있다.

셋째, 교수의 단계로 학습자가 교수목표를 성취하도록 하는데 가장 적합한 교수방법 및 절차를 선정하여 활동으로 전개하는, 학습단원에 대한 본격적인 지도활동이 이루어지는 단계이다. 학습자의 특성과 학습단원의 특성을 고려해 어떠한 교수전략이 가장 효과적인지 구체적인 방법을 결정하고 그에 따라 교수매체도 활용된다. 교수절차는 보통 도입, 전개, 정착의 단계로 진행된다. 이 과정에서 성과를 중간 점검하기 위해 형성평가를 실시하게 되는데, 그 결과에 따라 학습완성 여부가 판정된다. 만약 불충분한 부분이 있었다면 재학습할 수 있는 보충학습의 기회를 가져야 하며, 이미 만족할 만한 학습진전을 보인 학생들에 대해서도 학습을 심화시키거나 더욱 촉진시킬 수 있는 기회를 준다.

넷째, 학습성과가 평가되는 단계이다. 그 동안의 학습성과를 총괄적으로 평가하는 총괄평가가 이루어져, 학생들에게는 최종적인 성적을 내주고 교사들에게는 교수의 효율성을 최종적으로 스스로 확인하는 단계이다. 이러한 학습성과의 평가는 각 단계에서 피드백되어 단계별 적정성 여부에 대한 정보를 제공하며, 다음 단계의 교수과정 설계에 대한 중요한 평가정보도 제공해준다.

이상에서 본 글레이저의 교수과정은 거시적인 관점에서의 교수단계이고, 이제 미시적 관점에서 접근해보면 단시 수업절차에서 수업의 조건을 들 수 있다. 가네와 브릭스(Gagne & Briggs, 1979)는 이를 학습의 외적 조건이라고 하며, 교수사태의 단계에서 필요한 조건들을 다음과 같이 9단계로 정리하고 있다. 이는 미시적 수준에서 교수설계를 계획하는 하나의 메커니즘을 제공한다(박숙희, 염명숙, 이경희, 1997).

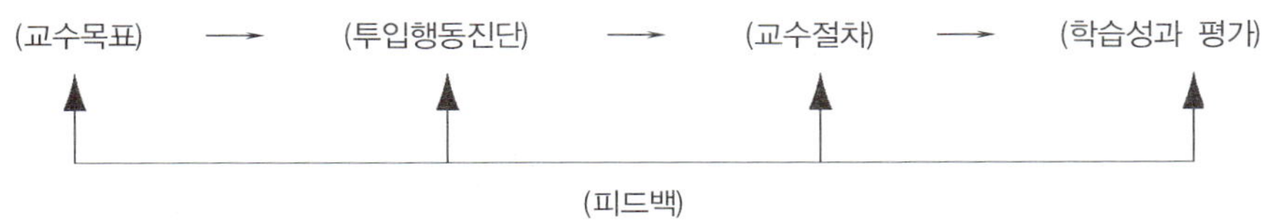

[그림 7-1] 글레이저 모형

① 주의집중(gaining attention)

먼저 학습자의 주의를 끌고 집중하게 하는 일이 주된 작업이다. 여러 가지 자극을 제시하여 주의를 집중시키며 적절한 학습태세를 갖출 수 있도록 주의태세(attention sets)를 수립하는 단계이다. 교사는 학습자들의 흥미나 호기심을 자극하고 주의를 집중시킬 수 있는 다양한 기술을 갖추고 있어야 한다.

② 수업목표 제시(informing the learner of the objective)

학습자에게 수업목표를 명시하고 알려주는 단계이다. 여기에서 목표란 학습자에게 기대하는 학습성과이며, 이는 수업이 끝났을 때 학습자에게서 나타나기를 기대하는 성취행동을 말한다. 목표는 여행하는 사람에게 행선지와 같은 것이므로 교사는 목표를 명확히 제시해주어 학습자들이 스스로 행선지를 향해 바르게 가고 있는지, 언제 도착할 것인지를 판단하고 평가할 수 있도록 해주어야 한다.

③ 선수학습의 재생자극(stimulating recall of prerequisite learned capabilities)

이미 학습한 내용을 재생·상기할 수 있도록 자극하는 일이다. 새로운 학습은 대부분 아이디어들의 결합으로 일어나는데 그 구성요소가 되는 아이디어들은 이미 앞에서 학습이 되어 있어야만 새로운 학습이 발생·성립될 수 있기 때문이다.

④ 자극자료의 제시(presenting the stimulus material)

학습자료 또는 교재를 학습자에게 제시하는 단계이다. 이때 자극을 주는 자료는 언어적이든 시범적이든 혹은 매체를 사용하든 적절히 제시할 수 있도록 준비해야 한다. 자극제시는 선별적인지를 결정하는데 중요한 영향을 미치게 되므로 그림이나 도표를 많이 사용하고, 개념이나 원리학습 때에는 다양한 예를 들고, 어린이인 경우엔 여러 가지 색깔을 사용하는 것이 바람직하다.

⑤ 학습안내의 제공(providing learning guidance)

수업에서 사과와 탐구를 자극하기 위해 보통 행하는 질문과 단서, 암시, 제시 등의 학습안내를 제공하는 단계이다. 교사는 즉시 해답을 알려주기 보다는 스스로 사고하고 탐구할 수 있도록 단서나 힌트를 제공해주는 것이 보다 바람직하며, 학습자의 개인차에 따라 단서나 힌트를 다르게 제시하는 것도 효과적인 방법이다.

⑥ 성취행동 유발(eliciting the performance)

학습지도를 잘 받아 충분히 성취행동이 이루어졌으면 학습자가 배운 것과 아는 것을 실제로 유출해 자신들이 성취한 것에 대해 확신을 갖고 확인해보는 단계이다.

⑦ 피드백 주기(providing feedback)

학습자의 성취행동이 목표대로 달성되었는지 피드백을 주는 단계이다. 교사는 학습자의 성취행동에 대해 그 정확성 여부와 정도에 따라 피드백을 주어야 하는데, 실제학습에서는 많은 부분에서 즉각적인 피드백이 주어지지 못하는 경우가 있다. 학생의 성취행동에 대하여 고개끄덕임, 미소, 언어적인 칭찬 등 여러 가지 방식으로 피드백을 제공한다.

⑧ 성취행동 평가(assessing the performance)

성취행동이 적절하게 유발되면 바라고 예상해온 학습이 잘 이루어졌다는 표시이며, 이것이 학습성과의 평가이다. 교사는 학습성취에 대한 평가를 미리 계획을 세워 체계적으로 해야 하며 이를 평가하는 데는 여러 가지 방법이 있을 수 있다.

⑨ 파지와 전이를 높이기(enhancing retention and transfer)

정보나 지식을 재생해야 할 경우에는 원래의 과제 자료에 유의미한 맥락을 제시한다든지 의미를 부여하는 것이 파지를 높일 수 있는 좋은 방법이다. 전이는 학습자에게 새로운 학습과제를 부과할 때 일어나는데, 과제를 학습할 때 상이한 여러 상황에 적용하여 일반화시키게 되면 전이가 쉽게 이루어진다. 그러므로 교사는 학

〈표 7-1〉 가네의 9가지 교수사태 단계와 학습의 내재적 측면

교수사태	학습의 내적 측면
1. 학습자의 주의획득	주의
2. 학습자에게 목표제시	기대
3. 선수학습 요소의 회상 자극	작동기억에 재생
4. 자극 자료제시	자극 요소의 선택적 지각
5. 학습안내 제공	기호화 : 정보의 단기저장
6. 수행의 유도	재생과 반응
7. 수행의 정확성에 관한 피드백 제공	강화
8. 수행의 평가	자극에 의한 재생
9. 파지 및 전이의 향상	일반화

습전이를 확보하기 위해 여러 응용된 학습상황에 적용시키는 다양한 전개와 창의성이 요구된다.

가네는 학습의 외적 조건으로서의 교수의 절차는 학습의 내적 조건인 학습의 사태, 즉 학습정보를 처리하는 내재적 과정과 상호 긴밀한 관계를 갖는다고 설명하며 이를 단계적으로 설명하고 있다(〈표 7-1〉 참조).

제3절 교육방법과 교육공학

1. 교육방법

교수과정에는 여러 가지 다양한 변인들이 작용된다. 라이거루스(Reigeluth)와 메릴(Merrill)은 교수의 변인을 조건, 방법, 결과의 세 가지 범주로 분류하며 이에 따른 다양한 변인들을 설명하고 있다(Anglin, G.J., 1995).

교수의 변인들 중 조건은 교과내용의 특성이나 학습자의 특성을 말하고, 방법은 학습결과를 성취하기 위한 다양한 전략들을 뜻하며, 결과는 효과성 · 효율성 · 매력성이다. 즉 교수방법은 교수조건을 기초로 교육목표에 도달하기 위한 효과적이고 효과적이며 매력적인 교수결과를 가져오기 위한 다양한 학습전략들을 의미한다.

이러한 전략들은 교수의 전 과정 속에 체제적 접근(systems approach)에 의해 결정되어야 한다. 체제적 접근이란 문제해결을 위해 전체를 분석하고 이 전체 속에서 각 부분들의 기능들이 어떻게 역동적이고 상호보완적인 관계에 있는지를 파악하는 접근방법이다.

방법이란 "목표를 이루기 위하여 취하는 수단"으로 "객관적인 진리에 도달하기 위하여 연구하는 수법"이다. 이러한 방법 속에는 이론과 실제가 담겨 있어야 한다. 그러므로 교육방법은 이론과 지식을 기반으로 하여 문제해결을 위한 지식의 적용이라고 할 수 있으며 실행력을 가지고 있어야 한다. 여기에 따르면 교육방법은 교사가 현재 상태에 있는 학습자를 설정된 교육목표를 달성하기 위하여 선정된 교육내용을 가지고 학습자에게 효과적으로 전달하기 위한 실행력있는 과정이다.

하인니히(Heinich, 1996)는 교육방법이란 전통적으로 교수내용을 제시하는 형태(presentation forms), 즉 교수형태를 의미한다고 하며 매체와 메시지의 관계를 설명하고 있다. 매체는 통신수단으로 정보원(Source)와 수신자(receiver) 간의 정보 전달 수단이다. 예를 들면 필름, TV, 인쇄자료, 컴퓨터 등을 말하며 교육목적을 위해 메시지를 전달할 때 교수매체가 된다. 메시지(message)는 의사소통이 이루어지는 정보로서 매체를 통해서 메시지가 전달된다. 그리고 방법(methods)은 교사들이 학습목표를 달성하는데 도움을 주기 위해서 또는 메시지나 교수내용을 내면화하기 위해서 선택되어진 수업의 절차이다. 이들 간의 관계는 다음과 같다.

즉, 교육공학에서 본 교육방법은 교육목표를 달성하기 위해 매체와 메시지를 통해 선택된 수업의 절차이다.

교육목표를 향해 목적지에 도달할 수 있는 방법은 여러 가지가 있을 수 있다. 교수자에 의해 안내되어 가는 방법, 학습자 스스로 찾아가는 방법, 좀더 쉽고 편하게 가도록 여러 가지 보조도구를 이용하는 방법, 학습자 여럿이 같이 협조해서 가는 방법, 교육공학적인 교수매체를 통해 가는 방법 등 수많은 방법이 있을 수 있다. 이 여러 가지 방법 중에서 어떠한 방법을 택해서 가는 것이 가장 좋은 결과를 얻을 수 있는가 하는 것이 바로 교육방법의 문제이다.

라이거루스는 교육의 결과를 평가하는 데 효과성(effectiveness), 효율성(efficiency), 매력성(appeal) 측면에서 평가기준을 정하고 있다. 그러나 우리는 지금까지 교육방법을 결정할 때 효과성과 효율성에 더 중점을 두고 평가해왔다.

변영계 등(1996)도 좋은 교육방법이란 효과적이고 효율적이며 매력적이고 안전한 것이어야 한다고 했다. 매력적이란 학습자와 교수자들이 얼마나 그 과정을 즐길 수 있으며 좋아하느냐에 대한 고려이고, 안전하다는 것은 교육방법의 실천과 수행이 도덕적으로 문제가 없다는 것을 말한다.

이제 우리는 교육방법을 평가할 때 어떤 방법이 학습자에게 더욱 매력적이고 안전한 방법이며 어떤 교육방법이 인간을 중심으로 한 최선의 교육방법이 될 것인지를 고려해야 한다.

2. 교육방법과 교육공학

이상에서 설명한 바와 같이 교육방법은 교육의 목적을 달성하기 위한 실행적 수단이며 좋은 교수-학습의 과정이 되기 위해서는 여러 가지 조건들이 있다. 특히 교직과목 중 교육방법은 교육공학이란 용어와 함께 '교육방법 및 교육공학'으로 설정되어 있다. 그러면 교육공학은 교육방법과 어떠한 관계가 있는가?

1) 교육공학의 개념

교육공학의 개념을 파악하기 위해 우선 공학이란 용어의 어원을 살펴보자. '공학(technology)'은 그 어원이 희랍어로 기예(art) 또는 기술(craft)을 뜻하는 'techne'와 학문에 대한 탐구를 뜻하는 'logos'의 합성어이다(김종량, 1991). 라틴어로는 짜다(weave) 또는 구성하다(construct)를 뜻하는 'texere'에서 파생된 말이다(이화여자대학교 교육공학과, 1997; Saettler, 1990).

공학(technology)은 기술이나 기계라는 산물로써의 의미만이 아니라, 과학적 방법에 의해 체계화된 지식을 전문적인 기법으로 적용하는 과정으로써의 개념을 함께 갖는다. 그러므로 하인니히(1973)는 다음과 같이 규정했다.

> 공학은 기계류와 관련된 하드웨어나 소프트웨어를 포함할 수도 있고 안할 수도 있는 것으로서, 어떤 특정한 과제를 수행는데 있어서 요구되는 실천적 문제해결 기법을 의미한다.

따라서 교육공학은 교육의 문제를 해결하기 위한 실천적 문제해결기법을 의미하는 것으로, 학습효과의 극대화를 이루기 위해 공학의 원리와 기법이 교육과 훈련 분야에서 일어나는 학습문제의 관리와 운영에 적용되어지는 모든 경우를 총칭한다고 한다(권성호, 1990).

한편 커슬리(Kearsley, 1984)는 교육공학은 교사와 학습자의 생산성을 향상시키기 위해서 교육훈련에 적용되어진다고 보며 이들을 소프트 테크놀로지와 하드 테크놀로지로 나누고 있다. 하인니히(1996)도 교수-학습과정에 관련있는 두 가지의 테크놀로지를 들었는데 산출물 중심의 하드 테크놀로지(hard technology)와 과정 중심의 소프트 테크놀로지(soft technology)라고 했다. 하드 테크놀로지는 컴퓨터, 멀티미디어, 인공위성과 같은 교수매체에 관련되고 소프트 테크놀로지는 교수-학습이론, 교수형태, 교수설계, 교수체제 개발과 같이 교수-학습의 문제를 해결하는 방법이나 과정에 관련된다.

교육공학 개념의 정의는 그 발달과정에 따라 교육공학자들간의 이해와 공통적 논의를 거쳐 미국 교육공학회(AECT)를 중심으로 점진적으로 수정되어 왔다. 최근 정의된 교육공학의 정의는 다음과 같다(Seels & Richey, 1994; 이화여자대학교 교육공학과, 1997).

> 교육공학이란 학습을 위한 과정과 자원의 설계, 개발, 활용, 관리 및 평가에 관한 이론과 실제이다.

여기에서는 정의로 사용된 용어를 보면 '교수공학(instructional technology)'과 '교육공학(educational technology)' 두 가지 개념을 포함하는 의미로 'Instructional Technology'를 사용하고 있는데, 이는 교육공학, 교수공학 등의 용어가 모두 교수와 학습의 문제를 해결하기 위한 공학적 절차와 도구를 적용하는 것을 일컫고 있기 때문이다.

교육의 문제는 우리가 해결하고 달성해야 할 교육의 목표인데 이를 위해 여러 가지 하트 테크놀로지와 소프트 테크놀로지를 적용시킨 것이 교육공학이다. 이러한 점에서 본다면 앞에서 추구했던 '최선의 교육방법'은 결국 '교육공학'과 같은 맥락으로 이해될 수 있는 것이다.

변영계 등(1996)도 교육방법과 교육공학과의 관계를 아주 긴밀한 관계에 있다고 했고, 교육방법의 문제가 이론과 실행이라면 공학의 문제는 과학적 지식과 그의 적용 즉 실행에 관련된 문제라고 했다.

그러므로 교육공학 속에는 최선의 교육방법이란 의미가 내포되어 있으며, 현대의 상황에서 발생되는 교육의 문제를 최선의 교육방법으로 해결하기 위해 인간을 중심으로 하드 테크놀로지와 소프트 테크놀로지를 적용시키는 이론과 실제에 관한 효과성과 매력성을 갖춘 모든 것을 포함한다.

2) 교육공학의 배경

인류사회의 발전과정 속에서 교육공학이 대두하게 되었던 요인으로 다음의 여러 배경이 소개되었다.

- 지식의 팽창과 인구의 폭발적 증가
- 제2차 산업혁명과 오랜기간에 걸친 민주적, 산업적, 과학적, 문화적 혁명,
- 사회철학을 시대에 맞도록 재정리할 필요성
- 사회전반에 걸친 공학의 도입
- 공학기반 사회를 이끌어갈 과학자 양성의 필요성
- 모든 시민을 대상으로 한 공학과 과학에 대한 일반 교육의 필요성
- 자동화에 의해 대치되는 인력의 재훈련 필요성
- 사회가 공학을 교수과정으로 확장해야만 할 당위성의 대두 등을 손꼽을 수 있다 (이화여자대학교 교육공학과, 1997).

3) 교육공학의 발달

이제 교육공학의 발달을 살펴보면, 1920년대 시각교육으로부터 시작하여 언어중심의 기존 교육방법에서 탈피하여 구체적 경험을 제공하는 시각교육 운동을 실시하였다. 그 당시 교육에 이용할 수 있는 교수매체는 인쇄자료와 그림자료가 대부분이었기 때문에 교수매체는 단지 수업의 보조물로서 사용되는 협의의 개념을 취하고 있었고, 교육공학의 의미도 단지 시각교육이라는 의미로 사용되어졌다.

미국에서 에디슨에 의한 전기의 발명은 1940년대 음향녹음, 축음기의 보급, 유성영화의 출현하게 되었으며, 이는 교육에 직접적인 영향을 주었다. 이전에 그림을 중심으로 하던 시각교육에 청각적인 요소가 통합됨으로써 시청각교육으로 발전하는 기회를 마련하였다. 1940년대 후반의 시청각교육은 영화, 슬라이드, 녹음, 라디오, 텔레비전 등의 시청각 교재와 교구를 활용하여 효과적 학습달성을 도모하는 움직임이었다.

물론 매체의 발달과 함께 여러 학문영역에서의 발달, 즉 커뮤니케이션 이론, 체제이론, 학습이론의 영향은 교육매체를 단지 교사의 보조물로서 이용하는 것으로부터 교육매체가 학습상황에 따라 통합적으로 활용됨으로써 교수-학습체제 전체의 효율성을 증가시킬 수 있었다.

이와 함께 시청각교육이라는 개념도 1963년에 시청각통신으로, 1970년에는 교수공학으로 발전하게 되었다. 특히 현대에 들어오면서 정보통신 공학과 컴퓨터 공학의 발달은 교수매체가 교육현장에 통합적으로 사용할 수 있는 계기를 마련하였다. 단지 수업내용의 전달뿐만 아니라 상호작용을 통한 학습자의 진단과 평가, 학습환경의 통제까지 가능해지면서 교수매체의 의미를 확장시켜주었다. 〈표 7-2〉에서 보듯이 매체의 발달에 따라서 교육공학의 역사가 같이 발달하고, 이에 따른 교육공학의 정의의 변천에 영향을 준 것을 알 수 있다.

각 교육공학의 발달단계를 구체적으로 살펴보면 〈표 7-2〉와 같다(이화여자대학교, 1997).

〈표 7-2〉 교육공학의 발달과 매체

시각교육(1923)	그림, 삽화자료
시청각 교육(1947)	슬라이드, 텔레비전, 라디오
시청각 통신(1963)	교수-학습 과정의 통신이론 도입 • 정의 : 교육이론과 실천의 한 분야로서 학습과정을 통제하는 각종 메시지의 고안과 활용에 관련된 사항
교수공학(1970)	행동주의 이론, 초기 체제개념의 도입 • 정의 : 교수공학은 인간학습과 통신이론에 기반을 두고 특정한 학습목표에 따라 교수학습의 전과정을 설계하고 실행하고 평가하는 체계적 방법이며, 더 효과적인 교수를 이끌어내기 위하여 인적 자원과 비인적 자원을 적절히 결합하여 사용하는 체계적인 방법이다.
교육공학(1977)	체제적 접근의 정의, 컴퓨터 매체 • 정의 : 교육공학이란 인간학습에 포함된 모든 문제점을 분석하여 이에 대한 해결책을 고안하고 실행하며 평가·관리하기 위하여 사람·절차, 이념, 장치 및 조직을 포함한 복합적이고 통합된 과정이다.
교수공학(교육공학, 1994)	교육공학의 재정립, 정보통신공학의 발달 • 정의 : 교육공학이란 학습을 위한 과정과 자원의 설계, 개발, 활용, 관리 및 평가에 관한 이론과 실제이다.

3. 교육공학의 영역

교육공학의 영역은 [그림 7-2]에서 볼 수 있듯이 설계, 개발, 활용, 관리, 평가의 다섯 가지로 나눌 수 있고, 각 영역은 몇 개의 하위 구성요소들로 이루어진다.

이들 다섯 영역들 사이의 관계는 서로 보완적이다. 이는 필요에 따라 다른 영역으로부터 이론과 실제를 도출하기도 하고 여러 영역의 기능들을 함께 활용하기도 하므로 교육공학의 모든 영역들은 이론을 서로 공유하고 각 영역들은 다른 영역들을 지원하는 상호의존적인 관계라고 할 수 있다.

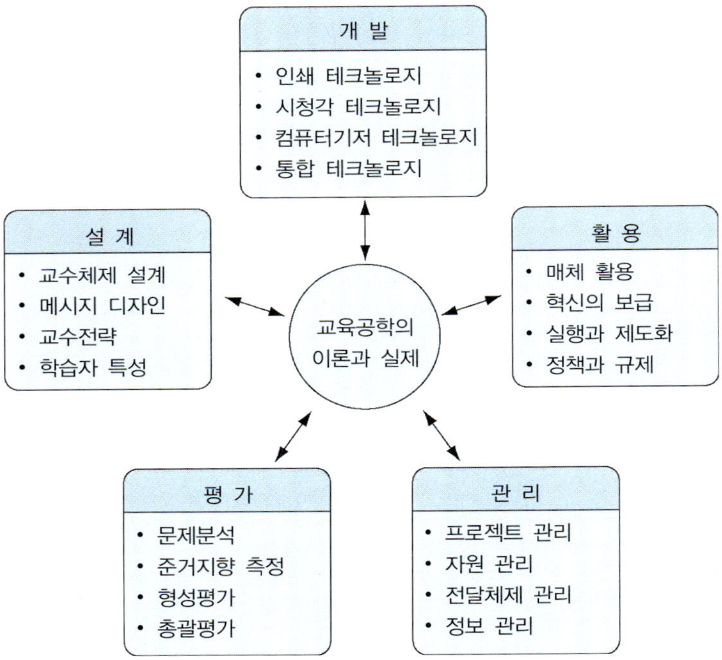

[그림 7-2] 교육공학의 영역과 하위범주

이화여자대학교 교육공학과, 2002, p.76

1) 설계영역

교육공학의 설계영역은 부분적으로 교수심리학 운동에서 발전하였다. 설계란 학습의 조건들은 분석하면서 구체적인 교수목적을 달성하고자 다양한 방법과 전략을 계획하는 이론과 실제의 영역이다. 즉, 설계는 학습이 일어나도록 하는 교수명세서를 작성하는 일과 같은 미시적인 단계와 기획과 같은 거시적인 단계를 포함한다.

설계영역은 이론과 실제에서 네 개의 중요한 부분인 교수체제설계, 메시지 디자인, 교수방법 및 전략, 학습자 특성의 연구를 포함하고 있다.

① 교수체제설계(instructional systems design)는 교수의 분석, 설계, 개발, 실행, 평가의 단계가 포함된 조직적인 절차이다.
② 메시지 디자인은 메시지를 실물화하기 위한 계획으로서, 매체와 학습과제에 따라 결정된다.
③ 교수전략은 하나의 수업단위(lesson)안에서 사건과 활동을 선택하고 구체적으로 계열화하는 것으로, 이는 학습상황과 밀착되어 있다.
④ 학습자 특성은 학습자의 경험적 배경에 대한 연구로서, 학습과정에 영향을 미치는 학습자 변인을 서술한다.

2) 개발영역

교수매체의 제작에 기원을 두고 있는 개발영역은 설계영역에서 산출된 명세서를 구체적인 형태의 교수자료로 만드는 과정이다. 즉 교수에 적용되는 하드웨어와 소프트웨어를 통합한 것이며, 시각과 청각자료 및 여러 부분을 통합한 프로그램 또는 패키지의 개발을 포함한다. 따라서 개발은 이론과 설계에 근거하여 이루어지고, 평가를 거친 후의 사정·보완을 해야 하며 활용과 관리에 관련된 요구 등에 민감해야 한다.

개발영역은 인쇄공학, 시청각공학, 컴퓨터 기저공학, 통합공학의 하위영역을 포함한다.

① 인쇄공학은 기계나 사진 인화과정을 활용하여 책이나 정사진자료와 같은 문자자료와 시각자료를 제작하고 전달하는 방법이다.
② 시청각공학은 음성과 시각내용을 제시하기 위해 기계와 전기를 사용하여 시청각자료들을 제작하고 전달하는 방법이다.

③ 컴퓨터 기저공학은 컴퓨터에 기반을 둔 자원을 사용하여 자료를 디지털 형태로 제작하고 전달하는 방법으로서 컴퓨터 기반학습(CBI), 컴퓨터 보조학습(CAI), 컴퓨터 관리학습(CMI) 유형이 있다.

④ 통합공학은 컴퓨터의 제어 하에 몇 가지 다른 유형의 매체들을 통합하여 자료를 개발하고 전달하는 방법이다. 이들 자료의 주요한 기능은 고도의 학습자 상호작용이며, 멀티미디어 시스템이 대표적인 예이다.

3) 활용영역

교육공학의 영역 중 가장 오랜 전통을 가지고 있는 활용영역은 기존의 교수자료를 교수-학습상황에 적절하게 활용하고자 노력한 1920년대의 시각교육운동과 함께 시작되었다. 활용기능은 학습자와 교수자료 및 체제 사이의 상호작용을 의미하는 것으로, 학습을 위해서 절차나 자원을 사용하는 것이다. 그러므로 활용을 위해서는 교수매체의 체계적인 사용, 보급, 확산, 실행 및 제도화가 요구된다.

활용영역은 매체활용, 혁신의 보급, 실행 및 제도화, 정책 및 규제의 네 가지 하위영역을 포함한다.

① 매체활용은 학습을 위해서 자원을 체계적으로 활용하는 것으로써 교수매체 선택모형 등이 이들 연구의 결과이다.

② 혁신적 보급은 새로운 개념을 채택할 목적으로 계획적인 전략을 사용하는 통신모형 등에 기초한 의사소통의 과정으로서 궁극적으로는 변화를 초래하고자 하는 것이다.

③ 실행은 교수자료나 전략을 실제 상황에 활용하는 것이며, 제도화는 교수혁신을 조직문화나 구조 속에서 계속적으로 추진하고자 하는 것이다. 개인과 조직 모두의 변화를 요구하는 실행과 제도화가 함께 이루어질 때 진정한 활용기능이 있게 된다.

④ 정책과 규제는 교육공학의 보급과 활용에 영향을 미치는 사회(혹은 대리인)의 규칙과 행위에 관한 것으로 윤리나 법, 경제적 측면 등에 의해 통제를 받는다.

4) 관리영역

매체센터, 매체 프로그램과 서비스의 운영으로부터 발전된 관리영역은 기본적인 관리기술 실시를 그 목표로 한다.

즉 프로그램의 조직, 직원 관리, 예산 및 시설을 기획하고 집행하며, 변화에 대처하는 관리기술을 통하여 교육공학을 조절하는 운영체제이다.

관리영역에는 네 하위영역으로 구분되어진다.

① 프로젝트 관리는 교수설계와 개발 프로젝트의 계획, 점검 및 조정 활동과 업무에 관련된다.

② 자원관리는 인적 자원, 예산, 자료, 시간, 시설, 교수자원을 포함하는 모든 자원의 지원체제와 서비스를 기획·감독·조정하는 일과 관련되어 있다.

③ 전달체제 관리는 교수자료를 학습자에게 보급하고 활용시키기 위한 방법과 기획하고 조직하며 점검·통제하는 일과 관련된다.

④ 지식사회에서 더욱 중요하게 인식되는 정보관리는 학습자원의 공급을 위하여 정보를 기획·감독·저장하며 정보의 적절한 전달 및 처리와 관련된 일들을 포함한다.

5) 평가영역

평가는 활동의 과정이나 결과에 대한 장점, 가치 등을 규명하고자 하는 절차이다. 교육 프로그램, 산물, 프로젝트, 과정, 목표, 교육과정의 질, 효과, 가치 등을 결정하고자 할 때 평가활동이 필요하다. 교수와 학습 간의 관계에서는 이를 위해서는 판단기준의 선정, 관련정보의 수집, 기준의 적용이 단계적으로 이루어진다.

평가영역에는 다음 네 가지 하위영역이 포함되고 있다.

① 문제분석은 문제의 특성과 관련 변인을 분석하는 것으로, 요구분석에서부터 시작하여 목표와 우선순위를 결정하는 과정이다.

② 준거지향평가(절대평가)는 정해진 목표에 대한 학습자의 지식, 태도, 또는 기술의 완성정도를 결정하고자 하는 것이다.

③ 형성평가는 개발과정에서 이루어지며 과정의 적절성 여부에 관련된 정보를 수집하여 이를 다음의 개발에 대한 기반으로 이용한다.

④ 총괄평가는 교수실행 후에 이루어지며 개발산물의 유용성과 적절성에 대한 정보를 수집하고 평가하는 것이다.

학습과제

1. '학습'의 용어적 설명을 하고 정의를 내리시오.
2. 본인 전공과 관련된 학습지도시 주요한 요소 3가지 이상을 들고 이유를 설명하시오.
3. 글레이저 모형을 적용하여 교수설계 사례를 소개하시오.
4. 교육공학의 다섯 영역 간의 관계를 설명하시오.

참고문헌

권성호(1992), 교육공학론, 서울 : 양서원.

김종량(1991), 교육공학, 서울 : 문음사.

박숙희, 염명숙, 이경희(1997), 교육방법 및 교육공학, 서울 : 학지사.

변영계, 김영환(1996), 교육방법 및 교육공학, 서울 : 집문당.

이화여자대학교 교육공학과(1997), 교육방법 및 교육공학, 서울 : 교육과학사

이화여자대학교 교육공학과(2002), 21세기 교육방법 및 교육공학, 서울 : 교육과학사

최동근 역(1993), 교수-학습과정 신강, 서울 : 형설출판사.

Anglin., G.J.(ed.). *Instructional technology: past, present, and future*. Englewood, CO: Libraries Unlimited, Inc.

Gagne, R.M., & Briggs, L.J.(1979). *Principles of instructional design*(2nd ed.). NY: Holt, Rinehart and Winstone.

Heinich, R., Molenda, M., Russell, J.D., & Smaldino, S.E.(1996). *Instructional media and technologies for learning*. Englewood Cliffs, NJ: Prentice-Hall, Inc.

Kearsley, G.(1984). *Training and technology: a handbook for HRD professionals*. Addison-Wesley Publishing.

Mager, R.(1984). *Preparing instructional objectives*(2nd ed.). Belmont, CA: Lake.

Mayer, R.(1982). Learning. In H. Mitzel(Ed.), *Encyclopedia of educational research*. N.Y.:

Free. 1040-1058.

Saettler, P.(1990). *The evolution of american educational technology.* Englewood, Colorado:Libraries Unlimited, Inc. 305-538.

Seels, B.B.& Richey, R.C.(1994). *Instructional technology: the definition and domains of the field.* Washington, D.C.: AECT.

제8장

교육행정

제1절 교육행정의 개념

제2절 학교제도

제3절 교육조직

제1절 교육행정의 개념

1. 교육행정의 정의

교육행정(educational administration)에 관한 정의는 어떤 입장에서 정의하느냐에 따라서 서로 다를 수가 있으며, 교육행정을 어떻게 개념 규정하느냐에 따라서 교육행정의 성격 · 영역 · 기능 등이 달리 규정될 수 있다.

교육행정을 루서(W. C. Reusser)는 학교나 사회에 의하여 설정된 교육목적을 달성하는 수단으로 보고, 몰맨(Moehlman)은 교육활동을 지원하는 서비스 활동으로 보고 있다. 이때 행정이란 한 사회 조직 내의 활동을 지시, 통제하는 과정이라 한다(Hoy and Miskel, 1987). 교육행정은 두 가지 관점으로 즉 '교육에 관한 행정'과 '교육을 위한 행정'으로 나누어 정의하여진다.

1) 교육에 관한 행정

교육에 관한 행정이라고 할 때는 국가주의적 관점에서 나온 것으로 교육행정을 통치권의 일부로 보는 관점이다. 즉 일반행정 중에서 교육에 관계되는 행정을 교육행정으로 보려는 입장이다.

2) 교육을 위한 행정

이와는 달리 교육을 위한 행정이라고 할 때는 교육체제의 특별성과 자율성을 강조하는 측면에서 교수와 학습기능의 효율화를 기하기 위한 제반 조건을 정비하는 서비스활동으로 간주하는 입장이다.

그러므로 교육행정은 그 자체가 목적이 아니고 교육목적 달성을 위한 하나의 수단으로서 교육활동이 보다 원활히 이루어지도록 지원하고 보조하는 활동으로 교육을 상위에 두고 행정을 하위에 두는 입장이다(수원대학교 교재편찬위원회, 1998).

김종철은 교육행정이란 사회적 · 조직적 활동으로서의 교육에 관한 공동목표를 설정하고 목적달성을 위한 인적 · 물적 조건을 정비하고 목표달성 과정에 있어 지도 감독하는 일련의 봉사활동이라고 하였다(박상호, 김경희, 1995, p.262).

이렇게 볼 때 종합적으로 교육행정이란 국가나 지방자치 단체와 같은 사회조직이 교육목적을 설정하여 그 목적 달성에 필요한 인적 · 물적 제조건을 정비 확립하고 제반활동을 지도, 감독, 봉사하는 협동적이고 조직적인 작용을 말한다.

2. 교육행정의 성격과 영역

1) 교육행정의 성격

교육행정의 성격은 전국민을 대상으로 사회 · 공공적이며, 장기 목적하에 적극적 복지 행정을 펴나가야 한다. 더불어 교육문제 해결에 능동적 대처와 전문성을 전제로 독자적으로 어느 외부의 간섭없이 행해져야 하는데 그 특성과 영역이 있다.

(1) 공공적 성격

교육행정은 전국민을 대상으로 한다. 교육은 특정인만을 대상으로 하는 것이 아니고 전국민을 대상으로 교육의 기회균등의 원칙을 적용하고 있다. 따라서 교육행정은 공공성을 따지지 않을 수 없다. 우리 헌법 제 31조 1항과 5항에 "모든 국민은 능력에 따라 균등하게 교육받을 권리를 가진다. 국가는 평생교육을 진흥하여야 한다"고 명시함으로 전국민이 교육의 대상임을 분명히 하고 있다(수원대학교 교재편찬위원회, 1998, p.240).

(2) 장기적 성격

교육의 목적은 단시일 내에 도달할 수 없으며 단기간내에 투자가 완료되는 것도 아니다. 이처럼 교육이 장기적 활동이므로 교육행정도 그 지향하는 목표가 장기적일 수밖에 없다. 그러나 교육은 장기적인 안목에서 볼 때 국가발전의 원동력이 된다. 따라서 눈에 보이지 않는 성과를 거두려면 장기적인 목표 아래 꾸준한 투자가 요구된다.

(3) 적극적 · 봉사적 성격

교육이 사회공공의 복지 증진에 기여하므로 교육행정은 적극적 · 복지행정적 성격을 띠고 있다. 공법학적으로 교육행정은 내무행정 중에서도 보육행정에 속한다. 보육행정은 적극적 성격을 띠며 적극적으로 사회공공의 복리를 증진시킴을 목적으로 하고 있다. 따라서 적극적 행정은 그 수단으로서 정신적 · 물질적 봉사의 중점을 두는 지도 · 조언을 수단으로 하는 행정이다.

(4) 수단적 성격

교육행정의 수단적 성격은 교육행정의 내용이 고정된 것이 아니고 동적인 성격을 가졌다는 것이다. 교육행정가는 교육문제를 예견하고 이에 대한 대책을 강구하며, 교육발전을 위한 장 · 단기 계획을 수립 · 실천하기 위하여 탁월한 행정적 처리 기술과 더불어 예민한 예견과 지성을 필요로 한다.

(5) 전문적 성격

교육에서 주도적인 역할을 하는 사람들은 교사들이다. 이 교사들은 고도의 전문적인 교육과 훈련을 이수하고 교원 자격증을 소지한 자들이다. 이처럼 교육은 그 자체가 전문성을 갖고 있으므로 교육행정도 전문성을 전제로 행해져야 한다.

(6) 민주적 · 중립적 성격

우리 국가 사회의 기본이념은 자유 · 민주주의이므로 교육행정에서 민주적 성격이 필연적으로 요구된다. 따라서 교육은 외부의 간섭없이 그 전문성과 특수성에 비추어 독자적인 견지에서 교육 본래의 목적에 따라 운영 실시되어야 한다. 다시 말해서 교육이 정치 · 종교 · 당파 활동에 구애됨이 없이 이루어져야 한다는 것이다. 우리 헌법 제 31조 4항에서는 "교육의 자주성, 전문성, 정치적 중립성 및 대학의 자율성은 법률이 정하는 바에 의하여 보장된다"고 규정함으로써 교육행정의 정치적 중립성을 분명히 하고 있다(수원대학교 교재편찬위원회, 1998, p.241).

2) 교육행정의 영역과 기능

(1) 교육행정의 영역

교육행정의 영역이란 교육행정에서 어떤 내용을 어디까지 취급할 것인가에 대한 범위를 정하는 것을 말하는 것이며, 교육행정의 분류체계를 말하는 것이다.

다음의 몇 가지 분류기준에 의하면

① 법규면 : 교육부 장관의 관할 밑에 있는 행정활동의 영역을 말한다.
② 업무내용면 : 기획행정, 조직행정, 교육내용의 행정, 장학행정, 학생행정, 교직원 인사행정, 재무행정, 시설행정, 사무관리행정과 연구, 평가 및 홍보에 관한 행정 등으로 구분할 수 있다.
③ 기능면 : 관리행정과 지도행정으로 나눌 수 있다.
④ 교육대상 : 학교 교육행정과 사회 교육행정으로 나눌 수 있다.
⑤ 학교 교육기관의 등급 : 보통 교육행정과 고등 교육행정으로 구분하거나 초등, 중등, 고등 교육행정의 3대 영역으로 나눌 수도 있다. 더 세분화하면, 의무 교육행정, 중등 교육행정, 기술 교육행정, 대학 교육행정, 교직 교육행정 등으로 나눌 수도 있다.

그러나 교육행정의 영역은 교육행정 활동의 범위를 한정하여 말하는 것이므로 교육의 범위를 넓게 인식하자면 다른 교육 부처의 교육활동에 관한 행정도 제반적으로 고려해야 할 것이다.

(2) 교육행정의 기능

교육행정이 어떤 기능을 갖고 있느냐 하는 것은 교육행정이 어떤 과업을 수행하느냐에 따라 결정된다. 어느 조직에서나 존재하는 기능은 그 조직의 목적을 달성하기 위한 과업달성 지도기능과 관리유지기능이다. 즉 교육행정의 기능에는 직접 학생들을 가르치는 지도행정기능과 그 교육활동을 가능케 하는 관리행정기능으로 구분하기도 한다.

우선 교육행정 기능이 교육행정 활동 전반을 포괄하는 것이므로 여기서 다루어야 할 업무과정이라는 면에서 다섯 가지 기능으로 정리하였다(수원대학교 교재편찬위원회, 1998).

① 교육정책 실현기능

교육정책은 교육활동에 관한 국가의 기본방침을 나타내는 것이기 때문에 교육행정에서는 이러한 기본방침에 따라 교육전반을 운영하게 된다. 우리나라 교육정책은 헌법, 교육법, 사립학교법, 교육공무원법, 지방교육 재정교부금법 등에 잘 나타나 있다. 한편 교육정책에서 교육에 관한 법규를 통하여 교육이념, 학교제도, 교육내용, 교육행정조직, 교육재정, 교과서 등에 관한 기본방침을 결정하여 교육행정을 통하여 수행하게 되도록 한다.

② 교육과정 편성기능

교육행정 기관이나 각급 학교에서는 교육과정에 근거하여 학생들이 심신발달, 학교의 특수성, 지역사회의 실정에 맞도록 교육과정의 운영계획을 수립하게 한다. 교육행정에서는 교육과정 운영과 그 편성에서 교사의 전문적 능력과 자율성을 충분히 보장하면서 교육목적 달성에 이바지하도록 한다.

③ 교육조건 정비기능

교육목표와 내용 및 운영을 포함하는 내용이 제아무리 잘 편성되었다 할지라도 교육과정에서 제시하는 세부교육활동을 하는데 필요한 인적 및 물적 조건이 정비되어 있지 못하면 교육목적을 달성할 수가 없다.

이때 교육행정이 이와 같은 교육조건을 위하여 부족한 자원을 능동적으로 마련하도록 지원하는 데 큰 역할을 하는 것이다.

④ 교육활동 추진기능

교육행정에서는 학교의 교육활동이 교육과정 계획대로 운영되고 추진되는가를 지도, 감독, 추진하는 기능을 가지고 있다. 교육행정 기관에서는 행정내부의 교육활동 기능뿐 아니라 장학활동을 통한 학교의 교육활동 추진을 위해 노력하는 것이다.

⑤ 교육성과 확인기능

교육활동의 결과는 교육평가를 통하여 그 달성도를 알 수 있게 된다. 따라서 교육행정에서 교육활동의 결과를 확인하는 평가의 기능은 대단히 중요하다.

3. 교육행정의 원리

교육행정이 따라야 할 규범과 원리, 즉 교육행정의 이념을 무엇으로 보느냐 하는 것은 학자마다 상이한 견해를 가지고 있다. 그러나 교육행정의 이념은 행정이 지니고 있는 수단적·봉사적 성격에 비추어 교육발전을 지속적으로 지원하는 데 있다는 데에는 합의를 하고 있는 듯하다(윤정일, 1995).

1) 민주성의 원리

교육행정이 민주성의 원리에 따라야 한다는 것은 국민의 의사를 행정에 반영하고 국민을 위한 행정을 해야 한다는 것을 의미한다. 즉 교육행정기관은 국민과의 관계에 있어서 행정권의 남용을 최대한 통제하고 국민에 대한 책무성을 확보하는 데 초점을 두어야 한다. 내적으로는 조직구성원의 심리적 만족, 결정권한의 배분, 개방적·수평적인 구성원간의 상호작용 등 민주적 관리에 초점을 두어야 한다.

따라서 이 원리는 합법성보다는 훨씬 적극적인 개념이라고 할 수 있으며, 여기에는 교육행정에의 시민참여, 행정의 공개성과 공익성, 행정과정의 민주화, 공평한 대우가 포함된다.

2) 효율성의 원리

효율성이란 효과성(effectiveness)과 능률성(efficiency)을 동시에 표현하는 말로서 가장 능률적인 방법으로 최대의 목표를 달성하는 것을 말한다. 일반적으로 효과성은 질과 합목적적인 개념이며, 능률성은 양·방법·수단에 관한 개념이라고 할 수 있다. 능률성은 비용과 효과의 비교에서 추구되는 개념이므로, 즉 행정활동에서 최소한의 인적·물적 자원과 시간을 들여서 최대의 성과를 거두어야 한다는 것이다. 효과성은 투입과 산출의 비율을 따지지 않고 목표의 달성요인을 따진다는 점에서 능률성과 다르다. 이때의 목표는 단순한 일상 행정상의 목표가 아니라 실용적인 목표를 말한다.

3) 합법성의 원리

합법성 원리는 교육행정의 모든 활동이 합법적으로 제정된 법령 · 규칙 · 조례 등에 따라야 하는 법률적합성을 가져야 함을 의미한다. 즉, 모든 행정은 법률에 위반되어서는 안되고 법류의 근거가 필요하며 실정법에 맞는 집행을 해야 함을 말한다. 교육행정은 헌법 제 31조의 규정을 비롯하여 교육법, 교육공무원법, 사립학교법의 제 법률과 그것을 기초로 하는 각종 대통령, 교육부령 및 훈령 등에 의하여 집행되고 있다.

4) 기회균등의 원리

기회균등이란 원리는 민주주의의 기본원리로서 특히 교육행정에 있어서 가장 강력하게 요청되는 원리이다. 헌법 제31조 제1항에 "모든 국민은 능력에 따라 균등하게 교육받을 권리를 가진다"고 하였으며, 교육법 제9조에서는 모든 국민에게 그 능력에 따라 수학할 기회를 균등하게 보장하기 위하여 국가와 지방자치단체는 학교를 지역적으로 공평하게 배치하고, 학자금이 곤란한 자를 위하여 장학금 제도 등을 실시하고, 직업을 가진 자의 수학을 위하여 야간제 · 계절제 · 시간제 등을 활용할 것을 제시하고 있다.

교육의 기회균등은 모든 국민에게 각자의 능력에 대한 차이를 고려함이 없이 기회를 균등히 보장하는 의무교육이며, 또한 능력주의에 입각하여 학업을 계속할 능력이 있는 자에게 능력을 발휘할 수 있는 기회를 부여하는 것으로 장학금제도나 사회보장제도의 확립을 전제로 운영되는 것이다.

5) 지방분권의 원리

교육은 외부의 부당한 지배를 받지 아니하며, 주민의 적극적인 참여와 더불어 지역실정에 따라 그 지역주민들의 공정한 통제와 궁극적 책임하에 의하는 것이 특징이며, 이의 표현이 교육자치제의 실시이다. 중앙교육 행정기관인 교육부는 교육정책수립과 전문적 · 기술적 지도 조언 및 재정적 보조의 역할만을 수행하고, 지역사회와 그 주민의 공정한 민의에 부응하는 교육발전을 목표로 제도화하고자 하는 것이 지방분권의 초점이다.

이 원리에 따르면 교육에 관련된 모든 궁극적인 책임은 교육학자나 정부의 관리에게 있는 것이 아니라 주민에게 있는 것이다.

6) 자주성 존중의 원리

자주성의 원리는 교육이 그 본질을 추구하기 위하여 일반행정으로부터 분리 독립되고 정치와 종교로부터 중립성을 유지해야 한다는 것이다. 교육법 제 5조에 "교육은 교육 본래의 목적에 기하여 운영 실시되어야 하며 어떠한 정치적 · 파당적 · 기타 개인적 편견의 선전을 위한 방편으로 이용되어서는 아니된다"라고 규정하고 있으며, 또 국 · 공립학교에서의 특정 종교를 위한 종교교육을 금지하고 있는 것은 교육의 자주성을 선언한 것이라고 할 수 있다.

교육행정에서 자주성이 존중되어야 하는 이유는 교육은 장기적 범국민적인 사업이며, 개인의 능력을 최대로 계발하고 국가사회의 이상을 구현하려는 일대 공기업이기 때문이다. 그러므로, 교육은 일정한 당파의 이익을 위한다거나 특정한 종교의 수단으로 활용될 수 없는 보편 타당한 중립성이 요구되는 것이다.

7) 안전성 유지의 원리

국민적 합의과정을 거쳐 수립 · 시행되는 교육정책이나 프로그램은 장기적인 안목에서 계속성과 일관성을 유지해야 한다는 것이다. 빈번한 개편이나 졸속개혁은 행정의 낭비를 초래하고 효율성을 저하시키는 요인이 된다. 교육에 있어서는 혁신만이 좋은 것이 아니라 경우에 따라서는 전통적 활동 가운데에서도 좋은 부분은 계승하고 발전시키는 의미의 보수주의도 필요하다.

8) 전문성 보장의 원리

교육행정은 교육을 위한 행정이므로 교육활동의 본질을 이해하고, 교육의 특수성을 스스로 체험하고, 교육행정에 관한 이론과 기술을 습득한 훈련을 쌓은 전문가가 담당하여야 한다는 것이다. 전문성이라는 말은 업무의 독자성 내지는 특수성과 지적 · 기술적 훈련을 쌓아야만 그 업무를 수행할 수 있다는 것이다.

제2절 학교제도

1. 학교제도의 개념

1) 학제의 개념

학교는 의도적이고 조직적으로 교육하는 곳이다. 학교가 설립되기 전에는 생활 자체가 교육과 학습의 장이었는데, 생활과 노동의 형태가 바뀌고 지식과 정보가 다양해짐에 따라 학교가 성립하게 된 것이다. 학교제도의 개념은 각종의 학교를 고립적으로 보는 것이 아니라 각 학교간에 존재하는 일종의 관련성과 전체 구조를 파악하려는 것이다. 따라서 각종의 학교는 학교제도를 구성하는 하나의 단위이다(윤정일, 1995, p.305).

학교제도의 구조는 수직적 '계통성'과 수평적 '단계성'에 따라 구성된다. 계통성은 어떠한 교육을 하고 있는가, 또는 어떤 계층(혹은 성별이나 능력)의 취학자를 대상으로 하고 있는가를 나타내며, 단계성은 어떠한 연령층을 대상으로 하는가, 혹은 어느 정도의 교육단계인가를 나타낸다. 기본적으로 단선형인 우리나라의 6-3-3-4 제는 횡적으로 구분된 초등학교, 중학교, 고등학교, 대학교라는 4개의 단계가 하나의 계통을 이루고 있는 것이다.

2) 학제의 유형

학교제도의 유형은 계통성을 중심으로 하는 복선형과 단계성을 중심으로 하는 단선형으로 나눌 수 있으며, 복선형과 단선형의 중간적 형태로서 분기형(分岐型)이 있다. 역사적으로 볼 때 학교제도는 복선형→분기형→단선형의 형태로 발달하여 왔는데, 이는 교육의 기회균등 원칙의 발달과 밀접한 관련을 가지며, 이를 위한 개혁운동으로 나타난다. 현대 학교제도의 개혁은 계통성과 단계성을 어떻게 통일시키고 조직할 것인가를 중요한 과제로 삼고 있다.

오늘날에는 하나의 세계적인 경향으로 촉진되고 있다. 미국에서는 민주적 단선형의 학교제도를 가장 먼저 발전시켰다. 그러므로 미국의 학제는 처음에 8－4－4제가 대표적이었으나, 그후 6－6－4제로 바뀌어졌고 다시 20세기에 접어들어 6－3－3－4제의 학제가 뚜렷하게 나타났다. 특히 우리 나라에서도 해방 이후 6－3－3－4제를 모방 채택하게 되었다. 최근에는 우리 나라의 학제가 국민수준이나 아동발달 수준에 맞지 않는다고 하여 새로운 적합한 학제의 모형을 제시하는 움직임이 일고 있다(박상호, 김경희, 1995).

(1) 복선형

상호관련을 가지지 않는 두 가지 이상의 학교계통이 병존하면서 학교계통 간의 이동을 인정하지 않는 학교제도이다. 여기서는 단계성보다 계통성이 중시되며, 사회계급 계층을 재생산하는 기능을 담당한다. 일반적으로 유럽에서 발달하여 왔다.

일반 서민계급을 위한 초등교육의 학교계통과 보다 잘 사는 계급을 위한 중등교육 및 고등교육의 학교계통을 가지는 형태로서 이러한 체제를 이중적 학교계통이라고 한다. 이것은 계급적 또는 복선형 학교계통이라고 하며 주로 유럽에서 볼 수 있는 형이라 해서 유럽형이라고도 한다.

(2) 단선형

복선형에 반대되는 것으로서 학교계통이 하나뿐인 단일의 학교제도이다. 현실적으로 순순한 단선형은 존재하지 않으며, 공통의 기초학교 위에 수업연한이나 수료자격에 있어서 동등한 복수의 학교나 코스로 분화되는 형태를 취하는 경우가 많다. 다만 여기서는 계통성보다 단계성이 우선된다는 점이 복선형과 다르다. 단선형은 일반적으로 미국에서 발달하여 왔다.

초등, 중등, 고등교육 등이 한 계통에 의해서 학교계통을 구성하는 것으로서, 이 형태는 각계의 학교가 서로 연결되고 모든 국민에게 개방되는 것이 보통이다. 이 제도는 전 국민에게 개방되는 단일계통의 학교제도라는 점에서 민주적 또는 단선형 학교계통이라고도 하며 미국에서 채택되고 있는 형이기 때문에 미국형이라고도 한다.

(3) 분기형

복선형과 단선형의 중간적 형태로서 각국의 현실적인 학교제도를 설명하기 위하여 독일의 비교교육학자 힐케르(Hilker)에 의해 분류된 학교제도의 한 유형이다. 대체로 이는 복선형의 기초학교 부분이 통일되고 그 위에 동격이 아닌 복수의 학교계통이 병존하는 학교제도이다. 분기형은 영국, 독일을 비롯한 서구 여러 나라의 최근 학제에서 볼 수 있다.

분기형은 복선형에서 단선형으로 변혁할 것을 목적으로 하여 양대전(兩大戰)사이에 유럽 여러 나라 특히 독일과 프랑스에서 '통일 학교운동'을 거쳐서 나타났다.

2. 현행 학제의 구조

우리나라 학제는 교육법에 의한 단선형 학제를 채택하고 있다. 1948년 대한민국 정부가 수립된 후 1949년 말 교육법을 제정 · 공포하고 새로운 학제를 법제화하였다. 이 때 제정된 학제는 몇 차례의 개정을 거쳐 1951년 교육법 개정에 의하여 현행 6－3－3－4제의 기간학제가 확립되었다.

기간학제로서는 교육법 제 81조에 제시한 바와 같이 국민학교, 중학교, 고등학교, 대학(교), 대학원, 특수(전문)대학원, 교육대학, 전문대학 등이 있다.

이러한 교육은 결국 모든 국민으로 하여금 신앙, 성별, 사회적 신분, 경제적 지위 등에 차별없이 그 능력에 따라 균등하게 교육을 받게 하기 위하여 위와 같은 학교를 설치한다고 규정하고 있다.

1) 기본학제

(1) 취학 전 교육

취학 전 교육은 의무교육기관인 초등학교 입학하기 전에 유아들이 받는 교육을 말한다. 최근에는 조기교육, 또는 유치원교육이라고 부르기도 한다. 여기에 해당하 는 교육기관에는 유아원, 유치원, 어린이집 등이 포함된다. 이 중에서 유아원(nursery school)은 유치원에 입학하기 이전의 어린이들, 특히 3~4세 어린이를 교육하는 기관이며 유치원(kindergarden)은 교육법에 의거 설립된 학교제도의 일부이다.

유치원은 유아를 보육하고 적당한 환경을 주어 심신의 발육을 보장하는 것을 목적으로 한다(교육법 제146조). 유치원에 취학할 수 있는 연령은 만 4세부터 초등학교 취학하기 전까지이며, 교육일수는 매 학년 180일 이상으로 규정되어 있다.

(2) 초등학교

초등학교는 국민생활에 필요한 기초적인 초등 보통교육을 하는 것을 목적으로 한다(교육법 제93조). 이 목적을 실현하기 위하여 학습과 일상생활에 필요한 기본능력을 기르고 바른 생활태도를 형성하여 전인적 성장을 위한 기초를 형성함을 골자로 하는 교육목표가 교육법 제94조에 규정되어 있다.

또한 초등학교 교육과정 지침(문교부, 1982)이 제시하고 있는 초등학교 교육의 일반목표를 보면, 지적 · 언어적 기본능력, 기본적 표현능력, 바른생활 태도 등 여러 면에서 기본능력을 기르는 데 중점을 두고 있음을 알 수 있다. 이 점에서 초등학교는 국민 기초교육기관이라고 할 것이다. 초등학교의 수업연한은 6년이며, 수업일수는 매학년 220일이다.

(3) 중학교

중학교는 전기 중등교육기관으로서 초등학교에서 받은 교육의 기초 위에 중등보통교육을 하는 것을 목적으로 한다(교육법 제100조). 즉 중학교는 초등학교 교육의 기초 위에서 개성에 맞는 진로탐색과 결정능력을 기르며, 자율적 활동능력과 공정한 판단력을 기르고 건전한 심신을 기르는 데 목적이 있다.

오늘날 중학교 교육은 취학률이 100%에 육박하여 이미 보편화 상태에 있다. 이처럼 중학교 교육이 의무교육과 다름 없는 취학상태를 나타내고 있기 때문에 의무교육론이 크게 부각되어 왔다. 수업연한은 3년이며, 수업일수는 매학년 220일 이상이다.

(4) 고등학교

고등학교 교육은 중학교 기초 위에 고등 보통교육과 전문교육을 하는 것을 목적으로 한다(교육법 제104조). 고등학교 교육은 중학교 교육의 기초 위에서 사회성원으로서의 역할을 수행하고 원만한 인격을 형성하여 자신의 진로개척에 필요한 자질을 기르는 데 역점을 두고 있다(교육법 제105조).

고등학교는 중간학교로서의 고등보통교육과 종국학교로서의 전문교육을 실시하는 후기 중등교육기관으로서의 이중의 성격을 갖는다. 이에 따라 고등학교에는 보통교육이 주로 하는 인문고등학교와 전문실업교육을 주로 하는 농업 · 공업 · 상업 · 수산 및 해운 등의 실업고등학교가 있으며, 이 둘의 기능을 모두 가지고 있는 종합고등학교가 있다. 고등학교의 수업연한은 3년이며, 수업일수는 매학년 220일 이상이다.

(5) 고등교육기관

우리나라의 현행 교육법상 고등교육기관에는 대학, 사범대학, 교육대학, 전문대학, 방송통신대학, 개방대학, 대학과정의 각종 학교 등이 있는데, 여기서는 기본학제에 속한다고 보는 대학, 교육대학, 사범대학, 전문대학에 관한 것만을 살펴본다.

① 대학(교육대학과 사범대학 포함)

대학은 국가와 인류사회 발전에 필요한 학술의 심오한 이론과 그 방범하고 정치한 응용방법을 교수 연구하며, 지도적 인격을 도야하는 것을 목적으로 한다(교육법 제108조). 종래의 대학은 소수의 선택된 사람만이 지배자로서 특수교육을 받도록 한 교육기관이었다. 그러나 민주주의 사회에서는 계급적인 교육기관이 따로 있을 수 없고, 모든 사람으로 하여금 개인의 능력이 미치는 최대한도까지 교육을 받을 수 있는 균등한 기회가 주어져 있다.

대학의 수업연한은 4년 내지 6년이며, 수업일수는 1년에 두 학기로서 매학기 16주 이상이고, 대학졸업에 필요한 학점은 140학점 이상이다. 대학원은 교육법 제81조에 규정된 독립적인 교육기관이 아니고 대학을 구성하는 기관으로서의 성격을 지니고 있다.

② 교육대학

초등교사 양성을 목적으로 하며, 사범대학은 중등교사 양성을 목적으로 한다. 다만 사범대학의 경우 교육대학과 달리 독립적으로 설치되어 있는 경우가 없으며, 종합대학 내에 설치되어 있기 때문에 여기서는 교육대학에 대해서만 언급한다. 교육대학은 초등학교가 교원을 양성함을 목적으로 하며, 현재 국립 또는 공립에 한

하여 설립하도록 되어 있다. 대학과 마찬가지로 교육대학의 수업연한은 4년이며, 수업일수와 졸업소요학점은 연 32주 이상, 총 140학점으로 규정하고 있다.

③ 전문대학

전문대학은 사회 각 분야에 관한 전문적인 지식과 이론을 교수 연구하고 재능을 연마하여 국가사회의 발전에 필요한 '중견직업인을 양성'함을 목적으로 한다. 전문대학의 수업연한은 2년 내지 3년이며, 전문대학 졸업자는 대학에 편입할 수 있으며, 수업일수는 대학과 마찬가지로 매학년 32주 이상이다.

2) 현행 학제의 문제

현행 학제는 1950년대에 6-3-3-4제의 골격을 갖춘 이후 기본구조는 지난 30년간 큰 변화없이 유지되어 왔다. 그러나 여러 차례에 걸쳐 지금까지 지속되고 있는 재수생, 과열과외 및 입시제도 문제 등 많은 사회문제를 유발하면서도 교육의 근본적인 해결책을 찾지 못하고 있는 것이 사실이다. 현행 학제의 주요 문제는 경직성, 비효율성, 비연계성, 지체성, 폐쇄성이라는 다섯 가지로 요약될 수 있다(윤정일, 1995).

(1) 경직성

① 개인의 능력차 무시

현행 학제는 개인의 능력차를 충분히 고려하지 못하고 있다. 우수한 영재를 위한 월반제도 등이 확립되어 있지 못하다.

② 교육체제의 탄력성 결여

기본학제와 특별학제의 기능적 연계성이 부족하며, 상급학교 입시제도가 하급학교 교육과정에 미치는 영향이 너무 크다.

③ 학교학년제의 고정

학교학년제의 고정화로 농촌의 과소학교나 도시의 과대학교에 효율적으로 대처하지 못한다.

④ 학제내에서 횡적 이동 제약

학교간 전학의 제약과 학내 계열간 이동의 제약 등 학제 내에서의 횡적 이동이 제약되고 있다.

(2) 비효율성

① 교육연한의 적절성 결여

각학교의 교육적 요구에 따른 교육연한 재검토가 요망된다.

② 교육비 부담의 과정

과열 입시경쟁에 따른 학부형의 부담을 가중시키고 있다.

③ 진로 준비교육의 불충실

진로결정의 지연성은 진로준비교육 불충실의 주된 요인이다.

(3) 비연계성

① 사회교육과의 연계 결여

사회교육 프로그램과 정규학교의 연계성이 부족하여 일단 기회를 놓치면 정규교육을 받을 수 없다는 위기감이 팽배해 있다.

② 학교간의 협력체제 결여

학교 및 대학 내 전과는 물론, 학교간 협력체제의 결여로 대학간의 전학이 어렵다.

(4) 지체성

① 산업구조 변화에 적합성 미흡

중등교육의 정체성 모호와 산업사회의 교육적 요구를 수용하지 못하고 있다.

② 평생교육체제의 미흡

경직되고 획일적인 입시제도와 학교교육의 패쇄성으로 평생교육의 실현이 어렵다.

(5) 폐쇄성

① 교육기회의 제한

일반국민의 상승하는 교육적 열망에도 불구하고 진학희망제에 비하여 정규학교의 수용기회가 제한되고 있다.

② 근로청소년 교육체제 미흡

근로청소년들의 직업과 학업을 효과적으로 연결시킬 수 있는 교육제도가 결여되어 있다.

제3절 교육조직

인간의 생활은 조직 속에서 이루어지기 때문에 오늘날 조직은 인간사회의 어디에나 존재하는 필요 · 불가결한 것이 되고 있다. 조직은 행정의 전제조건인 동시에 가장 기본적인 개념이다. 따라서 조직에 대한 이론은 교육행정이론의 핵심을 차지한다.

1. 교육조직의 특성

일반적으로 학교조직을 설명하는 데 있어서 일반조직이론이나 행정조직에 관한 이론을 적용하기도 한다. 학교조직도 다른 조직과 마찬가지로 일정한 목적을 달성하기 위하여 함께 일하는 사람들의 집단이기 때문에 다른 정부조직이나 교회조직, 경제조직들과 공통되는 조직의 양상도 지니고 있다. 그러나 학교는 여러 가지 속성에서 다른 조직과 다른 면을 포함하고 있다(윤정일, 1995; 조경원 외 4인, 1990).

1) 관료제

관료제(bureaucracy)는 대부분의 현대 행정조직에서 볼 수 있는 현상이 (Hoy

and Miskel 1987; Lee, 1995) 학자에 따라서는 관료제가 관리적 행정을 위한 이상적 도구라고도 하며, 인간의 기본적 자유를 해치는 권력적 · 독선적인 도구라고도 한다. 하지만 대부분의 대규모 행정조직이 관료제적 성격을 면치 못하는 것은 사실이다.

학교도 우선적으로는 관료제적 성력을 갖는다. 그러나 학교조직은 조직 최하층의 교사가 고도의 교육을 받은 전문가라는 점에서 다른 관료제와는 구별된다. 교사의 책임은 각기 다른 학습배경의 학생들을 한정된 공간인 교실에서 가르치는 것이며, 교실 안에서는 상당한 자유재량을 가지고 있다.

2) 이완성과 무질서

학교의 구조는 복잡한 양상을 띠고 있다. 학교 내에는 군대조직이나 정부조직처럼 수직적 구조도 물론 존재하지만, 동시에 동료들간의 수평적 구조도 존재한다. 그리고 조직의 관계도 그다지 긴밀하게 짜여있지 않다. 이러한 면을 웨이크(K. E. Weick)는 느슨한 구조체제(loosely coupled system)로 묘사하며 "이완이란 연결된 각 사건이 서로 반응적인 동시에 각각 자체의 정체성을 보존하고 물리적 · 논리적 독립성을 갖는 경우에 쓰는 말이다. 교육조직의 경우에 상담실은 교장과 느슨하게 연결 결합된 좋은 예이다. 교장과 카운슬러는 어느 정도 연결되어 있기는 하지만, 각자 정체성과 독립성을 보유하고 있다. 이들이 연결은 제한되며 상호영향력이 약하고 덜 중요하다"라고 하였다(조경원 외 4인, 1990, p.273).

마치(J. G. March)와 코헨(M. D. Cohen) 등은 교육조직을 조직화된 혼돈상태(organized anarchises)로 묘사했다. 목적이 모호하고 목적을 달성할 방법도 명료하지 못하며 구성원들의 참여도 유동적이라는 것이다.

이러한 조직의 주요 특징은 불분명한 목표, 불확실한 기술(technology), 유동적인 참여 등을 들 수 있다. 교육조직에서 명세화하거나 이들 목표를 실천하도록 하는 기술이 무엇인가를 찾아내기는 매우 어렵다는 점에서 이러한 특징을 보인다.

3) 인간의 노동력에 의존

교육조직은 사람에 의존하는 면, 즉 인간의 노동력에 크게 의존하는(labor

intensive) 면이 강하다. 자동화시대, 기계화의 시대에서도 다른 조직의 활동들에 비해 교육활동은 인간을 대체할 만한 변화를 기대할 수 없다. 시청각자료의 활용이나 컴퓨터의 이용은 교수활동의 보조자료일 뿐, 인간의 노동에 의존해야만 교육조직은 그 목적을 달성시킬 수 있게 된다. 교사와 학생의 인간적 접촉은 교육의 질에 상당한 영향을 미친다.

2. 행정조직의 원리

행정조직의 원리는 조직의 원리를 행정에 적용한 것이다. 조직의 원리란 주어진 과업을 능률적이고 효과적으로 수행하기 위한 행정관리 기술상의 지침이다(윤정일, 1995, p.315).

그 동안 조직의 원리를 행정에 적용한 행정조직의 원리는 대체로 능률주의적 행정이 지배했던 정치 · 행정 이원론시대의 산물이었으며, 그나마도 과학적인 성격을 지닌 것이라 할 수도 없다. 그러나 그후 능률주의 및 과학적 행정이론의 퇴조와 더불어 그러한 원리들은 많은 비판을 받게 되었으며, 그 원리들은 엄밀한 검증을 거치지 않은 하나의 격언에 지나지 않는다는 비판을 받게 되었다. 따라서 조직원리의 적용은 구체적인 상황을 고려하여 실증적으로 행해야 하며, 조직 편성에 있어서의 다양한 요인들을 고려해야 할 것이다(윤정일, 1995).

1) 계층의 원리(principle of hierarchy)

이는 조직 구조의 상하관계의 형태에 관한 것이다. 계층은 조직의 공동목표를 달성하기 위한 업무를 수행하는 데 있어서 권한과 책임의 정도에 따라 직위가 수직적으로 서열화 · 동급화되어 있는 것을 의미한다.(Mintzberg, 1983 ; Lee, 1995) 군대조직이 계층조직의 좋은 예이지만, 계층성은 대부분의 행정조직에 존재한다.

계층의 원리는 명령통일의 원리나 통솔범위의 원리를 전제조건으로 하고 있다. 명령통일의 원리는 행정조직에 있어서 최고집행권자를 정점으로 하고 통솔과 지휘명령의 체계가 확립되어 있어야 함을 말하며, 통솔범위의 원리는 지휘자의 통솔력이 직접적으로 미칠 수 있는 범위에는 한계가 있음을 말하는 것이다.

2) 기능적 분업의 원리(principle of divison of work)

전문화 또는 분업화의 원리라고도 하며, 조직의 전반적 업무를 직능 또는 성질별로 분담하여 한 사람에게 동일한 업무를 분담시키는 것을 말한다. 이러한 분업화의 목적은 행정조직이 추구해야 할 공동과업을 수행함에 있어서 표준화(standardization), 단순화(simplification), 전문화(specialization)라는 3S를 촉진하기 위한 것이다.

즉, 동질적인 임무나 기능을 표준화하여 한데 묶고 전문적인 지식이나 기능을 가진 사람으로 하여금 그것을 담당하게 함으로써 업무수행상의 효율을 높이려는 데 있다. 업무의 기능적 분업화는 개인의 작업능률을 향상시킬 수 있고, 도구 및 기계의 발달을 기할 수 있고, 신속한 업무처리를 할 수 있는 이점이 있다.

3) 조정의 원리(principle of coordination)

조정이란 조직내에서 업무의 수행을 조절하고 조화로운 인간관계를 유지함으로써 협동의 효과를 거두려는 것을 말한다. 조정의 원리는 공동의 목표를 달성하는 데 있어서 행동의 통일을 보장하는 것이다. 조정의 원리는 조직 구성원의 갈등적 이익 추구나 이질적이며 다양한 요구로부터 파생되는 문제를 해결하는 데 큰 의의를 지니고 있다. 기획조정실, 기획담당관, 경제기획원 등의 조정기능은 우리나라의 행정체제에서 매우 중요한 위치를 차지한다.

4) 적도집권의 원리(principle of optimum centralization)

중앙집권제와 분권제 사이에 적정한 균형을 얻으려는 것을 말한다. 중앙집권제는 중앙관서에 권한을 집중시킴으로써 능률화를 가져오는 데는 유리하나 획일주의와 전제주의를 초래할 위험성이 있다. 반면에 분권제는 지방관서나 하부기관에 권한을 분산시킴으로써 지방의 특수성과 자율성을 촉진할 수는 있으나, 비능률성을 초래할 가능성이 있다. 따라서 둘의 양극을 피하고 적정한 균형을 얻어야 하는 것이다.

5) 통솔한계의 원리(principle of span of control)

한 사람의 지도자가 직접 통솔할 수 있는 부하의 수에는 한계가 있다는 것이다. 즉, 인간의 능력에는 한계가 있기 때문에 한 사람의 상사는 일정 수 이상의 부하를 직접 통솔할 수 없다는 것이다. 몇 명의 부하가 적절한가에 대해서 1918년 영국의 Haldane위원회는 10명이 이상적이며 12명을 초과해서는 안된다고 하였다. 또 그레큐나스(V. A. Graicunas)는 계층제 상부층은 5~6명, 말단은 20명이 적정규모라고 하였다.

6) 명령통일의 원리(principle of unity of command)

부하는 오직 한 사람의 상관으로부터 명령이나 지시를 받고 한 사람에게 보고하도록 되어야 한다는 것이다. 즉, 하나의 단위조직에는 오직 한 사람의 상관만이 있어야 하며, 이 한명의 장(長)에게 그 단위조직을 운영할 최종권한을 부여해야 한다는 것이다. 규릭은 여러 상관으로부터 명령을 받는 부하는 혼돈을 일으키고, 비능률적이며, 무책임한 데 비하여 한 사람의 상관으로부터 명령을 받는 부하는 조직적이며, 능률적이고, 책임있게 일한다고 하였다.

3. 중앙행정조직

중앙집권적 교육행정조직이란 중앙정부의 교육행정조직으로 권한과 책임을 집중시켜 강력한 통제력과 지휘·감독이나 행정적 결정권이 중앙에 집중되어 있는 조직형태를 말한다. 일반적으로 문교부의 조직에 국한되나 넓은 의미로는 대통령과의 국무회의까지 포함시킬 수 있다(박상호, 김경희, 1995).

중앙교육 행정기관의 구성은 행정관리면에서 대통령, 국무총리, 문교부장·차관, 기획관리실장까지 포함되는 최고 관리층과 부, 과, 계장이 포함되는 중간관리층과 계원들로 구성되는 사무관리층으로 이루어진다.

우리나라 교육행정의 최고책임자는 교육부장관이다. 하지만 대통령도 행정부의 수반으로서 권한을 행사하며, 국무회의도 주요 교육정책을 결정하는 정책결정기관이라고 할 수 있다. 교육정책에 관한 대통령의 기능은 대통령령의 발포, 주요 교육공무원의 임명, 국무회의의 의장으로서 교육정책 수립에 대한 영향력의 행사 등을 들 수 있다.

국무회의는 교육정책을 포함하는 중요한 정부의 정책을 심의하도록 헌법에 규정되어 있다. 따라서 교육예산, 교육부의 권한한계, 중요한 교육정책의 수립과 조정, 국립대학교의 총·학장 임명 등은 국무회의의 심의를 거치도록 되어 있다.

교육부는 정부조직법 제29조와 제35조에 의하여 학교교육, 평생교육 및 학술에 관한 사무를 장리(掌理)하는 최고 행정부서이다. 교육부는 정권이 바뀜에 따라 그 정권이 지향하는 교육시책과 그것을 가장 효과적으로 구현할 수 있는 방향을 조직 편제가 조금씩 변하여 왔다. 해방 이후 우리나라 교육부 직제의 개정만해도 40여 차례가 넘는다. 그러나 기본 성격이나 기능은 거의 변함이 없이 중앙집권형을 고수해 왔다.

문교부는 1991년 정부조직법 개정에 따라 교육부로 개칭되었으며, 이에 따라 '교육부와 그 소속기관 직제' 규정도 1991년에 제정되었다. 작고 능률적인 정부를 구현하고 국제화·개방화시대의 교육환경에 효율적으로 대처하기 위한 변화였다.

중앙집권적 교육행정조직의 장점으로는 신속, 강력한 행정을 수행할 수 있으며, 통일성과 안전성을 확보할 수 있으며, 행정의 전문화를 기할 수 있어 행정능률을 향상시킬 수 있으며, 행정의 중복을 방지하고 인적·물적자원을 절약할 수 있다.

반면에 단점으로 지적할 수 있는 것은 획일화된 행정에 빠질 우려가 있으며 지방특수성과 지방참여의 기회를 박탈함으로써 자발적인 참여의식, 창의성을 미비시킬 우려가 있으며 중요한 교육내용, 방법 등에서까지 획일주의 통제 위주가 되어 발전가능성을 저해하며 광범한 지방행정의 지휘, 통제가 어려우며 행정능률을 저하시킬 우려가 있다. 또한 민주주의 원칙을 외면한 관료제에 빠질 우려도 있다.

4. 지방교육 행정조직

지방교육 행정조직이란 지방의 교육행정을 위한 전반적인 조직과 구조를 의미한다. 우리 나라의 지방교육 행정조직은 교육자치를 기본으로 하고 있으므로 교육자치제도를 중심으로 지방교육 행정조직을 살펴보아야 할 것이다.

교육행정에 있어 지방분권의 원칙 아래 교육에 관한 의결기관으로서의 교육위원회와, 교육위원회의 사무장격으로 의결된 교육정책의 집행기관으로서의 교육감(장) 제도를 두고 민주적 통제와 전문적 지도 간의 조화와 균형을 얻게 하여 인사와 재정을 비롯하여 교육행정을 일반행정으로부터 분권·독립시킴으로써 행정의 제도 조직면에서 교육의 자주성을 보장하려고 하는 것이 교육자치제도이다.

다시 말해 교육의 전문성과 중립성을 보장하고 자율적이고 교육활동을 전개할 수 있도록 일반행정으로부터 분리 독립하여 자치적으로 교육행정을 실시하는 제도를 말한다. 특히 교육자치의 본질인 교육의 자주성 · 민주성 · 전문성을 확보하기 위해서 교육행정은 재정과 인사면에서 독립이 보장되어야 한다.

교육자치제의 개념을 지방교육행정에 국한하여 기술하면 다음 네 가지의 원리에 의거하여 조직된다. 지방분권주의의 원리, 민중통제의 원리, 일반행정으로부터의 분리독립의 원리, 전문적 관리의 원리가 그것이다.

따라서 교육자치제도는 지방교육행정에 있어서 한편으로는 지방분권과 민중통제를 통하여 민주서의 원리를 보장하고 다른 한편으로는 일반행정으로부터 분리독립과 전문적 관리를 통하여 전문성을 확보함으로써 교육행정의 자주성을 보장하려는 제도이다.

현행 교육자치제는 합의제 집행기관이었던 교육위원회를 의결기관화하고 교육감을 집행기관화하여 기관대립형의 조직을 취하였으며, 시 · 도 단위의 광역 지방교육자치제이다. 교육의 자주성 및 전문성과 지방교육의 특수성을 살리기 위하여 지방자치단체의 교육 · 과학 · 기술 · 체육 · 기타 학예에 관한 사무를 관장하는 기관으로서 각 특별시 · 직할시 · 도에 의결기관인 교육위원회와 집행기관인 교육감을 두고 있다.

지방교육 행정조직은 광역자치기관인 시 · 도 교육청과 하급 지방교육 행정기관인 시 · 군 · 자치구 교육청으로 분류된다(윤정일, 1995).

1) 시 · 도 교육청

시 · 도 교육청은 교육감을 정점으로 부교육감, 국장, 과정, 계장 등으로 이어지며 당해 지방자치단체의 교육 · 학예에 관한 사무를 관장한다. 부교육감은 국가공무원 중에서 시 · 도 교육감이 추천한 자를 교육부장관의 제청으로 대통령이 임명한다. 조직은 서울특별시와 직할시 및 도교육청의 조직이 약간 다르다.

서울특별시 교육청은 교육감과 부교육감 밑에 총무과, 초등교유국, 중등교유국, 사회교육체육국, 관리국을 둔다. 교육감의 직속기관으로 공보담당관, 부교육감 직속기관으로 기획감사담당관, 행정관리담당관 각 1인을 둔다. 직할시 및 도 교육청이 조직에는 사회교육체육국이 없으며, 사회교육체육국의 업무가 중등교육국의 1

개과에 포함되어 있다.

2) 시 · 군 · 구 교육청

시 · 군 · 구 교육청에는 교육장을 정점으로 하여 규모가 큰 경우 학무국(초등교육과, 중등교육과, 사회교육과)과 관리국(관리과, 재무과, 시설과)으로, 작은 경우에는 학무과, 사회체육과, 관리과, 재무과로 혹은 학무과와 관리과로 구성된다. 시 · 군 · 구 교육청은 시 · 도의 교육 · 학예에 관한 사무 중 공 · 사립의 초등학교, 중학교, 기술학교, 공민학교, 고등공민학교 및 유치원과 이에 준하는 각종 학교의 운영 관리에 관한 지도 감독, 기타 시 · 도의 조례로 정하는 사무를 위임받아 분장한다.

학습과제

1. 일반행정과 교육행정을 비교하여 논술하시오.
2. 교육정책의 수립원칙을 열거하시오.
3. 현행 학제의 문제점 3가지를 들고 해결책을 제안하시오.
4. 조직원리 중 '계층의 원리'를 대학기관에 적용하여 설명하시오.

참고문헌

박상호, 김경희(1995), 교육학개론, 서울 : 집문당.

수원대학교 교재편집위원회(1998), 교육학개론, 경기 : 화진사.

이화여자대학교 교육공학과(1996), 교육방법 및 교육공학, 서울 : 교육과학사.

윤정일, 신득렬, 이성호, 이용남, 허형(1995), 교육의 이해, 서울 : 학지사.

조경원, 이기숙, 오욱환, 이귀윤, 오은경(1990), 교육학의 이해, 서울 : 이화여자대학교 출판부.

한국교원대학교 교육과학 연구소 편저(1993), 교육학, 서울 : 양서원.

Hoy, W.K.& Miskel, C.G.(3rd Eds.)(1987). *Educational Administration: Theory, Research and Practice*. N.Y.: Random House.

Lee, Kwanghi(1995). "Faculty Development for Instructional Development". 교육문제연구소 논문집, 서울: 경희대학교 부설교육 문제연구소.

Mintzberg, Henry(1983). *Structring in Fives*. NJ: Prentice-Hall.

찾아보기

저자 약력

■ 이 광 희

- 이화여자대학교 대학원 교육공학(M.A.)
- 미 뉴욕주립대학교(SUNY at Buffalo) 대학원 교육학, 교육공학(Ph.D.)
- 현) 수원과학대학 아동보육과 교수

〈저서〉

- 유아교육과 정보화 환경
- 교육방법과 교육공학(공저)
- ICT를 활용한 교수 - 학습(공저)
- 교사를 위한 인터넷(공저)
- 교육학개론(공저)
- 실기교육방법론
- 간호정보교육(공저)
- 학교보건실무(공저)

• E-mail : khlee@mail.suwon-sc.ac.kr

교육학개론

1판 2쇄 발행 2010년 2월 25일

저 자 이 광 희
발행인 남 승 우

발행처 **남두도서**
서울시 동작구 조흥1길 4(사당3동 220-43)
TEL : (02)595-1692~4
FAX : (02)595-1394
E-mail : namdoo6@unitel.co.kr
신고 : 5-76호 (1998. 11. 4)

정가 13,000 원

ISBN 978-89-5780-076-8 93370